200 MENUS
ÉQUILIBRÉS
à

PRÉFACE DE
JEAN-PIERRE COFFE

200 MENUS ÉQUILIBRÉS à

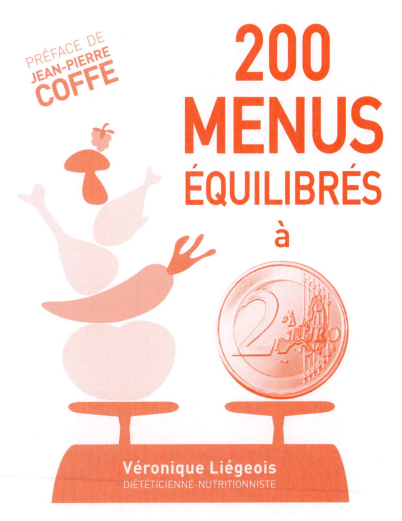

Véronique Liégeois
DIÉTÉTICIENNE-NUTRITIONNISTE

ÉDITIONS FRANCE LOISIRS

Préface

Excellent ouvrage ! Franchement excellent…

Pour être plus précis, j'ajouterais : je regrette de ne pas avoir eu l'idée de l'écrire.

Faire des économies pour s'alimenter est devenu le thème à la mode en cette période de crise. Les ouvrages sur ce sujet fleurissent, se copiant plus ou moins les uns les autres… Mais, dans ce livre, outre les conseils et astuces pour dépenser moins, vous trouverez des informations pratiques sur les produits, leur saison et les magasins les plus appropriés pour les acheter, ainsi qu'un grand nombre d'indications sur les bases élémentaires de la nutrition.
Véronique Liégeois, l'auteur, diététicienne et nutritionniste, connaît son affaire, sans sectarisme. Elle apporte la preuve que diététique et épicurisme peuvent faire bon ménage.

Ses conseils de recettes et de menus donnent envie de manger avec appétit, mais simplement. Quant à la philosophie de l'ouvrage, nous nous rejoignons sur des bases simples : acheter des produits de proximité, de saison, et cuisiner soi-même.

Jean-Pierre Coffe

Introduction

On peut faire des économies sur son budget alimentaire, sans pour autant se priver de plats savoureux et équilibrés. Les recommandations nutritionnelles actuelles vont dans le sens d'une alimentation plus simple, diversifiée et riche en végétaux. Ces recommandations ne sont pas incompatibles avec une alimentation peu coûteuse, bien au contraire. En consommant des portions raisonnables de viande et en faisant la part belle aux céréales, aux légumes secs, aux légumes, aux fruits et aux produits laitiers, vous préservez votre budget tout en mangeant de façon saine.
Mais, au quotidien, il n'est pas facile de varier ses menus tout en maîtrisant la qualité nutritionnelle et le prix des aliments. Vous trouverez dans cet ouvrage des conseils très simples à mettre en œuvre pour faire les bons choix alimentaires : opter pour les morceaux de viande les plus intéressants, repérer les produits de saison, profiter des promotions, choisir vos points d'approvisionnement selon les produits que vous recherchez…
Vous apprendrez également les bases de l'équilibre alimentaire, qui vous permettront de construire vos menus quotidiens et de repérer les aliments les plus performants en termes de qualité/prix.
Les recettes proposées, très faciles à réaliser, sont des recettes du quotidien, accompagnées d'un menu complet et équilibré. Car la difficulté est bien de faire des économies et de gérer le budget chaque jour, semaine après semaine.
Le coût du repas, qui s'élève à 2 euros par personne (et parfois moins), a été calculé au plus serré, en se basant sur les meilleurs prix du marché (hard-discounters, marchés…). Il faut ajouter à ce prix le pain, dont la consommation est variable d'une personne à l'autre et d'un repas à l'autre.
Les menus proposés ont été pensés pour des dîners familiaux, mais ils peuvent bien sûr être consommés au déjeuner.
Simples et savoureux, ils sont la preuve pratique qu'il n'est pas nécessaire de se ruiner pour se régaler et préserver sa santé !

Conseils et astuces pour manger équilibré sans se ruiner !

MANGER SAIN, C'EST FACILE !

Notre alimentation doit apporter des nutriments variés en quantités harmonieuses, pour répondre aux besoins de fonctionnement du corps (battements du cœur, circulation, digestion…) et de croissance et d'entretien des tissus, qui sont accrus chez les enfants, les adolescents et les femmes enceintes. Enfin, notre organisme doit recevoir quotidiennement des nutriments protecteurs, qui ralentissent l'usure naturelle des tissus et préviennent l'apparition des maladies dégénératives comme les cancers.

Manger équilibrer est avant tout une question de bon sens : inutile de connaître la composition de chaque aliment, de compter les calories ou de consommer des produits diététiques et encore moins des compléments alimentaires. Une alimentation équilibrée doit simplement être variée et de saison. Elle doit surtout être gourmande et vous permettre d'être en pleine forme. Et, comme vous le verrez, les aliments les plus intéressants au plan nutritionnel ne sont pas forcément les plus chers !

Quels sont vos besoins ?

• Maîtrisez l'énergie

Pour fonctionner, l'organisme a besoin d'énergie, comme n'importe quelle machine ! Le corps humain fonctionne grâce aux calories qu'il ingère. En plus des dépenses basiques de fonctionnement (battements du cœur, régulation de la température du corps…), les besoins varient selon l'activité physique de chacun. Ainsi, un adulte sédentaire dépensera 2 300 kcal par jour, alors qu'un adulte très actif (sport, travail physique…) peut brûler 3 000 ou 3 500 kcal par jour très facilement. Pour savoir si vos apports énergétiques sont en adéquation avec vos dépenses, fiez-vous tout simplement à votre poids. S'il est stable et qu'il vous convient, ne changez rien ! Si vous prenez du poids, il est sans doute souhaitable de bouger un peu plus pour relancer votre métabolisme énergétique, sans réduire de façon drastique vos apports alimentaires.

À retenir : pour équilibrer votre bilan énergétique, ajustez vos apports alimentaires à votre activité physique.

• Les protéines : nécessaires à la vie

Les protéines sont présentes dans chacune de nos cellules. Elles sont indispensables à la constitution de tous nos tissus. En période de croissance, les besoins sont fortement augmentés, et il est important de couvrir ces besoins vitaux. Mais, en France, la carence protéique est très rare ; elle ne concerne que des populations malnutries, vivant dans des conditions précaires, ou des personnes suivant un régime végétalien (sans aucun produit d'origine animale).

Pour la plupart d'entre nous, c'est plutôt l'excès de protéines qui nous guette, et cette surconsommation n'a aucun intérêt pour la santé. Nos besoins, qui s'élèvent de 65 à 80 g de protéines par jour pour un adulte, sont facilement couverts par une portion de viande, trois produits laitiers, des féculents et du pain à chaque repas. L'abondance de viande, fromage et charcuterie, outre le fait de grever le budget alimentaire, déséquilibre, de surcroît, notre ration alimentaire. Il est assez simple d'augmenter la présence de protéines végétales (beaucoup moins chères) et de diminuer légèrement la présence de protéines animales.

À retenir : des protéines sont indispensables, mais à dose adaptée : nous en consommons souvent beaucoup trop.

• Les glucides : le carburant préféré de vos cellules

Les glucides devraient couvrir plus de la moitié de nos besoins en énergie : c'est en effet la source d'énergie préférentielle de la plupart de nos tissus, dont le cerveau et les muscles. On estime les besoins de 250 à 350 g de glucides par jour, qui ne peuvent être couverts qu'en consommant au moins 250 g de pain, une à deux portions de féculents et deux à trois fruits, et ce, quotidiennement. Mais, en France, par crainte – non fondée – de prendre du poids, nous avons progressivement réduit la part des glucides dans notre alimentation quotidienne. En mangeant moins de pain, de pâtes, de riz, de légumes secs ou de fruits, nous déséquilibrons notre alimentation dans sa globalité. Car, en parallèle, les aliments gras, sucrés ou riches en protéines voient leur consommation augmenter. Ce déséquilibre se ressent également au niveau budgétaire, puisque les aliments riches en glucides complexes sont aussi les moins chers. Sans copier le modèle des pays en développement, basé sur le riz, le blé et les légumineuses, il est sans doute possible de trouver notre propre voie. Réhabiliter les féculents semble une urgence nutritionnelle de bon sens, d'autant plus facile à appliquer qu'il s'agit d'aliments savoureux, faciles à cuisiner et peu onéreux.

À retenir : en consommant régulièrement des féculents, vous équilibrez vos apports nutritionnels tout en faisant des économies.

• Les lipides : indispensables à votre santé

Les lipides – ou graisses – sont souvent considérés comme des nutriments hypercaloriques, néfastes à notre santé. En réalité, les lipides sont indispensables à l'équilibre alimentaire, à condition de les ingérer en quantité adaptée et surtout en les choisissant. Selon les recommandations nutritionnelles actuelles, il est conseillé de réduire les lipides saturés (présents dans la viande rouge, le fromage, la crème, le beurre, les viennoiseries…), tout en augmentant les lipides insaturés (contenus dans les huiles végétales, les noix, les poissons gras, les viandes blanches…). Ces conseils permettent de couvrir les besoins en lipides essentiels (oméga-3 et oméga-6), présents dans toutes nos cellules, mais également de prévenir l'apparition des maladies cardio-vasculaires.

Là encore, ces choix alimentaires simples ne risquent pas de grever votre budget, bien au contraire. Les poissons gras sont parmi les moins onéreux, les volailles et le porc en général moins coûteux que le bœuf, les huiles végétales très peu chères…

Parmi les lipides insaturés, certains sont particulièrement indispensables à votre santé : les oméga-3 (poissons, huile de colza, noix) et les oméga-6 (huile de tournesol, maïs…).

À retenir : *consommez des poissons gras deux fois par semaine (voire davantage) et assaisonnez vos salades d'une cuillerée à soupe d'huile de colza chaque jour.*

• Les vitamines, les minéraux, les antioxydants

Ces micronutriments, dont notre organisme a besoin chaque jour en très petites quantités (de l'ordre du microgramme ou du milligramme…), sont apportés à dose suffisante par une alimentation équilibrée et variée.

Les aliments bruts sont d'excellentes sources de micronutriments, tandis que les produits industriels – qui ont subi différents traitements technologiques – ont perdu une partie de ces précieux composants (vitamine C, potassium, polyphénols…). En achetant des ingrédients bruts que vous cuisinerez vous-même, vous faites le plein de vitamines et de minéraux tout en dépensant moins, car les produits industriels, à qualité et composition égales, sont toujours plus chers. Optez donc pour les produits basiques : un yaourt nature avec une cuillerée de confiture maison contient 180 mg de calcium (soit 20 % des besoins quotidiens), alors qu'un yaourt aux fruits, pourtant 20 à 30 % plus cher, n'en contient que 125 mg (soit 14 % des besoins quotidiens).

Mettez également toutes les chances de votre côté en consommant des produits de saison (fruits, légumes, poissons, fromages…) : ils sont à leur concentration maximale en micronutriments. C'est le cas en particulier des fruits et des légumes, qu'il est impératif d'acheter en pleine saison : les fraises de juin seront toujours mieux pourvues en vitamine C que celles de décembre, cueillies à l'autre bout du monde et ayant voyagé jusqu'à votre assiette. Et elles seront également plus savoureuses et bien meilleur marché !

À retenir : une alimentation simple, basée sur des aliments basiques et de saison, couvre sans problème vos besoins en vitamines et en minéraux.

• Les fibres

Présentes uniquement dans les aliments d'origine végétale, les fibres sont indispensables au fonctionnement harmonieux du transit intestinal. Elles sont par ailleurs impliquées dans la prévention des cancers digestifs, mais également du diabète et de l'excès de cholestérol, et elles favorisent le maintien d'un poids de forme.

Là encore, recommandations nutritionnelles et contrôle du budget alimentaire vont dans le même sens : une alimentation riche en végétaux (mais pas strictement végétarienne) coûte moins cher qu'une alimentation riche en produits animaux (viande, charcuterie, fromage…).

En rééquilibrant les proportions produits animaux/produits végétaux, vous améliorez la qualité de vos repas et vous préservez votre santé, ainsi que votre budget.

Vous trouverez des fibres dans les légumes, les fruits, les céréales (complètes ou non) et surtout les légumineuses, dont la qualité nutritionnelle est excellente et le coût particulièrement bas. Pensez également à ajouter régulièrement des oléagineux (noix, noisettes…) et des fruits séchés dans vos plats, c'est un vrai plus en fibres, à un coût raisonnable vu les quantités utilisées.

À retenir : une alimentation riche en végétaux présente le double avantage d'être source de fibres et peu onéreuse.

• L'eau

Indispensable à la vie, c'est la seule boisson à privilégier. Les besoins en eau de boisson se situent autour de 1,2 à 1,5 l par jour, les aliments en contenant pour leur part environ 1 l. Inutile de boire davantage : vous risquez d'augmenter inutilement le travail des reins ou de faire de la rétention d'eau.

L'eau en bouteille est particulièrement chère : l'eau de distribution publique est donc tout indiquée pour votre consommation quotidienne. Renseignez-vous simplement pour connaître sa qualité : dans certaines régions, la charge en pesticides ou en nitrates impose aux femmes enceintes et aux jeunes enfants de consommer une eau embouteillée.

À retenir : l'eau de distribution publique est environ 200 fois moins chère que l'eau en bouteille… Faites vos comptes !

Les quantités à consommer par groupe d'aliments

En pratique, comment équilibrer votre alimentation et couvrir vos besoins nutritionnels ? L'équilibre au quotidien n'a rien de compliqué : suivez tout simplement les recommandations actuelles. Elles sont particulièrement faciles à appliquer et vont dans le sens d'une alimentation variée et peu coûteuse !
Voici les repères à garder en ligne de mire au quotidien :
– Cinq portions de fruits et légumes par jour, indispensables pour leur apport en substances protectrices (antioxydants) et en fibres. Leur coût est beaucoup moins élevé qu'on ne le pense, à condition d'acheter des produits de saison et de compléter avec des produits surgelés et en conserve, selon les prix du marché. Concrètement, prévoyez environ 400 à 500 g de fruits et légumes par personne et par jour. Cela représente deux à trois fruits et deux à trois portions de légumes (potage, salade, crudités, légumes cuits). Pour garantir les apports en vitamine C, il est souhaitable de consommer deux à trois portions de crudités par jour. Orange, kiwi, chou rouge ou poivron sont parmi les végétaux les plus riches en vitamine C, mais aussi… les moins chers !
– Des féculents à chaque repas. Ils permettent de couvrir les besoins en glucides complexes et en fibres. En pratique, il est conseillé de consommer une portion de pain matin, midi et soir (et éventuellement au goûter), et une à deux portions de féculents (pâtes, riz, lentilles…) par jour. Les féculents et le pain sont utiles pour leur effet rassasiant, qui permet de limiter les grignotages sucrés, gras et/ou salés. Comptez au moins 200 g de pain par jour (c'est un minimum) et 150 à 350 g de féculents cuits, selon l'appétit et l'activité de chaque convive.
– Trois produits laitiers par jour pour leur apport en protéines, en calcium et en vitamines A et D. Les produits laitiers apportent des protéines animales d'excellente qualité nutritionnelle, car elles correspondent parfaitement à nos besoins. Les protéines du lait sont les moins chères. Elles permettent donc d'équilibrer facilement le budget alimentaire sans concession sur la qualité nutritionnelle. À titre d'exemple, un bol de lait apporte autant de protéines que 50 g de steak haché, pour un coût deux à trois fois moindre.

– De la viande, du poisson ou des œufs une à deux fois par jour. Il est en effet inutile, voire néfaste pour la santé, de consommer trop d'aliments riches en protéines animales. Attention également au cumul d'un plat de viande et d'une portion de charcuterie (ou d'œufs) en entrée : vous consommez alors trop de protéines et vous augmentez fortement le coût du repas. En pratique, une portion de 80 à 120 g de viande ou de poisson par jour se révèle suffisante, à condition de compléter cet apport par des produits laitiers et des féculents (sources de protéines végétales). Si vous consommez une portion de viande à midi, vous pouvez parfaitement vous en passer au dîner. Cela est particulièrement vrai pour les enfants, dont la consommation de protéines est souvent beaucoup trop importante.

– Limiter la consommation de matières grasses. Il s'agit surtout de réduire les apports de matières grasses « cachées » dans les aliments : sauces, chips, viennoiseries, fromages gras, charcuterie, plats préparés… Ce sont le plus souvent des matières grasses saturées ou hydrogénées, dont la surconsommation peut favoriser la survenue des maladies cardio-vasculaires. Ces aliments industriels sont aussi ceux qui grèvent votre budget et favorisent la consommation de sucre et de sel. Il est donc judicieux d'en limiter l'achat. En revanche, ne faites pas l'impasse sur les huiles d'assaisonnement, sources d'oméga-3 et d'oméga-6, indispensables à la structure de chacune de vos cellules corporelles.

– Limiter le sucre et le sel en privilégiant les préparations maison, à base d'aliments simples et de saison. Pour réduire le sel, préférez les modes de cuisson qui préservent le goût (vapeur, grillade, cuisson à l'étouffée), et assaisonnez largement d'épices et d'herbes aromatiques, dont le coût est tout à fait raisonnable. La réduction du sucre concerne surtout, comme pour les matières grasses, celui que nous consommons sans nous en rendre compte, par le biais des boissons sucrées, des bonbons, des biscuits, des compotes sucrées, des desserts lactés… En buvant plus souvent de l'eau et en sucrant modérément les yaourts natures ou les gâteaux maison, votre consommation de sucre ne posera aucun problème. Et, là encore, vous ferez très facilement des économies en limitant les produits industriels trop sucrés.

Construire les menus au quotidien

L'élaboration de vos repas doit se faire non seulement sur la journée, mais surtout sur la semaine. Cela vous permet, d'une part, d'équilibrer votre ration alimentaire et, d'autre part, de mieux maîtriser vos dépenses. Si vous avez du mal à vous organiser et à prévoir vos menus, rédigez-les à la semaine et faites votre liste de courses à partir de ces menus. Vos achats seront plus raisonnés, et vous risquerez moins de vous laisser tenter par l'inutile…

Petit déjeuner :
Une boisson chaude (thé, café…)
Un produit céréalier (pain, biscottes, céréales…)
Un fruit ou un jus de fruit
Un produit laitier (lait ou yaourt)

Déjeuner :
Une portion de crudités ou un fruit cru au dessert
Une portion de viande, d'œuf ou de poisson
Une portion de légumes verts et/ou de féculents
Un produit laitier (yaourt ou fromage)
Du pain

Goûter (pour les enfants et les adolescents) :
Une portion de pain avec une barre de chocolat ou une part de gâteau maison
Un fruit ou un yaourt

Dîner :
Un potage de légumes ou une portion de crudités
Un complément protidique (œuf, jambon, sardines, sauce Béchamel, fromage…) : facultatif
Une portion de légumes verts et/ou de féculents
Un produit laitier ou un fruit
Du pain

Il est préférable de faire un dîner léger pour que la digestion ne perturbe pas le sommeil. Mais, si votre emploi du temps vous contraint à déjeuner sur le pouce (sandwich, salade composée…), prévoyez une vraie portion de viande ou de poisson au dîner.

• **Les repères sur une semaine**
Certains aliments doivent impérativement figurer dans vos menus pour diversifier vos apports et couvrir vos besoins, mais sans pour autant grever votre budget.

À surveiller car assez chers :
– La viande rouge : indispensable, car c'est l'une des meilleures sources de fer. Son prix est souvent élevé. Prévoyez du bœuf une à deux fois par semaine, et alternez les morceaux à griller (plus chers) et les morceaux à cuisson plus longue, souvent plus abordables (bourguignon, pot-au-feu…).
– Le poisson : il est souhaitable d'en consommer deux à trois fois par semaine, mais son prix est un vrai frein. Optez pour les espèces les moins chères (panga, lieu noir…) et profitez des poissons gras, car ils sont très bon marché (maquereau, sardine…). Les conserves sont également intéressantes (sardine, thon…). Enfin, en saison, mangez des moules (riches en fer) et n'hésitez pas à cuisiner les encornets (frais ou surgelés).
– Le fromage : une portion par jour. Vous pouvez bien sur le remplacer par du lait ou des laitages moins chers. Mais tout est question de choix, car il existe de nombreux fromages traditionnels à prix attractifs, comme la raclette, l'emmental, le reblochon, le camembert…
– Les fruits : deux à trois portions chaque jour. Le vrai problème est surtout d'adapter ses choix à la saison. Les basiques d'hiver sont très bon marché (orange, banane, pomme). En été, optez pour les nectarines, le melon, la pastèque et les prunes.

À privilégier car diététiques et bon marché :
– Les légumes secs : au moins deux fois par semaine. Nous ne pensons plus à intégrer les lentilles, les haricots et les pois dans nos menus. Ils sont pourtant excellents pour la santé et vraiment pas chers. N'hésitez pas à les acheter en conserve pour gagner du temps au moment de la préparation. Et proposez-les

en soupe, en salade ou en association avec des céréales (riz, semoule…) pour changer du petit salé aux lentilles.
– Pâtes, riz, semoule, pommes de terre : cinq à dix fois par semaine. Selon votre budget, vous resterez classique avec les pâtes et le riz, ou vous alternerez avec du boulghour ou du quinoa, dont le prix devient accessible.
– Les œufs : deux à six par semaine. Leur apport en protéines d'excellente qualité, mais à prix réduit, en fait d'excellentes alternatives à la viande.
– Le lait : au quotidien ! Même si vous ne buvez pas de lait, n'oubliez pas de l'utiliser en cuisine pour les entremets maison (crèmes, riz au lait…), la sauce Béchamel, les soufflés, les gratins… Il est particulièrement utile pour équilibrer les dîners sans viande.
– Les conserves : même si les produits frais sont souvent plus savoureux, certaines conserves sont vraiment utiles et à prévoir dans vos achats hebdomadaires. En particulier : les tomates pelées, le poisson, les haricots verts, les petits pois, les légumineuses et certains fruits comme l'ananas ou les litchis.

• **Rééquilibrer les menus familiaux en dépensant moins : une question de bon sens !**
Vous l'avez compris : les recommandations nutritionnelles actuelles ne sont pas incompatibles avec un budget serré, bien au contraire. En retrouvant votre bon sens alimentaire, vous allez tout simplement construire vos menus un peu différemment, en sélectionnant les aliments les plus intéressants du point de vue nutritionnel et du point de vue budgétaire.
Dans les grandes lignes, il s'agit surtout de retrouver le plaisir des plats moins riches en viande, de choisir avec plus de discernement les aliments d'origine animale et surtout d'abandonner le prêt-à-manger. Bref, un retour vers une alimentation plus traditionnelle, plus simple, plus saine, mais aussi plus variée et plus gourmande.
Les trois piliers d'une alimentation saine et peu coûteuse :
– Privilégier les aliments d'origine végétale pour revenir à un équilibre aliments végétaux/aliments animaux en adéquation avec vos besoins. Il suffit pour cela, par exemple, de prévoir une portion de viande ou de poisson toujours plus petite que celle de légumes d'accompagnement. Ce n'est plus le steak qui est au centre de l'assiette, entouré de quelques haricots verts,

mais bien les légumes qui vont s'enrichir de quelques lamelles de bœuf sauté. Cet équilibre doit être visible lorsque vous faites vos courses : si votre Caddie est aux trois quarts rempli de viande, charcuterie et produits laitiers, vous ne parviendrez pas à atteindre l'équilibre dans vos menus. Fruits, légumes, pain, pâtes, pommes de terre et légumes secs doivent représenter une vraie part de vos achats.

– Mieux choisir les produits animaux, car ils sont nécessaires à la santé pour leur apport en protéines, calcium et fer. Mais, au sein de ces produits, faites des choix appropriés. Le plus cher des poissons n'est pas forcément le meilleur pour votre santé. Cela vaut également pour les viandes. Un yaourt sera moins onéreux qu'une portion de fromage : pas question d'abandonner l'achat de ce dernier, mais la diversité des produits laitiers vous permettra d'équilibrer votre budget, tout comme vos apports nutritionnels.

– Limiter le prêt-à-manger en cuisinant soi-même des plats simples. Toutes les préparations industrielles provoquent des pertes et des transformations chimiques dans les aliments (perte de vitamines, de minéraux, modification des protéines, des polyphénols…). Par ailleurs, les plats industriels sont souvent trop salés et trop sucrés. Ils peuvent également contenir des additifs de synthèse. Même si leur coût semble parfois intéressant, la qualité n'est, hélas ! pas souvent au rendez-vous : peu d'aliments nobles (viande, poissons, légumes, féculents…), mais de l'eau, du gras, des additifs… Au total, vous payez finalement très cher le gramme de protéines. Renouer avec une alimentation plus simple, faite maison, sans passer des heures en cuisine est un comportement favorable à votre santé, et à votre porte-monnaie. Vous redonnez aussi du sens à ce que vous mangez, et ça… ça n'a pas de prix !

FAITES LES BONS CHOIX

Prenez le temps de choisir

Lorsqu'on navigue dans les rayons ou que l'on compare les prix d'un magasin à un autre, on est étonné des différences très importantes qui existent pour des produits apparemment comparables. Et, dans un même rayon, les produits proposés varient du simple au triple, selon la marque, l'emballage, la présentation… Regardez les paquets de riz, par exemple : du premier prix au riz d'origine rare, du riz rond au riz incollable, en passant par le riz déjà cuit à réchauffer, le prix à payer est loin d'être le même ! Pourtant, tous ces riz ont, à peu de chose près, des valeurs nutritionnelles tout à fait comparables. *Idem* au rayon viande : des prix vraiment très divers s'offrent à vous. Et, finalement, le filet de bœuf est-il meilleur pour la santé que le gîte ? Difficile de s'y retrouver ! Il n'est pas simple de faire des choix sans passer des heures à faire ses courses pour comparer toutes ces données ! Voici, par famille d'aliments, des repères simples pour gagner du temps et acheter malin !

• Les poissons

Les poissons font partie des aliments assez chers, et c'est dommage, car il est conseillé d'en consommer régulièrement. Il existe pourtant des espèces bon marché, dont la qualité gustative est souvent excellente.

Au rayon frais, vous trouverez des poissons d'élevage (panga, saumon, truite, dorade…), ainsi que du lieu, du maquereau et des sardines à un prix abordable. Les éperlans, petits poissons que l'on fait frire, sont également très peu chers. Le rayon poisson présente souvent des promotions en fin de semaine, avec de beaux arrivages de poissons frais : c'est à ce moment qu'il faut en profiter. Les moules, les calamars, la seiche et parfois le crabe peuvent être intéressants. Rendez-vous également au rayon des surgelés, où l'on trouve d'excellents poissons à prix souvent plus attractifs qu'au rayon frais. Là encore, les promotions sont courantes : n'hésitez pas à acheter du poisson surgelé d'avance si vous possédez un grand congélateur.

Enfin, les conserves sont particulièrement intéressantes du fait de leur prix, de leur facilité de stockage et de leur praticité.

• Les viandes

Le prix des viandes varie selon le morceau que vous choisissez : même si le porc est moins cher que le bœuf, on peut parfaitement trouver des découpes de bœuf délicieuses et bon marché.

D'une façon générale, les pièces à cuisson rapide sont toujours plus chères que les morceaux qui nécessitent une cuisson longue.

Le bœuf : paleron, jarret, gîte, macreuse, queue ou plat de côte sont des morceaux assez bon marché. Pour réaliser un sauté, vous utiliserez de la macreuse à steak ou de la poire.

Le veau reste une viande chère quel que soit le morceau considéré. Le porc est au contraire bon marché, et tous les morceaux sont abordables, le plus cher étant le filet mignon. Jarret, côte, échine, filet ou travers, frais, demi-sel ou fumé, le porc offre des possibilités multiples et peu onéreuses. Raison de plus pour choisir un porc de bonne qualité (porc labellisé) et non un produit bas de gamme.

L'agneau est une viande assez chère, mais on le trouve parfois en promotion au rayon des surgelés (à Pâques, par exemple). C'est une bonne occasion pour en manger. Les souris d'agneau et l'épaule sont moins chères que le gigot.

Les volailles sont des viandes également intéressantes, même si leur prix a beaucoup augmenté ces dernières années. La dinde, vendue à la découpe, reste parmi les produits les plus abordables. Quant au poulet, il est vraiment préférable de l'acheter entier ou de profiter de promotions sur des découpes vendues en cartons familiaux (pilons, cuisses ou escalopes). La qualité du poulet laisse cependant parfois à désirer, et il vaut mieux acheter un bon poulet fermier de temps en temps que du poulet de batterie trop souvent, qui se révèle insipide et qui perd beaucoup d'eau et de gras à la cuisson.

Le lapin et le canard sont assez chers, mais vous pouvez en acheter à meilleur compte directement chez les producteurs.

Les surgelés peuvent être pratiques pour avoir de la viande d'avance à la maison, mais leur prix n'est pas aussi intéressant qu'au rayon frais, contrairement à ce que l'on constate pour les poissons.

Enfin, mention spéciale aux abats : même si leur prix a flambé après la crise de la vache folle, ce sont des produits d'excellente valeur nutritionnelle à prix très accessibles. Langue, rognon, cœur, foie, joue, queue de bœuf, tête de veau… N'hésitez pas à en acheter si vous les appréciez.

• **Les œufs**

Vous gagnerez surtout à les acheter en assez grande quantité (plateaux de trente œufs) si vous en consommez suffisamment. Les œufs bio, désormais à peine plus chers que les autres, présentent l'avantage d'être issus de poules nourries et traitées de façon beaucoup plus saine.

• Les conserves

Le prix des conserves, comme de tous les produits issus de l'industrie, est déterminé par… la marque ! La question est donc de savoir s'il existe une différence réelle de qualité entre une conserve de marque peu connue, de marque locale, de marque de distributeur ou d'une marque qui vous abreuve de publicité tout au long de l'année. D'un point de vue nutritionnel, les conserves de produits basiques (légumes natures, compote, poissons…) sont similaires. À vous de choisir les produits selon leur saveur et leur prix, sans vous laisser influencer par le packaging ou la notoriété de la marque. À noter également : on trouve parfois des marques locales excellentes et bon marché ; n'hésitez pas à les favoriser lorsque vous faites vos courses.

Pour les conserves de plats cuisinés, vérifiez surtout l'apport en protéines (6 à 7 g/100 g au minimum), car c'est ce qui coûte le plus cher au fabricant, mais aussi ce qui fait la qualité du plat.

• Les surgelés

Comme pour les conserves, vous payez le produit, la marque, l'enseigne… Nos conseils rejoignent donc ceux du paragraphe précédent : fiez-vous à votre bon sens ! Achetez en toute confiance des produits savoureux et bon marché, même de marque inconnue. La réglementation impose des normes d'hygiène et de fabrication drastiques, et la qualité nutritionnelle de tous ces produits est comparable.

• Les fruits et légumes frais

Pour cette catégorie d'aliments, c'est la saison qui doit vous guider. Et la difficulté aujourd'hui pour s'y retrouver chez les marchands, c'est que justement, chez eux, il n'y a plus de saison ! On trouve des tomates toute l'année, des fraises à Noël et du raisin à Pâques ! Il existe cependant des pics de production, qui correspondent, pour chaque espèce végétale, à la période la plus intéressante sur le plan nutritionnel, celle de la plus grande richesse en vitamines. Pour ne pas faire exploser votre budget fruits et légumes, et pour profiter du meilleur de chaque variété, respectez donc leur saisonnalité : la salade de tomates, c'est parfait en été, mais en hiver, préférez les endives ou les carottes râpées. Et, pour en savoir plus sur la saison des produits moins connus, discutez avec les marchands et les producteurs.

Le rayon fruits et légumes propose également des promotions ponctuelles, avec une baisse du prix en vrac ou des colis à prix réduits. N'hésitez pas à en profiter, car ce sont des promotions liées aux pics de production ou aux arrivages importants, sans incidence sur la qualité des fruits et légumes, au contraire.

Enfin, il faut sans doute rappeler que certains fruits et légumes battent des records de prix bas : la carotte, le chou, le chou-fleur, la courgette, les salades vertes, l'orange, la pomme et la banane sont abordables presque toute l'année.

• Les pâtes et le riz

Les pâtes et le riz tentent de sortir de leur image d'aliment basique et un peu triste : on trouve aujourd'hui des riz du bout du monde, des pâtes de toutes sortes enrichies de légumes ou précuites, des préparations déjà cuisinées qu'il suffit de réchauffer... Ces pures productions industrielles n'ont pas grand intérêt : elles coûtent cher et ne sont pas toujours très bonnes. Gardez votre bon sens : achetez des pâtes de blé dur de bonne qualité et du riz rond ou long selon l'utilisation que vous en ferez. Une bonne sauce maison les accompagnera pour un coût vraiment minime. Pour changer, goûtez la polenta (semoule de maïs), le blé concassé (boulghour) ou le quinoa, dont le prix devient abordable. Ces deux dernières céréales, un peu plus chères que les pâtes ou le riz, sont idéales pour réaliser un plat végétarien très bon marché.

• Les fromages

Curieux aliment : le fromage peut être un produit de luxe comme une denrée très bon marché. Ouvrez l'œil et regardez les prix ! Certains fromages sont toujours assez chers, comme par exemple le roquefort, les fromages secs de brebis et les fromages de chèvre (sauf le chèvre frais, plus abordable). Les fromages de lait de vache sont en général moins chers, et certains basiques sont très bon marché : camembert, fromage à raclette, emmental, fromages hollandais...

Même si vous cherchez à maîtriser votre budget, ne vous laissez pas séduire par les fromages industriels à tartiner : plus gras, moins riches en calcium et en protéines, ils sont beaucoup moins intéressants du point de vue nutritionnel. Au final, vous payez surtout la marque et l'emballage.

Pensez à faire vos achats de fromage au marché ou directement chez les producteurs ; vous achèterez au meilleur prix des produits d'excellente qualité.

• Les laitages frais

Un rayon de plusieurs mètres, où il n'est pas simple de faire son choix ! Pour concilier qualité nutritionnelle et prix plancher, une seule voie : celle de la simplicité ! Optez pour les yaourts et le fromage blanc nature, que vous aromatiserez vous-même d'un peu de confiture ou de sucre roux. Occasionnellement, achetez des yaourts aux fruits ou aromatisés : ils ne sont pas beaucoup plus chers et permettent de diversifier les menus. Mais attention, le rayon ultrafrais est truffé de pièges pour votre porte-monnaie ! Évitez les produits allégés, chers et sans intérêt réel pour la plupart des consommateurs, les entremets et les crèmes dessert, que vous pouvez préparer vous-même (en version moins sucrée et sans additifs !), et surtout les produits portant une allégation santé et facturés à prix d'or…

• Le lait, la farine, le sucre

Des aliments bon marché et basiques, que vous pouvez d'ailleurs choisir en label bio (lait et farine), car l'écart de prix est actuellement très réduit. De même, pour le sucre, une denrée peu chère et que l'on utilise en quantité assez réduite : pourquoi ne pas préférer un sucre roux, au prix légèrement supérieur, mais qui donnera du goût à vos yaourts et à vos gâteaux maison ?

• Les matières grasses

Beurre ou margarine ? Réponse de bon sens : préférez un bon beurre, aliment simple et sans additifs, à une margarine de piètre qualité, pleine d'additifs et dont le profil lipidique n'est pas toujours intéressant pour la santé. Et, à qualité comparable, le beurre est souvent moins cher que la margarine. Bref, vérifiez les prix et alternez beurre et margarine, en choisissant alors une formule enrichie en oméga-3. Et, pour préserver les qualités nutritionnelles du beurre (vitamines A et D), évitez de le cuire à haute température : préférez l'utilisation à cru, juste fondu ou pour la pâtisserie.

Complétez les apports lipidiques par de l'huile. Celle de colza, l'une des moins chères du rayon, est aussi la plus riche en oméga-3. C'est donc un excellent achat ! Vous pourrez alterner avec de l'huile de tournesol (pour les cuissons) et de l'huile d'olive, beaucoup plus chère, mais à utiliser en petite quantité, car elle est très parfumée.

Les bonnes attitudes qui allègent l'addition

Nous faisons presque tous nos courses dans l'urgence, entre deux activités ou après le travail… Résultat : par manque de temps et d'envie, nous parons au plus pressé, sans nous arrêter sur les prix au kilo ou la composition des aliments. Et, au fil des semaines, notre Caddie se remplit de produits similaires, par habitude, par simplification… Au lieu de garder un œil sur les produits de saison ou les promotions intéressantes, nous effectuons toujours le même circuit, avec ou sans liste de courses.

Sans passer des heures à faire vos courses, organisez-les davantage ; vous y gagnerez en diversité et vous ferez des économies.

— Composez vos menus à l'avance pour la semaine, surtout si vous avez peu de temps chaque soir pour préparer le repas. Cela vous évitera de réfléchir à ce que vous allez manger en rentrant du travail, devant le frigo ouvert.

— Établissez une liste de courses avec des quantités adéquates : vous mangerez peut-être seul certains jours ou, à l'inverse, toute la famille sera réunie pour quelques repas par semaine.

— Surveillez les promotions dans votre magasin : si vous aviez prévu de faire des endives, mais que le chou-fleur est en promotion, adaptez vos achats.

— Achetez les produits en quantité adaptée au nombre de convives. D'une façon générale, les lots sont moins chers, mais si vous achetez certains produits en trop grande quantité, ils risquent de vous lasser et de se perdre : ce n'est plus une économie !

— Surveillez les dates de péremption des produits frais (yaourts, fromage, viande, jambon…), car les délais sont souvent trop courts : vous risquez d'en gâcher. Même chose pour les fruits : ils ne se conservent pas très longtemps. Ne vous laissez donc pas tenter par les cagettes, dont vous ne viendrez jamais à bout !

— Si vous avez un congélateur, n'hésitez pas à acheter des lots de découpes de viande. Vous pourrez les conserver plusieurs semaines, sans risquer de vous lasser.

- Votre Caddie doit être majoritairement rempli de produits basiques, que vous cuisinerez vous-même : vous y gagnerez en prix et en qualité nutritionnelle (moins de sel, de gras, de conservateurs…).
- Regardez les prix au kilo et n'achetez pas systématiquement les aliments de premier prix, notamment pour les produits d'origine animale. Mieux vaut acheter une plus petite quantité d'une viande de bonne qualité (AOC, bio…) ou d'un fromage traditionnel au lait cru que des quantités importantes de viande pleine d'eau ou de fromage insipide. Si vos finances sont vraiment limitées, faites-vous plaisir de temps en temps et intégrez quelques repas sans viande dans vos menus. Vous réduirez ainsi vos dépenses, tout en consommant des produits de bonne qualité gustative.
- Limitez, sans vous les interdire, les aliments « plaisir », comme les bonbons, les boissons sucrées, les biscuits apéritif, qui restent assez chers et n'ont pas d'intérêt nutritionnel. Le plus simple est de vous fixer un quota pour la semaine et de ne pas le dépasser.

Gérez et organisez vos achats et vos stocks

Comme dans une entreprise, gérez vos stocks au mieux et faites l'inventaire de temps en temps ! Inutile de remplir vos placards, réfrigérateur et congélateur de montagnes de denrées. Faites vos courses chaque semaine, vous ajusterez ainsi beaucoup mieux vos stocks. Notre mode de vie actuel implique des changements d'emploi du temps assez fréquents : les enfants dînent chez des copains, vous apprenez la veille pour le lendemain que vous serez en déplacement ou que votre conjoint a un dîner d'affaires… Gérer le quotidien, c'est surtout savoir s'adapter !

• **Les stocks**
Vérifiez surtout la date de péremption de vos denrées et faites tourner vos boîtes de conserve, lait UHT, paquets de pâtes, riz ou farine, surgelés… Utilisez toujours le produit le plus ancien pour garantir la fraîcheur des aliments et éviter de jeter des produits périmés. Pour cela, ayez des denrées d'avance, mais pas en trop grande quantité : deux paquets de pâtes, un

paquet de riz, de la farine, quelques bouteilles de lait, des tomates pelées, du thon, des sardines, des lentilles… c'est-à-dire la consommation de la semaine et un petit supplément, pas davantage !

Votre congélateur doit également être rempli utilement : quelques sachets de filets de poisson, de viande, un ou deux plats préparés en dépannage, des fruits découpés, du pain, des herbes aromatiques… Faites l'inventaire tous les mois et évitez de le surcharger pour qu'il ne consomme pas davantage d'électricité.

Au réfrigérateur : des œufs (en fonction de votre consommation), du jambon, du beurre et/ou de la margarine, du fromage, des yaourts, de la viande et des légumes pour les deux à cinq jours suivants. Nettoyez souvent votre réfrigérateur et faites le point sur le stock chaque semaine.

- **Adaptez vos achats au nombre de convives**

C'est peut-être l'exercice le plus difficile, car les familles sont aujourd'hui à géométrie variable. Lorsque vous faites votre liste de courses, essayez d'estimer précisément les quantités d'aliments nécessaires pour votre famille. Voici quelques repères pour une famille de quatre personnes, qui dînent mais ne déjeunent pas à la maison.

– Viande, poisson, œufs : en prévoir seulement pour trois dîners, c'est suffisant (100 g par personne). Cela représente une boîte d'œufs, quatre tranches de jambon, 400 g de viande ou de poisson.

– Laitages, fromage : une portion par personne et par dîner, soit une vingtaine de yaourts et un fromage (300 g).

– Fruits : un par personne et par dîner, soit 4 kg environ.

– Légumes : à chaque dîner, ce qui représente également 4 à 5 kg, sous forme de légumes variés, salades, crudités…

– Féculents : un paquet de pâtes et/ou un paquet de riz (ou autres céréales), une boîte de légumes secs (lentilles ou haricots rouges), 1 à 2 kg de pommes de terre…

Il faut ajouter l'épicerie de base (sucre, farine, huile, beurre, lait pour les sauces Béchamel…), le pain et, bien sûr, de quoi petit-déjeuner et goûter.

Achetez en saison

La plupart des produits frais ont leur saison, même si, du fait de la modernisation des techniques de culture et d'élevage, mais aussi de l'importation, les saisons sont moins spécifiques qu'autrefois. Sans être un spécialiste des productions agricoles, laissez-vous guider par le prix des produits : les sardines sont abondantes et bon marché en plein été, alors que vous ne les trouverez que surgelées ou en conserve en hiver. Même remarque pour les haricots verts : vous pouvez en consommer tout au long de l'année, en conserve ou surgelés, mais les haricots frais ne sont abordables qu'en plein été ! Vous remarquerez aussi que certains fromages sont meilleur marché à la fin de l'été ou, au contraire, en plein hiver. Il suffit de lire les étiquettes et de comparer les prix.
Voici quelques repères pour les végétaux frais :

Automne/hiver
Ananas, banane, châtaigne, clémentine, coing, fruit de la passion, goyave, grenade, kaki, kiwi vert, mangue, noisette, noix, orange, poire, pomélo, pomme, raisin…
Blette, brocoli, céleri-rave, champignon, chou-fleur, chou, carotte, cresson, endive, frisée, concombre, épinard, fenouil, laitue, mâche, navet, panais, poireau, potiron, courge, oignon…

Printemps/été
Ananas, abricot, banane, cerise, figue, fraise, kiwi jaune, melon, pastèque, pêche, nectarine, pomme d'été, poire d'été, prune, rhubarbe, fruits rouges…
Artichaut, asperge, aubergine, céleri-branche, courgette, haricot vert, haricot coco, carotte, navet, poireau, poivron, petit pois, fève, radis, tomate, concombre, endive rouge…

Profitez des promotions

Contrairement aux idées reçues, les denrées alimentaires en promotion ne sont pas de qualité inférieure aux autres produits. Ce sont tout simplement des produits dits « d'appel », qui permettent d'attirer l'attention du consommateur. Ces promotions sont souvent prévues dans un calendrier annuel pour créer l'événement autour d'un produit. Ainsi, vous retrouverez des promotions sur le porc, le lapin ou les yaourts plusieurs fois par an, et un événement

« choucroute », « raclette » ou « Nouvel An chinois » dans toutes les enseignes à peu près au même moment. Profitez de ces baisses de prix pour diversifier vos achats et faire le plein de produits que vous pourrez congeler.

Les promotions sur les produits frais dont la production est étroitement liée aux conditions climatiques (fruits, légumes, poissons, moules…) correspondent simplement aux pics de production. Là encore, profitez de la pleine saison pour acheter des denrées à prix raisonnable et en général d'excellente qualité.

Mais n'ayez pas les yeux plus gros que le ventre : attention aux quantités, elles doivent rester en adéquation avec les besoins familiaux.

Ciblez les magasins

Un rapide tour d'horizon des prix selon les enseignes ou les différentes filières de distribution montre que, pour faire de réelles économies, il faudrait s'approvisionner simultanément dans différents magasins, ce qui n'est pas facile à mettre en pratique ! Les distributeurs proposent en effet des prix d'appel sur certains produits, mais se rattrapent sur d'autres. Au final, pour faire de vraies économies, il faudrait faire le tour des bas prix dans trois ou quatre magasins différents !

Cela dit, la solution la plus efficace est sans doute de vous approvisionner dans plusieurs points d'achat pour équilibrer votre budget.

– Le hard-discounter pour tous les ingrédients de base (pâtes, riz, farine, lait, yaourts…), car la différence de prix est souvent importante.
– L'hypermarché pour les produits plus originaux et plus diversifiés : céréales complètes, huiles originales, épicerie fine, plats préparés…
– Le marché ou un hypermarché spécialisé dans le frais pour les fruits et légumes. N'hésitez pas à y passer tôt le matin ou juste avant la fermeture pour négocier les prix.
– Les cueillettes et les boutiques de producteurs, où vous pourrez vous rendre une fois par mois en été et en automne, pour faire des achats conséquents de pommes, de poires (que vous pouvez stocker au frais) ou de fruits rouges et de prunes pour faire des confitures.
– Les livraisons à domicile via les AMAP (associations pour le maintien d'une agriculture paysanne), qui vous permettent de recevoir chaque semaine un

panier de légumes bio de saison. Les avantages de ce système dessinent aussi ses limites : vous vous engagez à l'année et vous ne choisissez pas le contenu du panier, puisqu'il est déterminé par la production de l'agriculteur (donc en fonction des saisons, des conditions climatiques…).
- Les boutiques et marchés asiatiques, orientaux, indiens ou africains, où vous trouverez tous les ingrédients exotiques à des prix beaucoup plus intéressants qu'en supermarché. À visiter notamment pour le riz, le boulghour, les épices, le tofu et les fruits exotiques…
- Les coopératives bio, pour les achats de céréales complètes et de tous produits bio, filière en plein essor dont les produits deviennent accessibles.

Prenez du recul par rapport aux marques et aux enseignes

La qualité des produits basiques, que la marque soit connue ou non, est relativement similaire. Ne vous laissez pas aveugler par le matraquage publicitaire, car, au final, publicité et marketing sont facturés dans ce que vous achetez. Ne l'oubliez pas !

Faites preuve de bon sens et fiez-vous au goût des aliments que vous achetez. Lisez leur composition et achetez toujours les produits les plus simples ; ce sont aussi les plus sains et les moins chers !

LA CUISINE À L'HONNEUR

Il ne s'agit pas d'un retour à la cuisine de nos grand-mères : nous n'en avons plus le temps ! Les aliments se sont aussi modernisés et diversifiés. Le challenge est donc aujourd'hui de profiter de l'abondance alimentaire, tout en redonnant du sens à ce que nous mangeons et en préservant notre santé et notre budget. Cela signifie tout simplement limiter la consommation d'aliments prêts à manger et orienter ses choix vers des denrées brutes et une cuisine simplifiée, économique et savoureuse.

Renouez avec les basiques

L'industrie nous propose aujourd'hui une telle variété de plats déjà prêts qu'il est tentant de se laisser convaincre. Mais ces plats sont toujours plus chers que des préparations maison, alors que leur valeur nutritionnelle est moins intéressante. Ils contiennent en effet toujours beaucoup de sel, de gras et/ou de sucre, des additifs… S'il faut savoir utiliser ces produits en cas de dépannage, car ils sont très pratiques, la plupart du temps, les faire soi-même est facile et toujours plus économique.

La soupe, constituée de légumes et de pommes de terre cuits à l'eau puis mixés, est un plat inratable et peu onéreux. Préparez une cocotte de soupe et congelez-la en petites boîtes individuelles. Elle se réchauffe facilement en quelques minutes.

Les crudités râpées et les salades vendues en barquette baignent dans l'huile et sont trop salées (idem pour les salades en boîte). Pour gagner du temps, préparez-les pour deux jours et conservez-les, non assaisonnées, dans une boîte hermétique placée au réfrigérateur. Arrosez-les de jus de citron pour restaurer leur apport en vitamine C.

Les plats mijotés, que l'on croit difficiles à réussir et contraignants à cuire, sont en fait d'une simplicité enfantine. Petit salé, pot-au-feu, potée, daube, bourguignon… cuisent tout seul dans leur jus, pratiquement sans surveillance. Ce sont des plats équilibrés, qui vous permettent d'ajuster les proportions de viande et de légumes pour maîtriser le coût du plat. En outre, ils peuvent être congelés puis réchauffés. Vous les préparerez donc en assez grande quantité, pour plusieurs repas, afin d'économiser l'énergie.

Mettez la main à la pâte

On nous vend aujourd'hui des préparations pour gâteaux qu'il suffit de verser dans un moule ou des entremets en poudre à diluer dans du lait, des pâtes à tarte qu'il suffit de dérouler… Faire un gâteau au yaourt, des cookies, une tarte aux pommes ou de la semoule au lait ne prend pourtant pas beaucoup de temps. Et vous pourrez rendre ces moments de préparation conviviaux en les partageant avec vos enfants ou votre conjoint. Faits maison, ces desserts simples sont riches en ingrédients nobles (fruits, lait, farine…) mais dépourvus d'additifs et plus équilibrés en sucre et en graisses. Les entremets au lait sont une excellente façon de compléter l'apport protéique du repas à très peu de frais.

Utilisez les restes

C'est un art que maîtrisaient parfaitement nos grand-mères : ne rien laisser perdre et réinventer un nouveau plat en y cachant de petits restes. Cet exercice s'est perdu, et c'est dommage, car avec une petite quantité de bœuf déjà cuit, on peut préparer un hachis Parmentier, des boulettes, une salade composée, du bœuf miroton… Avec du poisson, un gratin de pommes de terre, des coquilles Saint-Jacques à la béchamel… Plutôt que de jeter ou de se forcer à terminer les plats alors que l'on n'a plus faim, prenons l'habitude d'utiliser ces restes le lendemain !

Yaourts et pain maison

Avec la crise et sans doute l'envie de manger plus sain, on constate un véritable engouement pour les machines à pain et les yaourtières.

D'un point de vue strictement économique, il faut noter que l'investissement de départ pour ces appareils est long à amortir. Néanmoins, le vrai plus se situe dans le choix de la farine (bio, aux céréales…) et la possibilité de faire des brioches variées et de bonne qualité, moins chères que chez un artisan boulanger.

Les yaourtières, quant à elles, sont abordables, et il suffit d'un yaourt et de 1 l de lait pour obtenir neuf yaourts, ce qui est intéressant. D'un point de vue nutritionnel, le yaourt maison et le yaourt nature industriel sont similaires, puisqu'ils contiennent tous deux les mêmes ingrédients (lait liquide, ferments lactiques, lait en poudre).

Confitures et conserves

Les confitures maison ne sont pas forcément moins chères que les industrielles (sauf si vous bénéficiez des fruits de votre jardin ou de fruits sauvages), mais leur qualité gustative est sans comparaison. En limitant l'apport en sucre, vous obtiendrez des confitures vraiment très parfumées. Pas d'hésitation si vous avez un peu de temps en été : faites des confitures pour l'hiver avec des fruits rouges, des prunes, des abricots… C'est facile et vraiment meilleur !

Les conserves sont beaucoup plus délicates à préparer, car elles nécessitent une stérilisation. Si celle-ci est imparfaite, les risques d'intoxication sont réels et peuvent s'averer extrêmement graves (toxine botulique). L'alternative plus facile à mettre en œuvre est la congélation : vous pouvez congeler les fruits d'été (framboises, abricots…) pour en faire des compotes ou des clafoutis en hiver, ainsi que des dés de courgettes et de potiron (pour les soupes) et des haricots verts.

Recettes et menus

Saison : automne, hiver
Préparation : 15 min
Cuisson : 3 min

MENU ÉQUILIBRÉ
> Salade de fenouil et pomme verte au cumin
Spaghetti au thon
Fromage blanc au miel

Salade de fenouil et pomme verte au cumin

Pour 4 personnes ▪ 1 bulbe de fenouil ▪ 1 pomme acidulée type granny-smith ▪ 1 échalote ▪ 1/2 citron ▪ 10 noisettes ▪ 1 pincée de graines de cumin ▪ 1 c. à s. d'huile de colza ▪ 1 c. à s. de vinaigre de cidre ▪ Sel, poivre

Faites dorer les noisettes dans une poêle antiadhésive pendant 3 min, en remuant. Laissez tiédir, puis hachez-les grossièrement avec un couteau de cuisine.

Lavez la pomme, puis coupez-la en fins bâtonnets sans la peler. Disposez-les dans un saladier et arrosez-les de jus de citron. Rincez le fenouil, éliminez la partie externe si elle est fibreuse. Émincez-le en fines tranches et mettez-les dans le saladier. Pelez et hachez l'échalote, ajoutez-la aux légumes.

Assaisonnez de vinaigre, d'huile, de sel, de poivre et de cumin. Mélangez et parsemez de noisettes hachées.

Servez aussitôt ou laissez reposer 30 min pour que les ingrédients s'imprègnent des différents arômes.

MON ASTUCE ÉCONOMIE
Le fenouil est bon marché de l'automne au début du printemps. Choisissez un bulbe bien rond et charnu, sans traces brunes. Vous utiliserez les pousses vertes et la partie extérieure pour parfumer un potage.

LE PLUS SANTÉ
Une salade bien vitaminée, puisque le fenouil et la pomme sont consommés crus. N'épluchez pas la pomme, sa peau est concentrée en fibres et en micronutriments, mais rincez-la soigneusement sous l'eau.

ALTERNATIVE
Toutes les pommes conviennent pour cette recette. Il suffit qu'elles soient juteuses et bien croquantes.

Saison : toutes
Préparation : 20 min
Cuisson : sans cuisson

MENU ÉQUILIBRÉ
> Salade de pomélo aux crevettes et oignons rouges
Nouilles sautées au poulet et aux poivrons
Fromage blanc

Salade de pomélo aux crevettes et oignons rouges

Pour 4 personnes ▪ 50 g de petites crevettes roses décortiquées surgelées ▪ 2 pomélos roses ▪ 1 petit oignon rouge ▪ 1 citron ▪ 1 pincée de graines de sésame ▪ 1 c. à c. de sauce de soja ▪ 1 c. à s. d'huile de colza ▪ Sel, poivre

Passez les crevettes sous l'eau froide pour les décongeler. Épongez-les, puis mettez-les dans un plat. Ajoutez la sauce de soja, l'huile, le jus du citron, du sel et du poivre. Mélangez et laissez en attente au frais.

Épluchez l'oignon, puis coupez-le en très fines rondelles. Ajoutez-les aux crevettes.

Pelez les pomélos à vif, c'est-à-dire en éliminant la peau et la partie blanche qui entoure la pulpe. Découpez ensuite les pomélos en fines tranches, en récupérant le jus.

Répartissez les tranches de pomélos dans 4 assiettes. Ajoutez par-dessus les rondelles d'oignon, puis les crevettes assaisonnées. Parsemez de graines de sésame et servez frais.

MON ASTUCE ÉCONOMIE
Profitez des lots de pomélos, souvent en promotion au printemps et à l'automne, mais optez toujours pour les variétés roses, plus sucrées et moins amères que les jaunes.

LE PLUS SANTÉ
Le pomélo est une excellente source de vitamine C. Comme les oignons rouges, il contribue à préserver les cellules du vieillissement et du cancer.

ALTERNATIVE
Cette salade sera délicieuse et tout aussi vitaminée avec des oranges, qui, en plein hiver, sont moins chères que les pomélos. Comptez une belle orange par personne.

Saison : printemps, été
Préparation : 25 min
Cuisson : 10 min

MENU ÉQUILIBRÉ
> Petite salade de pissenlit,
tuiles au parmesan
Fèves mijotées au jambon
Compote pomme-poire

Petite salade de pissenlit, tuiles au parmesan

Pour 4 personnes ▪ 250 g de pissenlit sauvage ▪ 1 gousse d'ail ▪ 3 c. à s. de parmesan ▪ 1 c. à s. de farine ▪ 1 pincée de graines de pavot ▪ 1 pincée de muscade râpée ▪ 1 c. à s. de vinaigre de vin ▪ 2 c. à s. d'huile de colza ▪ Sel, poivre

Préchauffez le four à 180 °C (th. 6). Lavez le pissenlit dans plusieurs eaux. Essorez-le, coupez la base et détachez les feuilles. Mettez-les au frais dans un saladier.

Versez le parmesan et la farine dans un bol. Salez légèrement, poivrez fortement et ajoutez la muscade. Mélangez du bout des doigts : vous obtenez une poudre épaisse.

Disposez 12 petits tas du mélange de farine et parmesan sur une plaque à pâtisserie antiadhésive, en les espaçant largement. Aspergez chaque tuile de quelques gouttes d'eau. Parsemez-les de graines de pavot et enfournez pour 5 à 8 min, en surveillant la cuisson. Les tuiles dorent et s'étalent légèrement. Sortez-les du four dès qu'elles sont cuites et laissez-les tiédir sur une assiette.

Mélangez l'huile, le vinaigre, l'ail haché, sel et poivre. Versez sur le pissenlit et mélangez. Servez accompagné des tuiles tièdes.

MON ASTUCE ÉCONOMIE
Le pissenlit est une salade très économique… à condition d'aller le ramasser soi-même dans les prés, où il foisonne dès le printemps. Choisissez de jeunes pousses ; elles sont tendres et peu amères.

LE PLUS SANTÉ
Une salade vitaminée et pleine d'antioxydants : le pissenlit est en effet particulièrement bien pourvu en vitamine C et en carotène.

ALTERNATIVE
Vous réaliserez de la même façon des tuiles avec un fromage italien similaire au parmesan : le grana padano, souvent moins cher, mais tout aussi bon.

36 Entrées

Saison : printemps, été
Préparation : 20 min
Cuisson : sans cuisson

MENU ÉQUILIBRÉ
> Salade de haricots au thon et aux oignons nouveaux
Jardinière de légumes à l'estragon
Tomme de Savoie et raisin noir

Salade de haricots au thon et aux oignons nouveaux

Pour 4 personnes ▪ 3 oignons nouveaux ▪ 1 tomate ▪ 5 brins de persil plat ▪ 400 g de haricots blancs en boîte ▪ 120 g de thon au naturel ▪ 1 c. à c. de moutarde ▪ 2 c. à s. de vinaigre de noix ▪ 1 c. à s. d'huile d'olive ▪ 1 c. à s. d'huile de colza ▪ Sel, poivre

Égouttez les haricots et rincez-les sous l'eau fraîche. Versez-les dans un saladier. Égouttez le thon, émiettez-le et ajoutez-le aux haricots.

Lavez les oignons sous l'eau fraîche, puis émincez-les finement, y compris la partie verte. Lavez la tomate, puis coupez-la en dés. Ajoutez les oignons et la tomate dans le saladier, et mélangez délicatement.

Fouettez les huiles, le vinaigre et la moutarde dans un bol. Salez légèrement et poivrez assez fortement. Mélangez et versez dans le saladier.

Lavez et ciselez le persil. Parsemez-en la salade et servez.

MON ASTUCE ÉCONOMIE
Si l'entrée comporte des protéines (poisson, œuf, jambon…), il n'est pas utile de prévoir un plat de viande au cours du repas. Prévoyez simplement du fromage pour compléter les apports.

LE PLUS SANTÉ
Une salade riche en fibres grâce à la présence de haricots et d'oignons, ce qui permet de réguler en douceur le transit.

ALTERNATIVE
Cette salade est également réalisable avec du maquereau en boîte (au vin blanc ou à la moutarde) ou des filets de sardines.

200 menus à moins de 2 euros

Saison : automne, hiver, printemps
Préparation : 20 min
Cuisson : sans cuisson

MENU ÉQUILIBRÉ
> Salade croquante de radis noir et carottes
Brochette de poulet et boulghour
1 petit-suisse

Salade croquante de radis noir et carottes

Pour 4 personnes ▪ 1/2 radis noir ▪ 1 carotte ▪ 1 petite pomme ▪ 1 poignée de mâche ▪ 1/2 citron ▪ 1 c. à s. d'huile d'olive ▪ 1 c. à s. d'huile de colza ▪ 1 c. à s. de vinaigre de cidre ▪ Sel, poivre

Pelez le radis noir, lavez-le soigneusement, puis coupez-le en très fines tranches à l'aide d'une râpe à main. Les tranches doivent être souples et translucides. Pelez la carotte, lavez-la et coupez-la en tagliatelles avec un couteau économe. Rincez et essorez la mâche.

Lavez la pomme, puis coupez-la en fins bâtonnets, sans l'éplucher. Arrosez les bâtonnets de jus de citron pour éviter qu'ils brunissent.

Mettez la mâche, le radis noir, la carotte et la pomme dans un saladier, et mélangez délicatement.

Arrosez d'huile, de vinaigre, salez et poivrez. Mélangez et servez aussitôt.

MON ASTUCE ÉCONOMIE
Le radis noir est un légume peu cher et très intéressant du point de vue nutritionnel. Un radis noir permet de réaliser une entrée pour 6 à 8 personnes.

LE PLUS SANTÉ
En plein hiver, faites le plein de vitamines avec cette salade, dont les ingrédients sont particulièrement bon marché pendant la saison froide.

ALTERNATIVE
Les radis rouges, présents sur les marchés au printemps et en été, se prêtent parfaitement à cette recette. Tranchez-les en rondelles à l'aide d'un couteau.

Saison : automne, hiver
Préparation : 15 min
Cuisson : 25 min

MENU ÉQUILIBRÉ
> Chou-fleur mimosa à la truite fumée
Risotto au safran et au parmesan
Kiwi

Chou-fleur mimosa à la truite fumée

Pour 4 personnes ▪ 1/2 chou-fleur ▪ 5 brins de persil plat ▪ 40 g de truite fumée ▪ 1 œuf ▪ 2 c. à s. d'huile de colza ▪ 1 c. à s. de vinaigre ▪ 1 c. à c. de moutarde ▪ Sel, poivre

Coupez le chou-fleur en petits bouquets. Faites-le cuire 10 à 15 min à la vapeur ou à l'eau bouillante salée, en le gardant légèrement croquant. Égouttez-le et gardez-le au chaud.

Faites cuire l'œuf 10 min à l'eau bouillante, puis passez-le sous l'eau froide. Écalez-le et écrasez-le à la fourchette. Coupez la truite en petits dés.

Rincez le persil et hachez-le. Émulsionnez l'huile, le vinaigre et la moutarde. Salez et poivrez.

Disposez le chou-fleur dans un plat, ajoutez les dés de truite et l'œuf haché, puis nappez de sauce. Décorez avec du persil et servez aussitôt.

MON ASTUCE ÉCONOMIE
La truite fumée est moins chère que le saumon, mais aussi savoureuse. N'hésitez pas à l'acheter en lamelles ou en petits dés déjà découpés, souvent meilleur marché que les tranches.

LE PLUS SANTÉ
Une recette pour faire le plein d'oméga-3 (truite, huile de colza) et de substances soufrées (présentes dans le chou-fleur), impliqués dans la prévention du cancer.

ALTERNATIVE
Un reste de saumon fumé, ou même de saumon frais cuit, convient parfaitement pour réaliser cette recette.

Saison : printemps, été,
automne
Préparation : 20 min
Cuisson : sans cuisson
Repos : 2 h (facultatif)

MENU ÉQUILIBRÉ
> Tagliatelle de courgettes à la menthe
Saucisse grillée, semoule aux raisins
Yaourt à la vanille

Tagliatelle de courgettes à la menthe

Pour 4 personnes ▪ 2 ou 3 courgettes pas trop grosses ▪ 1 citron ▪ 5 brins de menthe fraîche ▪ 1 gousse d'ail ▪ 10 olives noires ▪ 10 câpres ▪ 2 c. à s. d'huile d'olive ▪ Sel, poivre

Lavez les courgettes, puis coupez-les en fines tagliatelle à l'aide d'un couteau économe : il suffit de couper la chair dans la longueur, comme si l'on épluchait la courgette. Disposez les tagliatelle de courgettes dans un saladier, arrosez de jus de citron et d'huile d'olive. Salez, poivrez et mélangez délicatement.

Hachez grossièrement les olives et les câpres. Pelez la gousse d'ail et hachez-la également. Lavez la menthe, effeuillez-la et émincez-la.

Ajoutez sur les tagliatelle de courgettes le hachis d'olives et de câpres, la menthe et l'ail. Mélangez, couvrez de film étirable et laissez si possible en attente pendant 2 h au frais pour que les saveurs se mélangent.

MON ASTUCE ÉCONOMIE
La courgette est un légume très bon marché, ce qui compense le petit supplément (olives et câpres) et garantit une entrée peu onéreuse.

LE PLUS SANTÉ
Les courgettes sont consommées crues. Elles contiennent donc toutes leurs vitamines. Le jus de citron renforce les apports en vitamine C.

ALTERNATIVE
On peut mélanger différents légumes (carottes, concombres), pour donner de la couleur et associer des textures différentes, très agréables à la dégustation.

Saison : été, automne
Préparation : 20 min
Cuisson : sans cuisson

MENU ÉQUILIBRÉ
> Tartare de concombre au chèvre frais
Poêlée de pommes de terre au poulet et aux champignons
Nectarine

Tartare de concombre au chèvre frais

Pour 4 personnes ▪ 1 concombre ▪ 1 tomate ▪ 1 gousse d'ail ▪ 3 brins de menthe ▪ 4 mini-fromages de chèvre frais (10 g chacun) ▪ 2 c. à s. de fromage blanc à 20 % de MG ▪ 1 c. à s. d'huile d'olive ▪ 1 c. à s. de vinaigre ▪ Sel, poivre

Pelez le concombre et râpez-le finement à l'aide d'un robot ou d'une râpe à main. Disposez le concombre râpé dans une passoire et laissez égoutter quelques minutes.

Lavez la tomate, puis coupez-la en tout petits dés. Rincez la menthe et hachez-la. Pelez la gousse d'ail et hachez-la également.

Battez le fromage blanc, l'huile et le vinaigre avec 1 pincée de sel et de poivre. Ajoutez le concombre bien égoutté, l'ail et la moitié de la menthe hachée, puis mélangez.

Disposez un dôme de concombre au centre de 4 assiettes. Ajoutez un petit fromage frais par-dessus et décorez avec les dés de tomates. Parsemez de menthe hachée et dégustez bien frais.

MON ASTUCE ÉCONOMIE
Cette entrée délicieuse et colorée ne revient pas cher, car l'ingrédient principal, le concombre, est un produit vraiment bon marché. Le fromage présent en petite quantité n'augmente pas la note.

LE PLUS SANTÉ
Le fromage blanc allège la sauce tout en apportant une petite quantité de calcium, qui complète celle du chèvre.

ALTERNATIVE
Un peu de feta émiettée ou quelques dés de fromage sec pourront agrémenter cette entrée.

Saison : été
Préparation : 15 min
Cuisson : 5 min

MENU ÉQUILIBRÉ
> Carpaccio de melon
à la fleur d'oranger
Farfalle au thon
Yaourt brassé

Carpaccio de melon à la fleur d'oranger

Pour 4 personnes ▪ 1 beau melon charentais ▪ 1 pincée de piment d'Espelette ▪ 1 pincée de curcuma ▪ 1 c. à s. de miel liquide ▪ 1 c. à c. d'eau de fleur d'oranger ▪ 1 c. à c. d'huile d'olive ▪ Poivre

Coupez le melon en quatre, pelez-le et éliminez les graines. Coupez les quartiers en très fines tranches et récupérez le jus qui s'en écoule.

Disposez les tranches de melon sur un large plat. Poivrez, puis couvrez de film étirable et placez au frais.

Versez le jus du melon dans une petite casserole. Ajoutez le miel, le piment, le curcuma et l'huile d'olive. Portez à ébullition et laissez réduire jusqu'à obtenir une consistance sirupeuse (5 à 10 min en surveillant). Laissez tiédir, ajoutez l'eau de fleur d'oranger et mélangez.

Nappez le melon bien frais avec le sirop et servez aussitôt.

MON ASTUCE ÉCONOMIE
Profitez des lots de melons vendus en cagette, ils sont meilleur marché qu'à l'unité. Placez-en une partie au réfrigérateur pour ralentir leur mûrissement, ce qui permet d'en étaler la consommation sur la semaine.

LE PLUS SANTÉ
Une entrée raffinée mais peu calorique : le melon n'apporte que 30 kcal pour 100 g, car il n'est pas très sucré. Faites-en une cure tout l'été, sans crainte pour votre ligne.

ALTERNATIVE
Le melon à chair verte (galia) et les melons allongés d'Espagne se prêtent très bien à cette recette. Vous pouvez aussi mélanger les variétés pour donner de la couleur à cette entrée.

Saison : été, automne
Préparation : 10 min
Cuisson : 5 min

MENU ÉQUILIBRÉ
> Bruschetta (pain aux tomates)
Courgettes sautées, dés de dinde
Glace à la vanille

Bruschetta (pain aux tomates)

Pour 4 personnes ▪ 4 tomates bien mûres ▪ 2 gousses d'ail ▪ 4 brins de basilic ▪ 4 belles tranches de pain de campagne ▪ 2 c. à s. d'huile d'olive ▪ Sel, poivre

Lavez les tomates, puis coupez-les en petits dés, en éliminant le jus et les graines. Versez les dés dans un saladier. Rincez et épongez les feuilles de basilic, puis ciselez-les, pas trop finement.

Arrosez les tomates d'huile d'olive, ajoutez le basilic ciselé, salez et poivrez. Laissez en attente à température ambiante.

Pelez les gousses d'ail. Faites dorer les tranches de pain au grille-pain ou sous le gril du four 2 à 3 min de chaque côté.

Frottez le pain grillé avec l'ail. Répartissez les dés de tomates sur le pain et servez. Dégustez sans attendre pour que le pain reste croustillant.

MON ASTUCE ÉCONOMIE
La bruschetta est un plat délicieux et vraiment peu onéreux, comme beaucoup de plats italiens traditionnels. Complétée d'un yaourt et d'un fruit, elle peut suffire pour un dîner léger.

LE PLUS SANTÉ
Des glucides complexes, des fibres et des vitamines, mais peu de lipides : un plat particulièrement bien équilibré.

ALTERNATIVE
On peut enrichir la bruschetta de filets d'anchois ou d'une tranche de jambon cru : elle devient alors un plat principal, très agréable en été.

Saison : toutes
Préparation : 30 min
Cuisson : 20 min

MENU ÉQUILIBRÉ
> Croustillants aux épinards et au basilic
Salade de laitue aux lamelles de jambon
Salade de fruits d'automne

Croustillants aux épinards et au basilic

Pour 4 personnes ▪ 400 g d'épinards surgelés ▪ 2 c. à c. de basilic surgelé ▪ 80 g de feta ▪ 2 c. à s. de crème fraîche ▪ 8 feuilles de brick ▪ 1 pincée de muscade râpée ▪ 2 c. à s. d'huile de tournesol ▪ Sel, poivre

Préchauffez le four à 180 °C (th. 6). Faites décongeler les épinards dans une casserole avec 2 cuillerées à soupe d'eau, à feu doux, pendant 10 min. Salez, poivrez, ajoutez la muscade, la crème et le basilic, puis mélangez. Laissez tiédir.

Décollez les feuilles de brick de leur support en papier sulfurisé. Divisez le mélange aux épinards en 8 parts égales. Émiettez la feta et divisez-la également en huit.

Étalez une feuille de brick sur le plan de travail, posez au centre une portion d'épinards cuits et assaisonnés. Ajoutez une part de feta émiettée, puis repliez la feuille pour réaliser un carré. Badigeonnez très légèrement d'huile et disposez sur une plaque à pâtisserie.

Recommencez la même opération avec les autres feuilles de brick. Faites-les cuire 5 à 10 min au four en les surveillant : elles doivent être légèrement colorées. Dégustez tiède.

MON ASTUCE ÉCONOMIE
Les épinards surgelés sont peu onéreux et disponibles tout au long de l'année. De juin à octobre, utilisez des épinards frais, dont le prix devient abordable.

LE PLUS SANTÉ
Les épinards surgelés conservent une bonne partie des micronutriments présents dans la feuille fraîche : bêta-carotène, fer, fibres… Évitez simplement les épinards déjà cuisinés, souvent trop gras et trop salés.

ALTERNATIVE
À la place de la feta, utilisez du fromage de chèvre frais ou même un fromage fondu industriel, dont la saveur douce et l'onctuosité plairont aux enfants.

Entrées

Saison : été, automne
Préparation : 30 min
Cuisson : 10 min

MENU ÉQUILIBRÉ
> Samoussas aux courgettes et au curry
Wok de légumes au bœuf
Yaourt

Samoussas aux courgettes et au curry

Pour 4 personnes ▪ 2 courgettes ▪ 1 gousse d'ail ▪ 2 brins de coriandre ▪ 2 brins de persil ▪ 8 feuilles de brick ▪ 30 g de raisins secs ▪ 1 c. à c. de curry ▪ 2 c. à s. d'huile d'olive ▪ Sel, poivre

Préchauffez le four à 180 °C (th. 6). Lavez les courgettes, puis râpez-les pas trop finement à l'aide d'une râpe à main. Disposez-les dans un saladier, ajoutez les raisins, du sel, du poivre et le curry. Mélangez et laissez en attente.

Pelez l'ail et hachez-le finement. Rincez la coriandre et le persil, puis émincez-les. Ajoutez les herbes et l'ail aux courgettes râpées, et mélangez. Divisez le mélange en 8 portions.

Détachez les feuilles de brick du papier sulfurisé, puis étalez-les sur le plan de travail. Disposez au centre une portion de courgettes. Repliez la feuille en suivant le mode d'emploi inscrit sur l'emballage, afin d'obtenir un triangle ou un carré. Procédez de la même façon avec les autres feuilles de brick.

Disposez les samoussas sur une plaque à pâtisserie antiadhésive. Badigeonnez-les légèrement d'huile d'olive et passez-les 10 min au four. Dégustez-les tièdes, seuls ou avec une salade verte.

MON ASTUCE ÉCONOMIE
Un samoussa 100 % végétal, mais très parfumé. Achetez les feuilles de brick dans une boutique orientale, où elles coûtent souvent moins cher qu'au supermarché.

LE PLUS SANTÉ
Une recette légère, car les samoussas ne sont pas frits, mais dorés au four. Leur apport calorique reste donc modéré, et leur digestibilité est bien meilleure.

ALTERNATIVE
On peut réaliser des samoussas avec toutes sortes de légumes, à condition qu'ils ne contiennent pas trop d'eau : aubergines, épinards précuits (et égouttés), roquette, carottes...

Saison : été, automne
Préparation : 20 min
Cuisson : 25 min

MENU ÉQUILIBRÉ
> Mousse d'aubergines à la coriandre
Escalope de porc poêlée,
semoule aux courgettes
Yaourt

Mousse d'aubergines à la coriandre

Pour 4 personnes ▪ 2 aubergines ▪ 1/2 citron ▪ 1 gousse d'ail ▪ 1 bouquet de coriandre ▪ 1 pincée de piment ▪ 1 c. à s. d'huile d'olive ▪ 1 c. à s. d'huile de colza ▪ Sel, poivre

Préchauffez le four à 150 °C (th. 5). Lavez les aubergines, puis coupez-les en deux dans le sens de la longueur. Disposez-les dans un plat, salez et poivrez. Faites-les cuire pendant 25 min environ, en les couvrant d'une feuille de papier d'aluminium si elles colorent trop vite.

Laissez tiédir les aubergines quelques minutes hors du four, puis récupérez la chair à l'aide d'une petite cuillère. Pelez l'ail et effeuillez la coriandre préalablement lavée.

Mettez la chair d'aubergine dans le bol du mixer, ajoutez l'ail, la coriandre, le piment et les huiles. Arrosez d'un trait de jus de citron.

Mixez le mélange pendant 3 à 4 min pour obtenir une purée lisse et aérée. Rectifiez l'assaisonnement. Servez tiède ou frais avec du pain grillé.

MON ASTUCE ÉCONOMIE
Associez l'huile d'olive, très parfumée, à l'huile de colza, beaucoup moins chère : une astuce à utiliser au quotidien pour toutes les vinaigrettes et assaisonnements crus.

LE PLUS SANTÉ
L'aubergine est un légume très léger en calories, apportant des fibres douces et des minéraux (potassium). Il ne faut pas hésiter à en consommer tout au long de l'été et de l'automne.

ALTERNATIVE
En fonction des herbes que vous trouverez en faisant vos courses ou dans votre jardin, alternez persil, menthe, ciboulette, basilic… Mais ajoutez-en, c'est indispensable !

Saison : toutes
Préparation : 15 min
Cuisson : sans cuisson

MENU ÉQUILIBRÉ
> Mousse de sardines à l'estragon
Poêlée de légumes d'été, riz nature
1 petit-suisse

Mousse de sardines à l'estragon

Pour 4 personnes ▪ 2 boîtes de sardines à l'huile ▪ 1/4 de concombre ▪ 4 tiges d'oignons nouveaux ▪ 1/2 citron ▪ 4 c. à s. de fromage blanc ▪ 2 pincées de paprika ▪ Sel, poivre

Lavez et hachez finement les tiges d'oignons. Gardez les oignons pour une autre préparation.

Égouttez les sardines, puis écrasez-les à la fourchette dans un bol. Ajoutez le fromage blanc, un trait de jus de citron, 1 pincée de paprika et du poivre. Salez très légèrement, car les sardines le sont déjà. Battez le mélange pour obtenir une pâte lisse. Incorporez les tiges d'oignons hachées et mélangez.

Pelez le concombre, puis découpez-le en fines tagliatelle à l'aide d'un couteau économe.

Disposez une quenelle de mousse de sardines, à l'aide de deux cuillères, au centre des assiettes de service. Décorez avec les tagliatelle de concombre et saupoudrez d'un voile de paprika. Dégustez très frais.

MON ASTUCE ÉCONOMIE
Inutile de consommer de la viande après cette entrée. Un plat de féculents et de légumes, ainsi qu'un produit laitier compléteront tout simplement le menu.

LE PLUS SANTÉ
La sardine est un poisson d'excellente valeur nutritionnelle du fait de sa richesse en protéines, en oméga-3 et en vitamine B12 (antianémique).

ALTERNATIVE
Le thon au naturel et le maquereau au vin blanc en boîte se prêtent parfaitement à cette préparation : vous pourrez varier en fonction des prix et de vos envies.

Saison : automne, hiver
Préparation : 25 min
Cuisson : 25 min

MENU ÉQUILIBRÉ
> Crème de poireaux, croûtons au bleu
Salade frisée, œuf mollet
Poire

Crème de poireaux, croûtons au bleu

Pour 4 personnes ▪ 2 poireaux ▪ 1 grosse pomme de terre (300 g) ▪ 1 petit oignon ▪ 1 brin de thym ▪ 30 g de bleu ▪ 2 c. à s. de crème fraîche épaisse ▪ 8 fines tranches de baguette rassise ▪ Sel, poivre

Portez à ébullition 1 l d'eau salée, poivrée et aromatisée d'un brin de thym.

Coupez la base et l'extrémité des poireaux. Fendez-les en deux dans la longueur et rincez-les parfaitement sous l'eau courante. Coupez-les en petits tronçons. Pelez et lavez la pomme de terre, puis coupez-la en dés. Pelez et émincez l'oignon.

Mettez les légumes dans l'eau bouillante et laissez cuire pendant 25 min (8 min à l'autocuiseur). Ôtez le thym, puis mixez la soupe. Gardez au chaud.

Écrasez le bleu dans un bol à l'aide d'une fourchette, puis ajoutez la crème et mélangez. Poivrez assez fortement, mais salez très légèrement. Toastez légèrement les rondelles de baguette au grille-pain. Tartinez du mélange au bleu et servez avec le potage bien chaud.

MON ASTUCE ÉCONOMIE
Vous pouvez n'utiliser pour cette recette que le vert du poireau et garder la partie blanche pour préparer un gratin ou des poireaux vinaigrette. Comptez dans ce cas 500 g de vert de poireaux.

LE PLUS SANTÉ
Le poireau est riche en substances soufrées, dont de nombreuses études scientifiques ont montré le rôle positif dans la prévention des cancers.

ALTERNATIVE
Tous les fromages à pâte molle ayant du goût conviennent pour cette recette : camembert, brie, munster, chèvre…

48 Entrées

Saison : automne, hiver, printemps
Préparation : 15 min
Cuisson : 25 min

MENU ÉQUILIBRÉ
> Soupe de carottes à la coriandre
Camembert, salade verte
Orange

Soupe de carottes à la coriandre

Pour 4 personnes ▪ 600 g de carottes ▪ 1 grosse pomme de terre (300 g) ▪ 1 échalote ▪ 5 brins de coriandre ▪ 1 c. à s. de margarine ▪ 1 tablette de bouillon de volaille ▪ 3 c. à s. de lait de coco ▪ Sel, poivre

Pelez et lavez les carottes et la pomme de terre. Coupez-les en dés. Pelez l'échalote et émincez-la. Rincez la coriandre, puis épongez-la.

Faites fondre la margarine dans une cocotte. Ajoutez l'échalote et faites-la revenir à feu doux pendant 5 min en remuant.

Ajoutez les dés de carottes et de pomme de terre. Mélangez, puis mouillez avec 60 cl d'eau. Salez, poivrez, ajoutez la tablette de bouillon émiettée et 3 brins de coriandre entiers. Laissez mijoter à couvert pendant 20 min (7 min à l'autocuiseur). Hachez les deux brins de coriandre restants.

Ôtez la coriandre du potage, puis mixez pour obtenir un velouté. Ajoutez le lait de coco, rectifiez l'assaisonnement et servez très chaud, parsemé de coriandre hachée.

MON ASTUCE ÉCONOMIE
Le lait de coco est très bon marché dans les boutiques asiatiques. Vous utiliserez le reste de la boîte pour réaliser du riz au lait de coco, un délicieux entremets que vous servirez le lendemain.

LE PLUS SANTÉ
La carotte est l'un des végétaux les plus riches en bêta-carotène (ou provitamine A), une substance indispensable à la croissance des enfants et au renouvellement cellulaire.

ALTERNATIVE
Gagnez du temps avec les carottes en conserve ! Éliminez la pomme de terre et réchauffez simplement les carottes dans le bouillon pendant 10 min avec l'échalote revenue, puis mixez et assaisonnez.

200 menus à moins de 2 euros

Saison : été, automne
Préparation : 25 min
Cuisson : 55 min

MENU ÉQUILIBRÉ
> Soupe au pistou
Fromage de chèvre
Raisin

Soupe au pistou

Pour 6 personnes ▪ 1 courgette ▪ 3 tomates ▪ 1 poivron rouge ▪ 1 poignée de haricots verts mange-tout ▪ 1 petite pomme de terre ▪ 1 oignon ▪ 1 gousse d'ail ▪ 5 brins de basilic ▪ 50 g de pâtes à potage ▪ 1 c. à s. d'huile d'olive ▪ Sel, poivre

Lavez la courgette, le poivron et les tomates, puis coupez-les en petits dés. Lavez les haricots, coupez-les en petits tronçons de 1 cm. Pelez et lavez la pomme de terre, puis coupez-la en petits dés. Pelez et émincez l'oignon et l'ail.

Faites chauffer l'huile dans une grande cocotte. Ajoutez l'ail et l'oignon, et faites dorer 5 min à feu doux. Versez ensuite tous les légumes et laissez revenir encore 5 min en remuant.

Mouillez avec 2 l d'eau, salez, poivrez et laissez mijoter à feu doux pendant 35 min. Augmentez l'ébullition et versez les pâtes. Faites cuire 10 min à petite ébullition.

Rincez le basilic, épongez-le délicatement, puis ciselez-le. Servez le potage bien chaud, assaisonné de basilic.

MON ASTUCE ÉCONOMIE
Multipliez les quantités et congelez le potage pour l'hiver, en portions individuelles, avant d'ajouter les pâtes. Vous retrouverez avec bonheur ces saveurs estivales pendant les mois froids.

LE PLUS SANTÉ
Un potage riche en légumes et non mixé : il rassasie parfaitement, en apportant de l'eau, des fibres et des glucides complexes. Une base de dîner idéale.

ALTERNATIVE
Le potage au pistou, variante simplifiée du minestrone italien, se prépare avec tous les légumes de saison. N'hésitez pas à y ajouter des haricots ou des fèves fraîches.

Saison : automne, hiver
Préparation : 15 min
Cuisson : 30 min

MENU ÉQUILIBRÉ
> Soupe de lentilles et châtaignes
Salade de laitue à l'emmental
Yaourt aux fruits

Soupe de lentilles et châtaignes

Pour 4 personnes ▪ 1 boîte de châtaignes de 400 g ▪ 1 carotte ▪ 1 branche de céleri ▪ 1 échalote ▪ 1 brin de thym ▪ 1 feuille de laurier ▪ 3 brins de cerfeuil ▪ 100 g de lentilles blondes ▪ Sel, poivre

Versez 1,5 l d'eau dans une grande cocotte. Ajoutez les lentilles, le thym et le laurier. Poivrez, mais ne salez pas pour éviter que les lentilles durcissent pendant la cuisson. Portez à ébullition et laissez mijoter pendant 15 min à feu doux.

Pelez la carotte et l'échalote. Passez-les sous l'eau, ainsi que la branche de céleri. Taillez-les en petits morceaux. Égouttez les châtaignes et rincez-les sous l'eau fraîche.

Ajoutez la carotte, le céleri, l'échalote et les châtaignes dans la cocotte. Salez et laissez cuire pendant 15 min. Rincez, épongez, puis émincez le cerfeuil.

Ôtez le thym et le laurier, puis mixez la soupe. Rectifiez l'assaisonnement, parsemez de cerfeuil et dégustez très chaud.

MON ASTUCE ÉCONOMIE
Les châtaignes en boîte sont très bon marché, mais il y a encore mieux : les châtaignes sauvages, gratuites ! Ébouillantez-les préalablement pour pouvoir les peler facilement. Et ajoutez-les dans la cocotte en même temps que les lentilles pour qu'elles cuisent suffisamment.

LE PLUS SANTÉ
Un potage riche en glucides lents et très bien pourvu en minéraux. Lentilles et châtaignes contiennent en particulier du fer, antianémique.

ALTERNATIVE
Préparez ce potage avec d'autres légumes secs : coco de Paimpol, pois chiches ou lentilles corail, toujours en association avec la châtaigne.

Saison : printemps, été, automne
Préparation : 25 min
Cuisson : 20 min

MENU ÉQUILIBRÉ
> Soupe de fanes de radis
Jambon blanc, cornichons
Scarole à la vinaigrette
Fromage blanc à la confiture

Soupe de fanes de radis

Pour 4 personnes ▪ Les fanes bien vertes d'une botte de radis ▪ 3 carottes ▪ 1 courgette ▪ 1 gousse d'ail ▪ 2 c. à s. de crème fraîche ▪ 8 fines rondelles de baguette rassise ▪ 1 tablette de bouillon de légumes ▪ 1 pincée de paprika ▪ Sel, poivre

Portez à ébullition 1 l d'eau additionnée de la tablette de bouillon et poivrée dans une grande cocotte.

Lavez soigneusement les fanes de radis à l'eau courante. Essorez-les, puis hachez-les grossièrement. Pelez les carottes, lavez-les et coupez-les en morceaux. Lavez la courgette et coupez-la en morceaux.

Jetez les fanes de radis, la courgette et les carottes dans l'eau bouillante. Couvrez et laissez mijoter 20 min à feu doux. Mixez ensuite finement le potage. Ajoutez la crème, une bonne pincée de paprika et rectifiez l'assaisonnement. Gardez au chaud.

Pelez la gousse d'ail. Faites dorer les rondelles de baguette au grille-pain. Frottez-les avec la gousse d'ail, puis coupez-les en petits dés. Servez le potage bien chaud avec les croûtons.

MON ASTUCE ÉCONOMIE
Pensez à garder les feuilles de radis et de navets nouveaux pour réaliser de délicieuses soupes. *Idem* pour les feuilles de chou et de salades un peu fibreuses, que l'on a la mauvaise habitude de jeter systématiquement.

LE PLUS SANTÉ
Les fanes de radis et la carotte sont d'excellentes sources de bêta-carotène, une substance qui se transforme dans l'organisme en vitamine A, indispensable à la croissance.

ALTERNATIVE
Préparez sur le même principe un potage aux orties (gratuites !) ou au cresson, une salade très bon marché tout au long de l'hiver.

Saison : printemps, été, automne
Préparation : 15 min
Cuisson : sans cuisson

MENU ÉQUILIBRÉ
> Soupe de concombre à la menthe
Tian de pommes de terre au lieu
Pêche en papillote

Soupe de concombre à la menthe

Pour 4 personnes ▪ 1 concombre ▪ 5 brins de menthe ▪ 1 gousse d'ail ▪ 1 oignon nouveau avec sa tige ▪ 1 yaourt bulgare ▪ 1 pincée de piment en poudre ▪ Sel, poivre

Placez tous les ingrédients pendant au moins 2 h au frais. Pelez le concombre, puis coupez-le en dés. Mettez les dés de concombre dans un blender ou dans le bol du mixer.

Pelez l'ail et lavez l'oignon. Émincez-les. Lavez la menthe, essorez-la et effeuillez-la. Ajoutez l'oignon, l'ail, la menthe et le yaourt dans le blender. Mixez finement tous les ingrédients pendant quelques minutes.

Salez, poivrez, ajoutez 1 pincée de piment, mélangez et servez dans des verres ou des petits bols.

MON ASTUCE ÉCONOMIE
Une soupe à déguster en pleine saison du concombre (de mai à septembre), période où il est particulièrement bon marché et souvent vendu en lots avantageux.

LE PLUS SANTÉ
Une soupe qui conserve tous les bienfaits des légumes crus : vitamine C, minéraux et fibres. Dégustez la soupe dès qu'elle est prête, car ses vitamines risquent de s'oxyder.

ALTERNATIVE
Les soupes froides sont très économiques, puisque sans cuisson. Et, selon le marché, vous les réaliserez avec des tomates ou du melon, sur le même principe.

Saison : toutes
Préparation : 25 min
Cuisson : 25 min

MENU ÉQUILIBRÉ
> Chou rouge à la vinaigrette
Boulettes d'agneau à la menthe
Semoule aux raisins
Fromage blanc vanillé

Boulettes d'agneau à la menthe

Pour 4 personnes ▪ 250 g d'épaule d'agneau dégraissée ▪ 5 brins de menthe ▪ 5 cl de lait ▪ 1 œuf ▪ 50 g de pain rassis ▪ 1 c. à c. de concentré de tomates ▪ 1 pincée de muscade râpée ▪ 1 c. à s. d'huile ▪ Sel, poivre

Taillez le pain en petits morceaux et disposez-le dans un bol. Faites tiédir le lait 30 s au micro-ondes et versez-le sur le pain. Laissez reposer 2 min pour que le pain absorbe le lait. Lavez la menthe, puis effeuillez-la.

Coupez la viande en dés. Mettez-la dans le bol du mixer. Ajoutez le pain, l'œuf entier, les feuilles de menthe et la muscade. Salez et poivrez. Mixez quelques instants pour obtenir un mélange bien lisse.

Formez une vingtaine de boulettes de la taille d'une petite noix avec les mains.

Faites chauffer l'huile dans une sauteuse antiadhésive. Ajoutez les boulettes et faites-les dorer à feu moyen en les retournant délicatement à l'aide d'une spatule. Mouillez avec un peu d'eau, ajoutez le concentré de tomates et laissez mijoter 15 min à feu doux. Servez bien chaud avec du riz ou des légumes (courgettes, chou-fleur…). Ce plat peut être préparé d'avance et réchauffé sans problème.

MON ASTUCE ÉCONOMIE
Les boulettes permettent de réduire les quantités de viande par personne, puisqu'elles contiennent du pain et de l'œuf : le coût diminue, mais l'apport en protéines est amplement suffisant.

LE PLUS SANTÉ
L'épaule d'agneau est un morceau peu gras, surtout si vous prenez soin d'éliminer toutes les parties grasses visibles. C'est une viande bien pourvue en fer et en vitamine B12, deux substances antianémiques.

ALTERNATIVE
Toutes les viandes se prêtent à la préparation des boulettes : poulet, bœuf, porc, dinde… à choisir en fonction des promotions du moment.

Saison : toutes
Préparation : 15 min
Cuisson : 10 min

MENU ÉQUILIBRÉ
> Agneau sauté aux fruits secs
Riz nature
Yaourt
Clémentine

Agneau sauté aux fruits secs

Pour 4 personnes ▪ 300 g de restes de gigot ou d'épaule d'agneau cuits ▪ 1 pomme ▪ 3 abricots secs ▪ 2 c. à s. de fromage blanc ▪ 20 g de raisins secs ▪ 1 pincée de quatre-épices ▪ 2 c. à s. d'huile de tournesol ▪ Sel, poivre

Coupez l'agneau en très fines lamelles. Éliminez en même temps les parties grasses, s'il y en a.

Coupez les abricots en dés. Lavez la pomme, puis coupez-la également en dés.

Faites chauffer l'huile dans une large sauteuse ou dans un wok. Ajoutez les lamelles de viande et faites-les revenir 5 min en remuant. Ajoutez les raisins, les abricots et la pomme. Faites sauter encore 5 min. Ajoutez du sel, du poivre, le quatre-épices et mélangez.

Retirez du feu, ajoutez le fromage blanc, mélangez rapidement et servez. Accompagnez de riz ou de blé natures.

MON ASTUCE ÉCONOMIE
Réutilisez vos restes de viande : ils finissent trop souvent au fond du frigo, puis à la poubelle... Il suffit de les découper et de les faire sauter avec un oignon, de la tomate ou des fruits secs pour en faire un plat délicieux.

LE PLUS SANTÉ
Les fruits secs sont de véritables concentrés de fibres et de minéraux. N'hésitez pas à en ajouter régulièrement, mais en petite quantité dans les plats salés.

ALTERNATIVE
L'agneau est également délicieux avec des fruits oléagineux (noix de cajou, noisettes...) et des tomates concassées.

200 menus à moins de 2 euros

Saison : toutes
Préparation : 20 min
Cuisson : 15 min

MENU ÉQUILIBRÉ
> Salade de soja
Agneau au lait de coco
Carottes Vichy
Gâteau de semoule

Agneau au lait de coco

Pour 4 personnes ▪ 300 g d'épaule d'agneau dégraissée ▪ 1 oignon ▪ 1 tomate ▪ 5 brins de coriandre ou de persil ▪ 1 pincée de curry ▪ 15 cl de lait de coco ▪ 1 c. à s. d'huile de tournesol ▪ Sel, poivre

Coupez l'agneau en fines lamelles. Pelez et émincez l'oignon. Lavez la tomate, puis coupez-la en petits dés.

Faites chauffer l'huile dans une large sauteuse. Ajoutez l'oignon émincé et la viande. Laissez dorer à feu vif pendant 5 min en remuant.

Versez le lait de coco et ajoutez la tomate coupée en dés. Salez, poivrez et aromatisez de curry. Laissez mijoter 10 min.

Rincez la coriandre, puis épongez-la. Coupez les feuilles pas trop finement. Saupoudrez l'agneau de coriandre et servez aussitôt. Accompagnez de riz, de boulghour ou de légumes vapeur.

MON ASTUCE ÉCONOMIE
L'agneau surgelé est souvent meilleur marché que l'agneau frais, surtout pendant les fêtes de Pâques. Pour cette recette, utilisez éventuellement de l'agneau prédécoupé pour les sautés ; il convient parfaitement.

LE PLUS SANTÉ
L'agneau et le lait de coco contiennent tous deux des lipides. Pour équilibrer le repas, prévoyez des légumes vapeur et un dessert pauvre en lipides (fruit ou entremets).

ALTERNATIVE
Si vous n'appréciez pas le lait de coco, remplacez-le tout simplement par de la crème fraîche épaisse ; le résultat est tout aussi bon.

Plats viandes, poissons et œufs

Saison : toutes
Préparation : 20 min
Cuisson : 15 min

MENU ÉQUILIBRÉ
> Taboulé
Bœuf sauté aux oignons et au gingembre
Courgettes persillées
Yaourt aux fruits

Bœuf sauté aux oignons et au gingembre

Pour 4 personnes ▪ 300 g de macreuse à steak ou de tende de tranche ▪ 2 gros oignons ▪ 1 pincée de thym ▪ 1 c. à s. de sucre ▪ 1 c. à s. de sauce de soja ▪ 1 pincée de gingembre ▪ 2 c. à s. d'huile de tournesol ▪ Sel, poivre

Émincez la viande en fines lamelles. Pelez les oignons et émincez-les finement en rondelles, à l'aide d'un couteau ou d'une râpe à main.

Faites chauffer 1 cuillerée d'huile dans une sauteuse ou dans un wok. Ajoutez les oignons émincés et laissez dorer à feu doux en remuant avec une spatule pendant 5 min. Versez les oignons sur une assiette.

Faites chauffer le reste d'huile dans la sauteuse et ajoutez la viande. Faites sauter 5 min à feu vif en remuant.

Ajoutez les oignons, saupoudrez de sucre, de thym et de gingembre. Faites caraméliser à feu vif pendant 1 min. Arrosez de sauce de soja, poivrez, salez légèrement. Mélangez et servez chaud avec du riz ou des pâtes nature.

MON ASTUCE ÉCONOMIE
Choisissez bien le morceau de bœuf : il doit être adapté à une cuisson courte. Demandez conseil à votre boucher ou achetez tout simplement des steaks pas trop chers. Les morceaux pour bourguignon ne conviennent pas pour cette recette.

LE PLUS SANTÉ
Les oignons sont des légumes bon marché et excellents pour la santé. Ajoutez-en régulièrement dans vos plats, car, cru ou cuit, l'oignon protège votre santé !

ALTERNATIVE
Plus exotique, mais pas forcément plus cher : ajoutez du gingembre frais râpé (il suffit d'en acheter un morceau de 3 cm) ou encore du gingembre confit, peu onéreux dans les boutiques asiatiques.

200 menus à moins de 2 euros

Saison : toutes
Préparation : 15 min
Cuisson : 10 min

MENU ÉQUILIBRÉ
> Radis
Sauté de bœuf, sauce au poivre
Purée de pommes de terre
Salade d'oranges

Sauté de bœuf, sauce au poivre

Pour 4 personnes ▪ 350 g de macreuse à steak ou de tende de tranche ▪ 1 gousse d'ail ▪ 10 brins de persil ▪ 60 g de crème fraîche épaisse ▪ 3 c. à c. de poivre mignonnette concassé ▪ 1 c. à s. d'huile de tournesol ▪ Sel

Coupez la viande en fines lamelles. Pelez la gousse d'ail et hachez-la. Rincez le persil, essorez-le, puis hachez-le.

Faites chauffer l'huile et ajoutez la viande. Faites-la sauter à feu vif pendant 5 min en remuant. Ajoutez l'ail et le poivre. Salez et mélangez.

Nappez de crème, portez à ébullition et retirez du feu. Parsemez de persil et servez bien chaud.

MON ASTUCE ÉCONOMIE
Jouez sur la quantité en découpant le bœuf en lamelles plutôt qu'en servant une seule pièce de bœuf par personne. Et, pour accompagner ce plat un peu cher, serrez le budget sur l'entrée et le dessert.

LE PLUS SANTÉ
La crème est un produit finalement peu gras, puisqu'elle contient 30 g de lipides pour 100 g (contre 82 g dans le beurre). Inutile d'acheter de la crème allégée, plus chère et moins goûteuse.

ALTERNATIVE
Cette recette est excellente avec du poivre vert, parfumé et moins piquant. Vous le trouverez en bocal ou frais, dans les boutiques asiatiques.

Saison : automne, hiver
Préparation : 35 min
Cuisson : 50 min

MENU ÉQUILIBRÉ
> Laitue à la vinaigrette
Bœuf braisé aux carottes et aux raisins
Pommes vapeur
Crème à la vanille

Bœuf braisé aux carottes et aux raisins

Pour 4 personnes ▪ 500 g de bœuf à braiser (type bourguignon) ▪ 2 carottes ▪ 1 branche de céleri ▪ 1 oignon ▪ 30 g de raisins secs ▪ 1 pincée de quatre-épices ▪ 1 brin de thym ▪ 1 feuille de laurier ▪ 1 c. à s. d'huile de tournesol ▪ Sel, poivre

Coupez la viande en dés de taille moyenne. Pelez les carottes et l'oignon. Lavez le céleri. Coupez les carottes, le céleri et l'oignon en petits dés.

Faites chauffer l'huile dans une cocotte à fond épais. Ajoutez la viande et faites revenir les morceaux sur toutes leurs faces à feu moyen, pendant 5 min. Jetez le gras résiduel, s'il y en a.

Versez les dés de légumes dans la cocotte, laissez dorer encore 5 min à feu doux en remuant. Salez, poivrez, ajoutez le quatre-épices, le thym, le laurier et les raisins.

Mouillez avec 2 cuillerées à soupe d'eau, couvrez et laissez mijoter pendant 45 min à feu très doux. Faites réduire la sauce si besoin et servez avec des pommes à l'anglaise ou des endives braisées.

MON ASTUCE ÉCONOMIE
Le bœuf à braiser est en général bon marché, mais il réduit pendant la cuisson. En ajoutant des légumes dans votre cocotte, vous donnez du volume à votre plat, mais aussi de la saveur, sans dépenser trop.

LE PLUS SANTÉ
On utilise ici des morceaux maigres de bœuf, riches en protéines, en fer et en vitamine B12. C'est donc un plat léger et d'excellente qualité nutritionnelle.

ALTERNATIVE
Une julienne de navets, de rutabagas, de céleris-raves ou quelques dés de potiron peuvent remplacer les carottes et la branche de céleri.

200 menus à moins de 2 euros

Saison : toutes
Préparation : 20 min
Cuisson : 10 min

MENU ÉQUILIBRÉ
> Hamburger maison
Frites légères au four
Boule de glace vanille
Fruits découpés

Hamburger maison

Pour 4 personnes ▪ 200 g de steak haché ▪ 4 feuilles de laitue ▪ 1 tomate ▪ 1 petit oignon violet ▪ 3 portions de fromage frais à tartiner ▪ 4 fines tranches de raclette (80 g) ▪ 4 petits pains individuels ▪ 4 cornichons ▪ 1 pincée de curcuma (facultatif) ▪ Sel, poivre

Rincez et essorez la laitue, puis coupez-la en fines lanières. Lavez la tomate, puis émincez-la en fines tranches. Pelez l'oignon et émincez-les en fines rondelles. Hachez les cornichons.

Écrasez le fromage frais dans un bol. Ajoutez les cornichons et colorez avec du curcuma. Salez, poivrez et mélangez. Ôtez la croûte des tranches de raclette. Façonnez 4 petits steaks avec la viande hachée, du diamètre des pains.

Faites cuire les steaks dans une poêle antiadhésive, 3 min sur chaque face, sans matière grasse. Disposez une tranche de raclette sur chaque steak, couvrez et laissez en attente.

Faites chauffer les pains, ouverts en deux, au grille-pain. Garnissez chaque pain de sauce fromage-cornichons, de salade, d'oignon, de tomate et d'un steak. Refermez les pains et dégustez bien chaud, avec des frites maison ou des crudités.

MON ASTUCE ÉCONOMIE
La raclette est souvent en promotion en hiver. Elle est alors vraiment bon marché et de meilleure qualité nutritionnelle que les fromages fondus pour croque-monsieur, qui contiennent toujours des additifs.

LE PLUS SANTÉ
Un hamburger est pauvre en lipides puisqu'il ne contient que ceux de la viande et du fromage. Vous pourrez augmenter la proportion de crudités, selon vos goûts, ce qui renforce la présence de fibres et de vitamines.

ALTERNATIVE
Changez de pain : les pains à hamburger sont bon marché, mais vous pouvez utiliser des muffins anglais (pains ronds de petit déjeuner) ou des pains individuels de boulangerie.

Plats viandes, poissons et œufs

Saison : toutes
Préparation : 15 min
Cuisson : 25 min

MENU ÉQUILIBRÉ
> Betteraves et tomates
Poulet au citron et à la sauge
Coquillettes
1 petit-suisse

Poulet au citron et à la sauge

Pour 4 personnes ▪ 4 pilons de poulet ▪ 1 citron ▪ 1 petit oignon ▪ 5 feuilles de sauge ▪ 2 c. à s. d'huile de tournesol ▪ Sel, poivre

Épongez les pilons de poulet avec du papier absorbant. Pelez l'oignon, puis émincez-le finement. Rincez les feuilles de sauge.

Passez le citron sous l'eau chaude, puis séchez-le. Coupez-le en deux. Pressez une moitié pour recueillir le jus. Coupez l'autre moitié en fines rondelles.

Faites chauffer l'huile dans une petite cocotte. Faites dorer les pilons de poulet à feu vif pendant 5 min sur toutes leurs faces. Jetez le gras résiduel.

Ajoutez dans la cocotte l'oignon émincé, le jus de citron et les feuilles de sauge. Salez et poivrez. Couvrez et laissez mijoter 20 min à feu doux. Ajoutez les rondelles de citron 5 min avant la fin de la cuisson. Servez bien chaud avec du riz ou de la semoule.

MON ASTUCE ÉCONOMIE
Investissez dans un petit plant de sauge, que vous garderez dans un pot ou installerez dans votre jardin. C'est une jolie plante, qui se développe très facilement et qui donne beaucoup de saveur aux viandes blanches, aux poissons et aux pâtes.

LE PLUS SANTÉ
Un plat léger, dont l'apport protéique est élevé, car le poulet en est riche. Inutile donc de manger de la viande à l'autre repas. Vous ferez ainsi une vraie économie.

ALTERNATIVE
Tous les morceaux du poulet conviennent et, pour une économie de cuisson, vous avez tout intérêt à préparer un poulet entier, découpé par le boucher en 8 portions. Vous le réchaufferez le lendemain.

200 menus à moins de 2 euros   61

Saison : printemps, été, automne
Préparation : 20 min
Cuisson : 45 min

MENU ÉQUILIBRÉ
> Salade de riz et crudités
Poulet aux tomates et aux olives
Courgettes vapeur
Yaourt aux fruits

Poulet aux tomates et aux olives

Pour 8 personnes ▪ 1 poulet de 1,5 kg coupé en 8 portions ▪ 2 tomates ▪ 1 gros oignon ▪ 1 gousse d'ail ▪ 15 olives noires ▪ 1 brin de thym ▪ 1 feuille de laurier ▪ 1 c. à s. d'huile de tournesol ▪ 1 c. à s. d'huile d'olive ▪ Sel, poivre

Rincez les morceaux de poulet sous l'eau fraîche, puis épongez-les. Pelez l'oignon et l'ail, puis émincez-les finement. Lavez les tomates et coupez-les en dés en récupérant le jus.

Faites chauffer l'huile de tournesol dans une cocotte. Ajoutez les morceaux de poulet et faites-les revenir à feu vif sur toutes leurs faces pendant 10 min. Procédez en deux fois pour que les morceaux ne se touchent pas. Disposez le poulet sur une assiette. Videz et rincez rapidement la cocotte sans la laver.

Remettez la cocotte sur le feu avec l'huile d'olive, l'oignon et l'ail émincés, le poulet, les tomates en dés, le thym, le laurier. Salez et poivrez, puis mélangez bien.

Couvrez la cocotte et faites mijoter 30 min à feu doux. Ajoutez les olives et faites cuire encore 5 min. Servez bien chaud avec du riz nature ou une ratatouille.

MON ASTUCE ÉCONOMIE
En hiver, vous réaliserez cette recette avec des tomates pelées en boîte, toujours bon marché. Vérifiez d'ailleurs le prix des tomates en été et optez pour la conserve, si elle est plus intéressante.

LE PLUS SANTÉ
Pour que votre plat reste léger, jetez impérativement le gras cuit que le poulet aura rendu. Éliminez également le gras visible du poulet avant de le cuire (souvent présent au niveau du croupion).

ALTERNATIVE
Le porc est également parfait pour cette recette : choisissez des morceaux pas trop gras (jarret dégraissé, palette, échine dégraissée) et poursuivez la cuisson 5 min de plus.

Plats viandes, poissons et œufs

Saison : toutes
Préparation : 25 min
Cuisson : 20 min

MENU ÉQUILIBRÉ
> Salade de tomates
Nuggets de poulet, ketchup maison
Spaghetti au gruyère
Compote

Nuggets de poulet, ketchup maison

Pour 4 personnes ▪ 300 g de blanc de poulet ▪ 1 petit oignon ▪ 1 œuf ▪ 2 biscottes ▪ 1 c. à s. de corn flakes ▪ 1 c. à s. de farine ▪ 1 petite boîte de coulis de tomate nature ▪ 1 c. à s. de sucre ▪ Paprika ▪ 3 c. à s. d'huile de tournesol ▪ Sel, poivre

Pelez l'oignon, puis hachez-le finement. Versez 1 cuillerée d'huile dans une petite casserole. Ajoutez l'oignon et faites dorer à feu très doux pendant 5 min en remuant. Ajoutez le sucre, du sel et du poivre, puis le coulis de tomate. Mélangez et laissez cuire 5 min à feu doux. Laissez refroidir dans un bol.

Coupez le poulet en petits morceaux. Saupoudrez-les de sel, de poivre et de paprika. Versez la farine dans une assiette. Écrasez les biscottes et les corn flakes dans un bol pour obtenir une chapelure fine, puis versez dans une assiette. Cassez l'œuf dans une autre assiette et battez-le à l'aide d'une fourchette.

Roulez les morceaux de poulet dans la farine, trempez-les ensuite rapidement dans l'œuf battu, puis dans le mélange corn flakes-biscottes. Réservez-les sur une assiette.

Faites chauffer le reste d'huile dans une large poêle antiadhésive. Ajoutez les morceaux de poulet et faites-les cuire à feu moyen pendant 10 min en les retournant plusieurs fois délicatement. Disposez-les dans un plat chaud couvert de papier absorbant et servez avec la sauce froide.

MON ASTUCE ÉCONOMIE
Réaliser les nuggets soi-même permet d'en maîtriser le coût, mais surtout d'obtenir un plat de bonne qualité gustative et nutritionnelle. C'est ça, la vraie économie !

LE PLUS SANTÉ
Épongez bien vos nuggets avant de les consommer. Vous éliminerez ainsi une bonne partie de l'huile qu'ils ont absorbée pendant la cuisson.

ALTERNATIVE
Encore moins cher : utilisez de la dinde, une viande tendre qui convient parfaitement à cette préparation.

200 menus à moins de 2 euros

Saison : toutes
Préparation : 25 min
Cuisson : 10 min
Repos : 5 min

MENU ÉQUILIBRÉ
> Salade composée tomates, maïs, concombre
Croquettes de poulet à la menthe
Yaourt
Prunes

Croquettes de poulet à la menthe

Pour 4 personnes ▪ 200 g de blanc de poulet ▪ 1 citron ▪ 1 brin de menthe ▪ 5 cl de lait ▪ 1 œuf ▪ 3 c. à s. de maïs en boîte ▪ 40 g de pain rassis ▪ 1 pincée de piment en poudre ▪ 2 c. à s. d'huile de tournesol ▪ Sel, poivre

Coupez le pain en petits dés. Mettez-les dans un bol et ajoutez le lait, tiédi 20 s au micro-ondes. Laissez gonfler 5 min. Coupez le poulet en dés. Effeuillez le brin de menthe.

Versez dans le bol du mixer le pain égoutté, le poulet, l'œuf, le piment et les feuilles de menthe. Salez et poivrez. Mixez quelques secondes pour obtenir un mélange lisse.

Ajoutez le maïs dans le mélange au poulet. Formez des petites croquettes plates de 5 cm de diamètre. Tassez-les bien avec les mains.

Faites chauffer l'huile dans une large poêle antiadhésive. Disposez les croquettes en les espaçant bien. Faites-les dorer 3 min sur chaque face en les retournant délicatement avec une spatule. Disposez les croquettes bien dorées sur une assiette garnie de papier absorbant et servez chaud, avec des quartiers de citron.

MON ASTUCE ÉCONOMIE
Des croquettes qui contiennent de la viande, mais aussi de l'œuf, du pain et du maïs, ce qui réduit le coût total de la recette tout en l'équilibrant. Car elle devient ainsi plus riche en glucides complexes.

LE PLUS SANTÉ
Complétez ces croquettes un peu grasses avec des crudités pas trop assaisonnées, un laitage et un fruit, pour équilibrer l'apport en lipides du repas.

ALTERNATIVE
La dinde et le porc peuvent remplacer le poulet à un moindre coût. Et, bien sûr, toutes les herbes conviennent : persil, coriandre, ciboulette…

Plats viandes, poissons et œufs

Saison : toutes
Préparation : 20 min
Cuisson : 35 min

MENU ÉQUILIBRÉ
> Céleri rémoulade
Pilons de poulet aux épices
Riz créole
Yaourt bulgare

Pilons de poulet aux épices

Pour 4 personnes ▪ 8 petits pilons de poulet ▪ 2 tomates ▪ 1 oignon ▪ 1 pincée de paprika ▪ 1 pincée de ras el hanout ▪ 1 c. à s. d'huile d'olive ▪ Sel, poivre

Préchauffez le four à 180 °C (th. 6). Rincez les pilons de poulet, puis épongez-les. Pelez l'oignon et émincez-le. Lavez les tomates et coupez-les en dés.

Mélangez dans une assiette creuse le paprika, le ras el hanout, du sel et du poivre. Roulez les pilons dans le mélange.

Versez les dés de tomates et l'oignon haché dans un plat allant au four. Mélangez et aplatissez du plat de la main. Salez et poivrez.

Ajoutez les pilons de poulet par-dessus, arrosez d'huile d'olive et enfournez pour 35 min. Dégustez chaud avec du riz ou une salade verte.

MON ASTUCE ÉCONOMIE
Les pilons de poulet sont bon marché et font souvent l'objet de promotions. Achetez dans ce cas une caissette de pilons. Vous pourrez en congeler une partie ou en cuire pour plusieurs repas, car ils sont également délicieux froids.

LE PLUS SANTÉ
Une recette vraiment légère, à condition de bien mesurer l'huile avec une cuillère. Évitez de la verser directement de la bouteille : vous risquez d'en mettre davantage.

ALTERNATIVE
Composez le lit de légumes en fonction de ce que vous avez sous la main : ail, échalote, poivrons, courgettes… sans en mettre trop pour éviter le surplus de jus.

Saison : été, automne
Préparation : 20 min
Cuisson : 1 h 10 min

MENU ÉQUILIBRÉ
> Tagine de poulet au citron confit et à la cardamome
Semoule
Salade d'oranges épicée
Thé à la menthe

Tagine de poulet au citron confit et à la cardamome

Pour 8 personnes ▪ 1 poulet de 1,5 kg coupé en 8 portions ▪ 1 oignon ▪ 1 gousse d'ail ▪ 1 aubergine ▪ 1 petit citron confit ▪ 1 capsule de cardamome ▪ 1 pincée de graines de cumin ▪ 1 brin de thym ▪ 1 feuille de laurier ▪ 1 c. à s. d'huile de tournesol ▪ 1 c. à s. d'huile d'olive ▪ Sel, poivre

Épongez les morceaux de poulet avec du papier absorbant. Lavez l'aubergine, puis coupez-la en petits dés. Pelez l'oignon et l'ail, et émincez-les. Coupez le citron en morceaux.

Faites chauffer l'huile de tournesol dans une large poêle antiadhésive. Faites revenir le poulet à feu vif sur toutes ses faces pendant 10 min environ. Épongez les morceaux dans du papier absorbant.

Versez l'huile d'olive dans un plat à tagine ou dans une cocotte à fond épais, puis ajoutez l'oignon et l'ail émincés, les morceaux de poulet, les dés d'aubergine, le citron confit. Salez, poivrez, ajoutez la cardamome, le cumin, le thym et le laurier.

Faites cuire à feu très doux pendant 1 h environ.

MON ASTUCE ÉCONOMIE
Les citrons confits sont très bon marché dans les boutiques orientales, mais hors de prix dans les épiceries fines. Vous pouvez aussi les réaliser vous-même en faisant macérer des citrons bien parfumés, préalablement fendus, dans de l'eau salée, aromatisée de coriandre et de poivre noir. Laissez reposer 3 à 4 semaines et dégustez !

LE PLUS SANTÉ
Dégraissez bien le poulet après l'avoir fait revenir et, pour un plat encore plus léger, éliminez la peau avant de le faire dorer.

ALTERNATIVE
Des graines de coriandre remplaceront parfaitement la cardamome. Vous pouvez aussi ajouter des graines de fenouil, qui parfument très délicatement les plats mijotés.

Saison : toutes
Préparation : 25 min
Cuisson : 55 min

MENU ÉQUILIBRÉ
> Betteraves à la vinaigrette
Poulet aux cacahuètes
Riz et haricots rouges
Fromage blanc à la confiture

Poulet aux cacahuètes

Pour 4 personnes ▪ 2 belles cuisses de poulet ▪ 1 oignon ▪ 1 carotte ▪ 1 tomate ▪ 50 g de cacahuètes ▪ 1 pincée de piment en poudre ▪ 1 c. à s. d'huile de tournesol ▪ Sel, poivre

Coupez les cuisses en deux, au niveau de l'articulation, pour obtenir 4 portions (pilons et hauts de cuisses). Épongez-les avec du papier absorbant. Pelez et émincez l'oignon. Pelez la carotte, rincez-la sous l'eau froide et coupez-la en très petits dés. Lavez la tomate et coupez-la également en dés.

Écrasez les cacahuètes dans un petit mortier ou à l'aide d'un rouleau à pâtisserie.

Faites chauffer l'huile dans une petite cocotte, ajoutez les morceaux de poulet et faites-les revenir à feu vif sur toutes leurs faces pendant 10 min. Posez les morceaux sur une assiette et jetez le gras qui reste dans la cocotte.

Remettez le poulet dans la cocotte, ajoutez l'oignon, la carotte et la tomate. Mélangez pendant 2 min sur feu vif, mouillez avec 3 cuillerées à soupe d'eau, salez et poivrez. Ajoutez la moitié des cacahuètes concassées et le piment. Couvrez et laissez mijoter 40 min à feu doux. Au moment de servir, ajoutez le reste des cacahuètes. Dégustez chaud avec du riz, des brocolis ou des carottes vapeur.

MON ASTUCE ÉCONOMIE
La cacahuète est beaucoup moins chère que les autres oléagineux. Achetez tout simplement un sachet de cacahuètes grillées et salées de bonne qualité, et gardez le reste pour une autre recette ou un apéritif.

LE PLUS SANTÉ
Les cacahuètes sont riches en lipides, mais elles sont présentes en petite quantité. Dégraissez bien la cocotte pour limiter l'apport de graisses cuites.

ALTERNATIVE
Les noix de cajou peuvent être utilisées ici, et le poulet peut être remplacé par du sauté de porc ou de bœuf (prolongez la cuisson de 10 à 15 min dans ce cas).

200 menus à moins de 2 euros

Saison : toutes
Préparation : 15 min
Cuisson : 15 min

MENU ÉQUILIBRÉ
> Soupe de lentilles
Rouleaux de dinde à la sauge
Purée de brocolis
Fromage frais

Rouleaux de dinde à la sauge

Pour 4 personnes ▪ 4 fines escalopes de dinde (350 g) ▪ 4 fines tranches de bacon ▪ 1/2 citron ▪ 4 feuilles de sauge ▪ 20 g de gruyère râpé ▪ 1 noix de margarine ▪ Poivre

Coupez les escalopes en 2 parties égales. Étalez les 8 morceaux sur une planche à découper. Aplatissez-les avec un rouleau à pâtisserie.

Coupez les tranches de bacon en deux. Garnissez chaque escalope de dinde de ½ tranche de bacon et de 1 pincée de gruyère. Poivrez, mais ne salez pas. Disposez une demi-feuille de sauge sur chaque escalope.

Roulez la viande sur elle-même, sans trop serrer, et maintenez avec une pique en bois.

Faites fondre la margarine dans une poêle antiadhésive. Ajoutez les rouleaux et faites-les cuire 15 min à feu doux en les retournant plusieurs fois. Servez chaud avec du citron et une salade verte ou des pâtes.

MON ASTUCE ÉCONOMIE
On utilise de petites escalopes, que l'on affine en les écrasant légèrement. Résultats : deux rouleaux par personne, alors que la quantité de viande est finalement modeste.

LE PLUS SANTÉ
Le filet de bacon est très pratique pour donner du goût, mais il n'apporte pas de matière grasse, contrairement aux lardons. Il est très salé, donc inutile d'ajouter du sel.

ALTERNATIVE
De très fines tranches de bœuf peuvent se préparer de la même façon, mais elles vous coûteront un peu plus cher.

Saison : printemps, été, automne
Préparation : 20 min
Cuisson : 25 min

MENU ÉQUILIBRÉ
> Salade de chou blanc
Sauté de dinde au curry vert
Riz nature
Yaourt au soja

Sauté de dinde au curry vert

Pour 4 personnes ▪ 300 g de filet de dinde ▪ 1 oignon ▪ 1 carotte ▪ 1/2 poivron rouge ▪ 1 c. à s. de pâte de curry vert ▪ 2 c. à s. d'huile de tournesol ▪ Sel, poivre

Coupez la dinde en dés. Pelez et émincez l'oignon. Pelez la carotte, lavez-la et coupez-la en fins bâtonnets. Lavez le demi-poivron et coupez-le en lamelles.

Faites chauffer 1 cuillerée d'huile dans une large sauteuse. Ajoutez la dinde, faites sauter à feu vif pendant 5 min en remuant. Réservez la viande sur une assiette.

Versez le reste d'huile dans la sauteuse et ajoutez l'oignon émincé, la carotte et le poivron. Laissez dorer 5 min à feu doux en remuant. Remettez la viande dans la sauteuse.

Salez, ajoutez la pâte de curry, un demi-verre d'eau et laissez mijoter 15 min à feu doux. Servez chaud avec des nouilles chinoises ou des légumes vapeur (courgettes, endives…).

MON ASTUCE ÉCONOMIE
Découper la viande en petits morceaux permet de réduire la portion consommée, car on joue sur l'effet volume. Ajouter des légumes à votre préparation permet aussi d'en réduire le coût.

LE PLUS SANTÉ
Les épices, et le curry vert en particulier, sont d'excellentes sources d'antioxydants protecteurs. Attention, ce curry thaï, à base de piment, donne une touche brûlante à vos plats !

ALTERNATIVE
Pour un plat plus doux, ajoutez une touche de lait de coco ou même de crème fraîche en fin de cuisson. Le poulet et les crevettes peuvent se substituer à la dinde.

Saison : été, automne
Préparation : 25 min
Cuisson : 15 min

MENU ÉQUILIBRÉ
> Salade de melon à la menthe
Brochettes de dinde à l'ananas et au paprika
Riz aux courgettes
Yaourt brassé au miel

Brochettes de dinde à l'ananas et au paprika

Pour 4 personnes ▪ 300 g de filet de dinde ▪ 1 petit poivron rouge ▪ 1/2 citron ▪ 1 petite boîte d'ananas ▪ 1 pincée de paprika ▪ 1 c. à s. d'huile de tournesol ▪ Sel, poivre

Coupez le filet de dinde en dés. Mettez-les dans une assiette creuse. Arrosez de jus de citron, salez, poivrez et saupoudrez de paprika. Couvrez de film étirable et placez au frais.

Lavez le poivron, puis coupez-le en petits dés. Égouttez l'ananas en gardant le jus dans un bol. Coupez-le également en dés.

Confectionnez 8 ou 12 petites brochettes, en intercalant les morceaux de dinde, de poivron et d'ananas.

Faites chauffer l'huile dans une large poêle antiadhésive. Ajoutez les brochettes et faites-les cuire à feu moyen pendant 10 min en les retournant souvent. Disposez-les sur un plat. Versez 10 cl de jus d'ananas et laissez réduire à feu vif pendant 5 min. Remettez les brochettes dans le jus caramélisé et servez avec du riz ou des légumes sautés.

MON ASTUCE ÉCONOMIE
La dinde est une viande d'excellente qualité nutritionnelle, dont le prix reste abordable. Profitez des promotions et congelez les filets, que vous utiliserez sautés ou mijotés, comme un produit frais.

LE PLUS SANTÉ
Un plat vraiment léger, car la dinde est maigre et l'ajout d'huile vraiment réduit. Bien pourvues en protéines, ces brochettes sont aussi sources de fibres (ananas, poivron).

ALTERNATIVE
En été, plutôt que d'ouvrir une boîte d'ananas, utilisez des raisins frais ou des dés de pêches jaunes pour monter vos brochettes.

Plats viandes, poissons et œufs

Saison : toutes
Préparation : 25 min
Cuisson : 45 min

MENU ÉQUILIBRÉ
> Chou rouge à la vinaigrette
Blanquette de dinde
Coquillettes et carottes
Crème au chocolat

Blanquette de dinde

Pour 8 personnes ▪ 1 kg de sauté de dinde ▪ 1 oignon ▪ 1 carotte ▪ 1/2 citron ▪ 2 c. à s. de crème fraîche épaisse ▪ 1 jaune d'œuf ▪ 1 brin de thym ▪ 1 feuille de laurier ▪ 1 clou de girofle ▪ 1 c. à s. de fécule de maïs ▪ Sel, poivre

Portez à ébullition 1 l d'eau additionnée de sel, poivre, thym et laurier dans une cocotte. Ajoutez le jus du demi-citron. Couvrez et laissez frémir pendant la préparation des autres ingrédients.

Recoupez les morceaux de dinde en gros dés et éliminez les parties grasses ou tendineuses. Pelez la carotte, coupez-la en rondelles épaisses. Pelez l'oignon et piquez-le d'un clou de girofle.

Ajoutez la viande, la carotte et l'oignon dans la cocotte. Laissez mijoter à feu doux pendant 35 min.

Prélevez 25 cl de jus de cuisson (2 louches) et laissez tiédir dans un bol. Battez le jaune d'œuf avec la fécule, puis ajoutez le jus tiède et mélangez. Versez le mélange dans une casserole et portez à ébullition en fouettant. Laissez bouillir 1 min, puis ajoutez la crème, du sel et du poivre, et mélangez. Égouttez la viande, disposez-la dans un plat chaud et nappez de sauce. Servez aussitôt avec du riz.

MON ASTUCE ÉCONOMIE
La blanquette est délicieuse réchauffée : préparez-la en quantité importante, pour plusieurs repas. Vous pouvez aussi la congeler en portions individuelles.

LE PLUS SANTÉ
La blanquette n'est pas un plat lourd, contrairement à ce que l'on pense souvent : il s'agit en effet d'une cuisson à l'eau, sans ajout de matière grasse. Limitez simplement la quantité de crème.

ALTERNATIVE
En saison, enrichissez votre plat de champignons de Paris ou de champignons sauvages (mousserons, cèpes, pieds-de-mouton…) sautés à part et ajoutés avec la sauce.

Saison : automne, hiver
Préparation : 20 min
Cuisson : 30 min

MENU ÉQUILIBRÉ
> Lentilles à la vinaigrette
Porc mijoté à l'orange
Endives vapeur
Raisin

Porc mijoté à l'orange

Pour 4 personnes ▪ 500 g de sauté de porc ▪ 2 oranges à jus ▪ 1 échalote ▪ 1 pincée de cannelle ▪ 1 étoile de badiane ▪ 1 c. à s. de sucre roux ▪ 2 c. à s. d'huile de tournesol ▪ Sel, poivre

Coupez le porc en dés pas trop gros. Éliminez en même temps les parties grasses ou nerveuses. Pressez les oranges. Pelez et émincez l'échalote.

Faites chauffer 1 cuillerée à soupe d'huile dans une cocotte à fond épais. Ajoutez le porc et faites-le dorer 5 min à feu vif en remuant. Disposez la viande sur une assiette. Jetez le gras restant dans la cocotte et rincez-la rapidement sous l'eau.

Versez le reste d'huile dans la cocotte et remettez-la sur le feu. Ajoutez l'échalote émincée et la viande. Laissez dorer 5 min à feu doux en remuant. Ajoutez le jus d'orange, la cannelle, la badiane, le sucre, du sel et du poivre.

Couvrez et laissez confire à feu doux pendant 20 min. Faites réduire le jus à feu vif en fin de cuisson pour qu'il devienne sirupeux. Servez chaud avec de la semoule, du chou-fleur vapeur ou des courgettes.

MON ASTUCE ÉCONOMIE
L'orange, fruit particulièrement bon marché en hiver, se marie parfaitement avec le porc et les volailles. Pour un coût vraiment minime, elle transforme un plat basique en préparation originale et parfumée.

LE PLUS SANTÉ
Le porc est une viande particulièrement riche en vitamine B1, indispensable à l'utilisation de l'énergie par nos cellules. Elle est également assez bien pourvue en fer.

ALTERNATIVE
La palette, le jarret et l'échine bien dégraissés conviennent parfaitement pour cette recette. La joue, morceau particulièrement fondant, est également délicieuse.

Plats viandes, poissons et œufs

Saison : toutes
Préparation : 20 min
Cuisson : 25 min

MENU ÉQUILIBRÉ
> Endive à l'emmental
Émincé de porc au paprika
Jardinière d'hiver (carottes, navets, pommes de terre)
Pomme au four

Émincé de porc au paprika

Pour 4 personnes ▪ 350 g d'escalope de porc ▪ 1 oignon ▪ 2 tomates fraîches ou en conserve ▪ 5 brins de persil ▪ 1/2 c. à c. de paprika ▪ 1 c. à c. de concentré de tomates ▪ 1 c. à s. d'huile d'olive ▪ 1 c. à s. d'huile de tournesol ▪ Sel, poivre

Coupez le porc en petits morceaux. Si vous utilisez un autre morceau (côte, échine…), éliminez parfaitement les parties grasses.

Pelez l'oignon, puis émincez-le. Lavez les tomates et coupez-les en dés.

Faites chauffer l'huile de tournesol et l'huile d'olive dans une sauteuse. Ajoutez l'oignon et le porc, et faites-les sauter 10 min à feu moyen en remuant.

Ajoutez les tomates, le concentré de tomates, le paprika, du sel et du poivre. Mouillez avec 3 cuillerées à soupe d'eau. Couvrez et laissez mijoter pendant 15 min à feu doux.

Rincez le persil, hachez-le et parsemez-en le porc. Servez bien chaud. Accompagnez de riz, de pommes au four ou de tomates à la provençale.

MON ASTUCE ÉCONOMIE
Le porc est la viande la moins chère. Profitez des promotions (vente en petite caissette) et préparez cette recette en plus grande quantité. Elle se congèle et se réchauffe parfaitement.

LE PLUS SANTÉ
Tomate, concentré de tomates et paprika : vous ferez le plein de caroténoïdes (dont le lycopène), substances qui protègent les cellules du vieillissement prématuré.

ALTERNATIVE
Des lamelles de bœuf ou de dinde conviendront également pour cette recette. Adaptez simplement le temps de cuisson (le bœuf sera juste saisi, mais pas trop cuit).

200 menus à moins de 2 euros

Saison : toutes
Préparation : 15 min
Cuisson : 25 min

MENU ÉQUILIBRÉ
> Laitue à l'échalote
Travers de porc au caramel
Purée de pommes de terre
Yaourt aromatisé

Travers de porc au caramel

Pour 4 personnes ▪ 800 g de travers de porc frais ▪ 1/2 citron ▪ 1 pincée de cumin en poudre ▪ 1 pincée de muscade râpée ▪ 1 pincée de clou de girofle moulu ▪ 2 c. à s. rases de sucre en poudre ▪ Sel, poivre

Préchauffez le gril du four. Dégraissez complètement les travers de porc, en éliminant la couche de gras qui les recouvre. Pratiquez des entailles peu profondes le long de chaque os.

Disposez les travers dans un plat allant au four. Saupoudrez-les de cumin, muscade, clou de girofle, sel et poivre. Ajoutez le sucre en poudre et arrosez d'un filet de jus de citron.

Faites cuire les travers pendant 25 min sous le gril bien chaud (ou au barbecue) en les retournant plusieurs fois au cours de la cuisson.

Dégustez les travers chauds ou froids (pour un pique-nique, par exemple) avec des crudités ou des épis de maïs grillés.

MON ASTUCE ÉCONOMIE
Le travers de porc est un morceau bon marché. Souvent vendu en lot,
avec des côtes et des morceaux à griller, c'est une pièce savoureuse que l'on peut griller ou faire mijoter (avec des haricots, des lentilles…).

LE PLUS SANTÉ
Pensez à dégraisser parfaitement les travers avant de les cuire. Ils seront moins caloriques et beaucoup plus digestes. Et évitez de consommer le jus gras qui peut s'écouler dans le plat.

ALTERNATIVE
Vous pourrez préparer de la même façon des pilons de poulet ou des côtes de porc. Variez également en changeant d'épices (cinq-parfums, ras el hanout…).

Saison : toutes
Préparation : 30 min
Cuisson : 1 h 10 min

MENU ÉQUILIBRÉ
> Pomélo
Rouelle de porc façon osso-buco
Tagliatelle
1 petit-suisse aux fruits

Rouelle de porc façon osso-buco

Pour 8 personnes ▪ 1 rouelle de porc de 1,2 kg ▪ 1 échalote ▪ 1 gousse d'ail ▪ 1 carotte ▪ 1 orange ▪ 1 brin de romarin ▪ 1 c. à c. de concentré de tomates ▪ 1/2 verre de vin blanc sec ▪ 1 c. à s. d'huile d'olive ▪ Sel, poivre

Pelez et émincez l'échalote et l'ail. Pelez la carotte, lavez-la et coupez-la en bâtonnets. Frottez l'orange sous l'eau chaude. Prélevez quelques morceaux de zeste et hachez-le. Coupez l'orange en deux et pressez-la.

Faites chauffer l'huile d'olive dans une large cocotte pouvant contenir la rouelle de porc. Déposez la rouelle dans la cocotte et faites-la dorer à feu moyen, 4 min sur chaque face.

Salez, poivrez, versez le vin blanc et laissez évaporer complètement à feu vif. Ajoutez ensuite le jus d'orange, le zeste, l'échalote, l'ail, les bâtonnets de carotte, le romarin et le concentré de tomates. Mouillez avec un demi-verre d'eau.

Couvrez et laissez mijoter 1 h environ à feu très doux. Faites réduire le jus de cuisson avant de servir s'il est trop abondant et trop fluide. Dégustez chaud avec une purée de pommes de terre ou de céleri.

MON ASTUCE ÉCONOMIE
L'osso-buco, qui se prépare traditionnellement avec du jarret de veau, est un plat assez onéreux. La rouelle de porc donne un excellent résultat, à un coût vraiment raisonnable.

LE PLUS SANTÉ
Un plat mijoté vraiment pauvre en matière grasse, car la rouelle de porc est coupée dans la cuisse, un morceau maigre. Éliminez éventuellement la partie grasse qui l'entoure, mais seulement si elle est épaisse.

ALTERNATIVE
Vous pouvez simplifier cette recette en faisant mijoter la rouelle à feu doux, sur un lit d'oignons émincés, mouillés d'un verre de bière.

200 menus à moins de 2 euros

Saison : toutes
Préparation : 35 min
Cuisson : 55 min

MENU ÉQUILIBRÉ
> Joue de porc au citron et au pain d'épices
Purée de potimarron
Fromage blanc
Kiwi

Joue de porc au citron et au pain d'épices

Pour 4 personnes ▪ 700 g de joues de porc ▪ 1 oignon ▪ 1/2 citron non traité ▪ 10 g de margarine ▪ 1 tranche de pain d'épices ▪ 1 brin de thym ▪ 1 pincée de muscade râpée ▪ Sel, poivre

Coupez les joues de porc en deux ou trois, selon leur taille. Pelez et émincez l'oignon. Lavez le citron sous l'eau chaude, prélevez 2 ou 3 morceaux de zeste, puis coupez-les en fins bâtonnets. Pressez une moitié du citron. Émiettez la tranche de pain d'épices en petits morceaux.

Faites chauffer la margarine dans une cocotte à fond épais. Ajoutez les morceaux de joues de porc et faites-les dorer à feu moyen pendant 5 min en les retournant plusieurs fois. Ajoutez l'oignon émincé, laissez dorer encore 5 min à feu doux.

Salez, poivrez, puis ajoutez le zeste de citron, le pain d'épices émietté, le thym et la muscade. Mélangez et versez le jus du demi-citron.

Couvrez et laissez confire à feu très doux pendant 45 min. Surveillez le niveau de liquide et ajoutez un peu d'eau en cours de cuisson, si besoin. Dégustez avec des carottes Vichy ou des navets confits.

MON ASTUCE ÉCONOMIE
La joue est un morceau vraiment délicieux et très bon marché. Le seul impératif pour vous régaler : une cuisson longue à feu doux. C'est donc un plat à préparer en assez grande quantité pour limiter la dépense de cuisson (à congeler ou à réchauffer).

LE PLUS SANTÉ
Pauvre en matière grasse, la joue doit son moelleux à la présence de collagène, une protéine qui gélatinise au cours de la cuisson. Donc, aucune crainte pour la ligne !

ALTERNATIVE
Sur le même principe, préparez une recette à base de bœuf en sélectionnant un morceau bon marché et à cuisson longue (joues, jarret ou jumeau, par exemple).

Plats viandes, poissons et œufs

Saison : automne, hiver
Préparation : 25 min
Cuisson : 3 h 15 min
Repos : 1 h

MENU ÉQUILIBRÉ
> Carottes râpées
Langue de bœuf à la tomate
Pommes persillées
Yaourt à la vanille

Langue de bœuf à la tomate

Pour 8 à 10 personnes ▪ 1 langue de bœuf parée par le boucher ▪ 1 oignon ▪ 1 carotte ▪ 2 gousses d'ail ▪ 10 brins de persil ▪ 1 bouquet garni ▪ 5 clous de girofle ▪ 1 boîte de tomates pelées de 400 g ▪ 10 cornichons ▪ 3 c. à s. de vinaigre blanc ▪ 2 c. à s. d'huile d'olive ▪ Sel, poivre

Rincez la langue sous l'eau fraîche, puis faites-la tremper pendant 1 h dans un saladier rempli d'eau froide additionnée du vinaigre blanc.

Pelez l'oignon et une gousse d'ail. Piquez l'oignon de clous de girofle. Pelez et lavez la carotte. Versez 5 l d'eau dans une grande cocotte. Ajoutez le bouquet garni, l'oignon, l'ail, la carotte, du sel et du poivre.

Lorsque l'eau est à ébullition, ajoutez la langue rincée et égouttée, puis laissez cuire à petits frémissements pendant 3 h. La langue est cuite lorsque la peau s'en détache facilement.

Préparez la sauce pendant la cuisson de la langue. Pelez la gousse d'ail. Concassez les tomates pelées en gardant leur jus. Hachez les cornichons. Faites chauffer l'huile d'olive dans une casserole. Ajoutez l'ail, faites-le dorer 2 min à feu très doux. Versez les tomates et laissez réduire 10 min. Hors du feu, ajoutez les cornichons et le persil haché, salez et poivrez.

Égouttez la langue (gardez le bouillon pour une autre recette), éliminez la peau qui l'entoure, puis coupez-la en tranches fines. Servez bien chaud avec la sauce tomate.

MON ASTUCE ÉCONOMIE
La cuisson peut être raccourcie grâce à l'utilisation d'un autocuiseur (1 h 30 environ).

LE PLUS SANTÉ
Les abats sont peu gras, riches en protéines et source de fer. Si vous les appréciez, n'hésitez pas à en consommer une fois par semaine.

ALTERNATIVE
Une fois cuite, la langue s'accommode de différentes sauces. Elle est également délicieuse simplement relevée de moutarde forte.

Saison : printemps, été, automne
Préparation : 15 min
Cuisson : 10 min

MENU ÉQUILIBRÉ
> Salade d'endives
Foies de volailles au vinaigre balsamique
Spaghetti à la sauce
Fromage de chèvre

Foies de volailles au vinaigre balsamique

Pour 4 personnes ▪ 400 g de foies de volailles ▪ 10 tomates cerises ▪ 1 échalote ▪ 1 gousse d'ail ▪ 5 brins de persil ▪ 1 pincée de gingembre ▪ 1 c. à s. de vinaigre balsamique ▪ 1 c. à s. d'huile d'olive ▪ Sel, poivre

Rincez les foies de volailles sous l'eau fraîche, puis épongez-les. Coupez-les en morceaux en éliminant les petits nerfs.

Pelez et émincez l'échalote et l'ail. Rincez le persil, essorez-le et hachez-le. Coupez les tomates cerises en deux.

Faites chauffer l'huile dans une large poêle antiadhésive ou dans un wok. Ajoutez les foies et faites-les sauter 3 min à feu moyen en remuant.

Ajoutez l'échalote, les tomates, l'ail, le persil, le gingembre, du sel et du poivre. Faites cuire 5 min à feu moyen en remuant délicatement. Arrosez d'un trait de vinaigre balsamique et servez aussitôt. Accompagnez d'une pomme au four ou d'une salade verte bien relevée.

MON ASTUCE ÉCONOMIE
Les foies de volailles sont très bon marché et faciles à trouver, même en supermarché (en petite barquette au rayon volailles). Au marché, vous pourrez demander des foies de lapins, également délicieux et peu chers.

LE PLUS SANTÉ
Les foies de volailles sont peu caloriques, riches en protéines et en fer. Ne les faites pas cuire trop longtemps pour préserver leur apport en vitamines du groupe B.

ALTERNATIVE
De petites lamelles de foie d'agneau ou de génisse (également bon marché) feront tout aussi bien l'affaire. Et, si vous n'avez pas de vinaigre balsamique, utilisez un bon vinaigre de vin ou de cidre.

Saison : printemps, été, automne
Préparation : 15 min
Cuisson : 25 min

MENU ÉQUILIBRÉ
> Épinards en salade
Saucisses mijotées à la tomate
Polenta
Raisin

Saucisses mijotées à la tomate

Pour 4 personnes ▪ 4 saucisses à cuire (de Toulouse, de Bretagne…) ▪ 4 tomates ▪ 1 gousse d'ail ▪ 5 brins de persil ▪ Sel, poivre

Portez à ébullition 1,5 l d'eau. Piquez les saucisses à l'aide d'une fourchette. Faites-les cuire 10 min dans l'eau chaude, puis égouttez-les.

Lavez les tomates et coupez-les en petits dés, en récupérant le jus. Épluchez l'ail et hachez-le.

Faites chauffer une poêle antiadhésive à feu moyen sans matière grasse. Ajoutez les saucisses et faites-les dorer 5 min en les retournant. Versez les tomates et leur jus sur les saucisses, assaisonnez de très peu de sel, de poivre et d'ail. Laissez mijoter 10 min à feu doux.

Rincez et séchez le persil, puis hachez-le. Servez les saucisses bien chaudes, parsemées de persil. Accompagnez de haricots verts ou de coquillettes.

MON ASTUCE ÉCONOMIE
La vraie économie… c'est de dépenser un peu plus ! Les saucisses sont en effet des produits bon marché. Ne choisissez pas les moins chères, elles risquent de contenir beaucoup de gras, de sel et d'additifs, et moins de parties nobles.

LE PLUS SANTÉ
Piquez toujours les saucisses avant de les cuire, qu'il s'agisse d'une cuisson à l'eau (saucisse de Morteau, diot…) ou au gril (chipolata, merguez…). Cela permet d'éliminer une partie des lipides qu'elles contiennent.

ALTERNATIVE
En hiver, utilisez bien sûr des tomates pelées en conserve. Toutes les saucisses dites « de ménage » conviennent pour cette recette.

200 menus à moins de 2 euros

Saison : toutes
Préparation : 20 min
Cuisson : 15 min

MENU ÉQUILIBRÉ
> Frisée à l'emmental
Boudin sauté aux pommes
Purée de pommes de terre
Kiwi

Boudin sauté aux pommes

Pour 4 personnes ▪ 300 g de boudin noir ▪ 2 pommes ▪ 1/2 citron ▪ 1 pincée de cannelle ▪ 1 c. à s. d'huile de tournesol ▪ Sel, poivre

Pelez les pommes et coupez-les en dés. Mettez-les dans une casserole et arrosez-les légèrement de jus de citron. Salez, poivrez, ajoutez 1 pincée de cannelle, puis faites-les cuire 10 min avec un fond d'eau. Écrasez légèrement les pommes à la fourchette et gardez au chaud.

Coupez le boudin en rondelles de 5 mm d'épaisseur à l'aide d'un couteau très tranchant.

Faites chauffer l'huile dans une large poêle antiadhésive. Ajoutez les rondelles de boudins et faites-les dorer à feu moyen 2 min sur chaque face.

Servez les tranches de boudins sur la compote de pommes, accompagnées d'une purée maison.

MON ASTUCE ÉCONOMIE
Le boudin est un produit disponible et bon marché pendant tout l'hiver. Si vous l'appréciez, n'hésitez pas à l'intégrer dans vos menus une à deux fois par mois.

LE PLUS SANTÉ
Le boudin est l'une des meilleures sources de fer alimentaire. Sa richesse en lipides impose cependant de ne pas en abuser. La portion par personne, dans cette recette, est d'ailleurs modérée.

ALTERNATIVE
Testez la même recette avec du boudin blanc. C'est également un délice ! Toutes les variétés de pommes conviennent, à condition qu'elles soient sucrées et se défassent à la cuisson (golden, reinette…).

Plats viandes, poissons et œufs

Saison : été
Préparation : 25 min
Cuisson : 30 min

MENU ÉQUILIBRÉ
> Salade de tomates
Maquereaux aux herbes
Ratatouille et semoule
Fromage blanc au sucre roux

Maquereaux aux herbes

Pour 4 personnes ▪ 4 maquereaux ▪ 10 brins de persil ▪ 5 brins de menthe ▪ 1 gousse d'ail ▪ 1 petit-suisse nature ▪ 2 c. à s. de moutarde forte ▪ Sel, poivre

Videz et rincez soigneusement les maquereaux. Épongez-les avec du papier absorbant. Salez et poivrez l'intérieur. Préchauffez le four à 180 °C (th. 6).

Rincez le persil et la menthe, puis épongez-les. Éliminez les tiges et hachez finement les feuilles. Pelez la gousse d'ail et hachez-la. Mettez les herbes et l'ail dans un bol. Ajoutez la moutarde et le petit-suisse. Salez, poivrez et mélangez.

Répartissez ce mélange dans les quatre maquereaux et fermez l'ouverture avec une pique en bois.

Rangez les poissons dans un plat sans les serrer et faites-les cuire 30 min au four. Dégustez chaud avec du fenouil braisé ou du riz.

MON ASTUCE ÉCONOMIE
Selon le prix du maquereau, préférez des poissons individuels ou deux gros maquereaux. Leur chair étant plus abondante, vous aurez au final moins de perte.

LE PLUS SANTÉ
Il n'est pas utile d'ajouter de l'huile pour cuire le maquereau. Sa peau va dorer avec la chaleur et empêcher sa chair moelleuse de se dessécher.

ALTERNATIVE
Toutes les herbes se prêtent à cette recette : ciboulette, cerfeuil, mélisse, sauge… Une poignée de roquette peut même faire l'affaire.

Saison : été
Préparation : 15 min
Cuisson : 5 min
Repos : 24 h

MENU ÉQUILIBRÉ
> Duo de melon et pastèque
Filets de maquereaux marinés au vin blanc
Salade de pommes de terre tièdes
Glace vanille

Filets de maquereaux marinés au vin blanc

Pour 4 personnes ▪ 4 petits maquereaux ▪ 1 gousse d'ail ▪ 1 carotte ▪ 1/2 branche de céleri ▪ 1 brin de thym ▪ 1 brin de romarin ▪ 1 feuille de laurier ▪ 1 c. à s. de poivre en grains ▪ 1 verre de vin blanc ▪ 1 c. à s. d'huile d'olive ▪ Sel

Faites lever les filets de maquereaux par le poissonnier. Rincez-les à l'eau froide, puis épongez-les. Rangez-les dans un récipient muni d'un couvercle.

Pelez la gousse d'ail et la carotte. Coupez la gousse d'ail en quatre et la carotte en fines rondelles. Lavez la demi-branche de céleri et coupez-la en tronçons.

Ajoutez dans le plat contenant le poisson l'ail, les rondelles de carotte, le céleri, le thym, le laurier, le romarin, le poivre en grains et du sel. Mélangez bien tous les ingrédients pour qu'ils soient en contact avec le poisson.

Portez le vin et l'huile à ébullition dans une petite casserole et versez-les, bouillants, sur le maquereau. Fermez le récipient et laissez refroidir à température ambiante. Placez au frais pendant 24 h, puis dégustez froid avec des crudités ou des pommes sous la cendre.

MON ASTUCE ÉCONOMIE
Une recette vraiment pas chère, car le maquereau est très bon marché, tout comme les aromates qui l'accompagnent. Et en plus, il n'y a pratiquement pas de cuisson.

LE PLUS SANTÉ
Le maquereau est une excellente source d'oméga-3, indispensables à votre santé cardio-vasculaire. Ce sont aussi des régulateurs naturels de l'humeur, et certaines études montrent qu'ils ont un impact positif contre le cancer.

ALTERNATIVE
Vous pourrez préparer les sardines fraîches de la même façon. Pour ces deux préparations, un seul impératif : du poisson ultra-frais !

Saison : été
Préparation : 20 min
Cuisson : 15 min

MENU ÉQUILIBRÉ
> Sardines grillées au citron
Pommes vapeur persillées
Tomme de Savoie
Pastèque

Sardines grillées au citron

Pour 4 personnes ▪ 12 sardines fraîches ▪ 1 citron non traité ▪ 1 bouquet de persil ▪ 1 gousse d'ail ▪ 1 échalote ▪ 12 feuilles de sauge ▪ Sel, poivre

Ouvrez les sardines et videz-les soigneusement. Rincez-les sous l'eau froide en frottant la peau. Essuyez-les avec du papier absorbant. Préchauffez le gril du four ou allumez le barbecue.

Lavez le citron sous l'eau chaude. Coupez-le en quatre dans le sens de la longueur, puis émincez les quartiers en petits morceaux. Lavez le persil, essorez-le, puis hachez-le. Pelez l'échalote et l'ail, et hachez-les également.

Salez et poivrez l'intérieur des sardines, placez une feuille de sauge, puis répartissez le hachis de persil, d'ail et d'échalote. Pressez avec le plat de la main pour tasser et maintenez les sardines fermées avec une pique en bois (ou du fil de cuisine).

Faites cuire les sardines sous le gril du four ou au barbecue pendant 10 à 15 min en les retournant délicatement à mi-cuisson avec une spatule en bois. Dégustez chaud avec des pommes sous la cendre ou des crudités.

MON ASTUCE ÉCONOMIE
La sardine fraîche est l'un des poissons les moins chers, mais sa saison est courte : il faut en profiter pendant l'été. En hiver, elles sont parfois disponibles surgelées (mais un peu plus chères).

LE PLUS SANTÉ
Une recette riche en oméga-3 et en micronutriments, qui protègent le système cardio-vasculaire (carotènes du persil, substances soufrées de l'échalote).

ALTERNATIVE
Cuisinez de la même façon les lisettes (jeunes maquereaux) et les petites truites.

Saison : toutes
Préparation : 25 min
Cuisson : 35 min

MENU ÉQUILIBRÉ
> Allumettes au fromage
Gratin de poisson aux champignons
Brocolis vapeur
Orange

Gratin de poisson aux champignons

Pour 4 personnes ▪ 350 g de panga ▪ 200 g de champignons de Paris ▪ 1 verre de lait demi-écrémé ▪ 1 c. à s. de fécule de maïs ▪ 20 g de chapelure ▪ 1 pincée de muscade râpée ▪ 1 c. à s. d'huile de tournesol ▪ Sel, poivre

Préchauffez le four à 180 °C (th. 6). Rincez les champignons, éliminez l'extrémité du pied, puis émincez-les finement.

Faites chauffer l'huile dans une large poêle antiadhésive. Ajoutez les champignons, puis faites-les revenir 5 min en remuant. Saupoudrez de fécule, mélangez, puis ajoutez le lait. Mélangez jusqu'à ce que le mélange arrive à ébullition. Laissez cuire 1 min et retirez du feu. Salez, poivrez, ajoutez la muscade et mélangez.

Rincez les filets de panga sous l'eau fraîche. Épongez-les. Rangez-les dans un plat allant au four sans les superposer. Salez et poivrez. Nappez du mélange aux champignons. Saupoudrez de chapelure.

Faites cuire au four pendant 30 min et dégustez chaud avec du riz ou une purée d'épinards.

MON ASTUCE ÉCONOMIE
Profitez du four allumé pour faire une entrée chaude : des allumettes au fromage, par exemple (pâte brisée saupoudrée d'emmental), ou des mini-pizzas (reste de pâte à pain, tomates, olives).

LE PLUS SANTÉ
Un plat riche en protéines (poisson, lait), mais pauvre en lipides.
Les champignons et la sauce feront oublier à beaucoup d'enfants qu'il s'agit d'un plat de poisson !

ALTERNATIVE
Cette recette permet d'accommoder les restes de poissons cuits au four ou au court-bouillon (saumon, lieu, truite…).

Saison : toutes
Préparation : 20 min
Cuisson : 10 min

MENU ÉQUILIBRÉ
> Bouchées de lieu panées aux épices
Tomates au four
Chèvre frais
Banane

Bouchées de lieu panées aux épices

Pour 4 personnes ▪ 350 g de filets de lieu ▪ 1 citron ▪ 1 œuf ▪ 15 g de farine ▪ 25 g de flocons d'avoine ▪ 1 pincée de curry ▪ 1 pincée de gingembre ▪ 2 c. à s. d'huile de tournesol ▪ Sel, poivre

Rincez les filets de poisson sous l'eau froide, épongez-les soigneusement. Coupez-les en morceaux de 3 x 2 cm environ.

Versez la farine dans une assiette creuse. Cassez l'œuf dans une autre assiette creuse et battez-le en omelette. Ajoutez du sel, du poivre, le curry et le gingembre dans l'œuf battu, et mélangez. Versez les flocons d'avoine dans une troisième assiette.

Roulez les morceaux de lieu dans la farine, puis dans l'œuf battu et, enfin, dans les flocons d'avoine. Pressez avec les doigts pour que les flocons adhèrent parfaitement au poisson.

Faites chauffer l'huile dans une large poêle antiadhésive. Ajoutez les bouchées de poisson et faites-les dorer pendant 10 min à feu moyen en les retournant délicatement plusieurs fois. Disposez-les sur un plat garni de papier absorbant et servez chaud avec des quartiers de citron.

MON ASTUCE ÉCONOMIE
Les bouchées permettent de limiter la quantité de poisson utilisée par personne, car la portion détaillée en bouchées occupe tout simplement plus de volume dans l'assiette.

LE PLUS SANTÉ
Des bouchées maison, moins grasses et mieux équilibrées que des beignets de poisson industriels. Car l'apport en lipides reste modéré, surtout si vous épongez vos bouchées dans du papier absorbant.

ALTERNATIVE
Une petite poignée de noix de coco peut remplacer les flocons d'avoine et se marie parfaitement au curry.

Saison : été, automne
Préparation : 25 min
Cuisson : 25 min

MENU ÉQUILIBRÉ
> Taboulé
Papillotes de lieu au fenouil
Haricots verts
Yaourt à la vanille

Papillotes de lieu au fenouil

Pour 4 personnes ▪ 4 x 100 g de filets de lieu ▪ 1 petit bulbe de fenouil ▪ 8 tomates cerises ▪ 1 échalote ▪ 1 c. à s. d'huile d'olive ▪ Sel, poivre

Préchauffez le four à 180 °C (th. 6). Rincez les filets de poisson, puis épongez-les.

Éliminez la partie dure du fenouil, rincez le cœur et émincez-le. Gardez les tiges et la partie dure pour parfumer une soupe ou un pot-au-feu.

Pelez et émincez l'échalote. Coupez les tomates cerises en deux.

Disposez 4 carrés de papier sulfurisé sur le plan de travail. Ajoutez au centre de chaque feuille un filet de poisson, le quart du fenouil émincé et 4 morceaux de tomates. Salez et poivrez. Arrosez de quelques gouttes d'huile. Fermez les papillotes en les repliant et enfournez pour 25 min. Dégustez avec de la semoule ou une ratatouille.

MON ASTUCE ÉCONOMIE
Le lieu noir, encore moins cher que le lieu jaune, convient très bien pour cette recette, car son aspect grisâtre sera masqué par les légumes.

LE PLUS SANTÉ
Un plat léger qui convient à tous ceux qui surveillent leur ligne. Ne négligez pas d'ajouter un filet d'huile pour le goût et la tenue du poisson.

ALTERNATIVE
Tous les poissons à chair blanche peuvent se substituer au lieu : en fonction des promotions et de la saison, optez pour du panga, du merlu ou certaines variétés de dorade.

Saison : toutes
Préparation : 25 min
Cuisson : 20 min

MENU ÉQUILIBRÉ
> Croustillants de lieu au basilic
Salade de tomates et concombre
Riz au lait
Abricots

Croustillants de lieu au basilic

Pour 4 personnes ▪ 4 filets de lieu assez fins ▪ 1 poignée de roquette ▪ 1 brin de basilic ▪ 4 feuilles de brick ▪ 1 c. à s. de moutarde forte ▪ 1 c. à s. d'huile d'olive ▪ Sel, poivre

Préchauffez le four à 180 °C (th. 6). Rincez les filets de poisson sous l'eau fraîche, puis épongez-les.

Rincez la roquette, essorez-la et coupez-la en petits morceaux, mais sans la hacher. Rincez et séchez le basilic, puis effeuillez-le.

Étalez les feuilles de brick sur le plan de travail. Disposez au centre de chaque feuille un filet de poisson. Badigeonnez-les de moutarde forte, salez et poivrez. Parsemez de roquette ciselée et ajoutez quelques feuilles de basilic.

Repliez les feuilles de brick sur elles-mêmes pour bien emballer le poisson. Disposez les croustillants dans un plat et badigeonnez-les d'huile d'olive à l'aide d'un pinceau. Faites cuire 20 min au four et dégustez chaud avec une salade.

MON ASTUCE ÉCONOMIE
Un joli plat à un prix vraiment bas, à condition de bien choisir le poisson : repérez les promotions au rayon surgelés ou sur l'étal du poissonnier.

LE PLUS SANTÉ
Avec une texture croustillante et un goût bien marqué, ce plat est pourtant léger et équilibré. C'est une façon simple de changer du poisson vapeur, sans alourdir vraiment l'apport calorique.

ALTERNATIVE
Tous les filets de poissons à chair blanche peuvent être cuisinés de cette façon, à condition d'être peu épais, sinon ils risquent de ne pas être cuits à cœur.

Saison : toutes
Préparation : 15 min
Cuisson : 5 min

MENU ÉQUILIBRÉ
> Billes de melon à la mélisse
Éperlans frits, sauce pimentée
Pommes de terre au four
Yaourt aux fruits

Éperlans frits, sauce pimentée

Pour 4 personnes ▪ 500 g d'éperlans surgelés ou frais ▪ 1 citron vert ▪ 1 bouquet de ciboulette ▪ 200 g de fromage blanc à 0 % de MG ▪ 2 c. à s. de farine ▪ 1 pincée de quatre-épices ▪ 1 pincée de curcuma ▪ 1 pincée de piment ▪ 10 cl d'huile de pépins de raisin ▪ Sel, poivre

Rincez les éperlans sous l'eau fraîche, puis étalez-les sur du papier absorbant. Épongez-les parfaitement.

Rincez la ciboulette, séchez-la délicatement et hachez-la. Versez le fromage blanc dans un bol. Ajoutez la ciboulette, le curcuma et le piment. Salez et poivrez. Gardez au frais jusqu'au moment du repas.

Versez la farine dans une assiette creuse. Salez, poivrez et ajoutez le quatre-épices. Passez rapidement les poissons dans ce mélange, puis secouez-les pour éliminer le surplus de farine.

Faites chauffer l'huile dans une sauteuse à bords assez hauts pour éviter les projections. Placez les poissons dans l'huile chaude, mais non fumante, et laissez-les dorer 4 à 5 min à feu vif. Récupérez les éperlans avec une écumoire et disposez-les dans un plat garni de papier absorbant. Dégustez très chaud avec du citron et la sauce pimentée.

MON ASTUCE ÉCONOMIE
Si vous voulez utiliser votre friteuse pour cuire les poissons, faites-le juste avant de changer l'huile pour ne pas gâcher un bain d'huile récent.

LE PLUS SANTÉ
Riche en protéines mais peu gras (1,7 g de lipides pour 100 g), l'éperlan est un poisson riche en vitamine B12 (indispensable au renouvellement cellulaire et antianémique). L'éperlan est le plus souvent frit. Vous allégerez donc les autres plats du menu.

ALTERNATIVE
Une sauce à base de tomates fraîches ou en conserve convient très bien pour accompagner la friture. Évitez, en revanche, la mayonnaise !

Plats viandes, poissons et œufs

Saison : toutes
Préparation : 20 min
Cuisson : 40 min

MENU ÉQUILIBRÉ
> Raie au confit d'échalotes
Écrasée de pommes de terre
Fromage blanc
Orange

Raie au confit d'échalotes

Pour 4 personnes ▪ 600 g d'aile de raie nettoyée ▪ 4 belles échalotes ▪ 1 oignon ▪ 20 g de beurre ▪ 2 c. à s. de crème fraîche épaisse ▪ 1 clou de girofle ▪ 1 brin de thym ▪ 1 feuille de laurier ▪ 2 c. à s. de vinaigre blanc ▪ Sel, poivre

Pelez l'oignon, piquez dedans le clou de girofle. Portez à ébullition 2 l d'eau dans une large casserole. Ajoutez le vinaigre, l'oignon piqué, le thym, le laurier, du sel et du poivre. Laissez bouillir à feu doux pendant 10 min.

Ajoutez la raie préalablement rincée sous l'eau fraîche. Couvrez en partie et laissez frémir pendant 15 min. Vérifiez que l'eau n'atteint jamais une forte ébullition. Retirez du feu et laissez en attente.

Pelez et émincez les échalotes. Faites fondre le beurre à feu doux dans une casserole et ajoutez les échalotes. Salez, poivrez et laissez confire à feu très doux 15 min en remuant et en surveillant : les échalotes doivent rester blondes. Ajoutez la crème lorsque les échalotes sont tendres. Mélangez et gardez au chaud.

Égouttez la raie, éliminez les cartilages et disposez la chair dans un plat. Nappez de sauce et servez chaud. Accompagnez de riz, de carottes ou de brocolis vapeur.

MON ASTUCE ÉCONOMIE
Faites votre court-bouillon vous-même (thym, laurier, oignon...) et pensez à y ajouter du vert de poireau ou des chutes de céleri, carottes ou fenouil pour lui donner du goût.

LE PLUS SANTÉ
Cette recette contient du beurre et de la crème fraîche. Si votre taux de cholestérol est élevé, remplacez ces ingrédients par une margarine riche en oméga-3 et une crème à base de soja.

ALTERNATIVE
Au printemps, préparez le confit avec des échalotes ou des oignons nouveaux. Intégrez leurs tiges vertes, qui donneront une saveur très fine à votre sauce.

200 menus à moins de 2 euros

Saison : printemps, été, automne
Préparation : 25 min
Cuisson : 25 min

MENU ÉQUILIBRÉ
> Salade de chou blanc
Colombo de panga
Carottes vapeur et patates douces
Yaourt à la noix de coco

Colombo de panga

Pour 4 personnes ▪ 400 g de filets de panga ▪ 1 petite aubergine ▪ 2 tomates ▪ 1 citron vert ▪ 1 oignon ▪ 1 gousse d'ail ▪ 1 c. à s. d'épices à colombo ▪ 1 pincée de graines de coriandre ▪ 1 pincée de graines de cumin ▪ 1 c. à s. d'huile de tournesol ▪ Sel, poivre

Lavez l'aubergine et les tomates. Coupez-les en petits dés. Épluchez l'oignon et l'ail, puis hachez-les finement.

Faites chauffer l'huile dans une large sauteuse. Ajoutez l'oignon et l'ail émincés, le cumin, la coriandre et les épices à colombo. Faites dorer 5 min à feu moyen en remuant.

Ajoutez les dés d'aubergine et de tomates. Salez, poivrez et laissez mijoter à feu vif pendant 10 min en remuant de temps en temps. Si le mélange réduit trop, baissez le feu, ajoutez un peu d'eau et couvrez.

Rincez les filets de panga et épongez-les soigneusement. Coupez-les en gros dés. Ajoutez le poisson dans la sauteuse, mélangez délicatement et couvrez. Laissez mijoter 10 min à feu doux. Servez arrosé de jus de citron, avec du riz ou des bananes plantain.

MON ASTUCE ÉCONOMIE
Vous réaliserez un colombo encore moins cher avec du porc, comme dans la recette traditionnelle, mais le panga reste un poisson très bon marché et qui convient parfaitement à un mijotage doux.

LE PLUS SANTÉ
Un plat mijoté riche en épices (sources d'antioxydants) et peu gras, à condition de limiter l'ajout d'huile au moment du rissolage des aromates.

ALTERNATIVE
Le colombo se prépare traditionnellement avec les légumes de saison : vous pouvez donc remplacer l'aubergine par un cœur de chou blanc, des carottes, des courgettes…

Plats viandes, poissons et œufs

Saison : toutes
Préparation : 20 min
Cuisson : 25 min

MENU ÉQUILIBRÉ
> Saumon rôti aux baies roses
Salade de mâche
Yaourt
Madeleine

Saumon rôti aux baies roses

Pour 4 personnes ▪ 4 x 100 g de filet de saumon ▪ 1 tomate ▪ 1 citron non traité ▪ 1 c. à c. de baies roses ▪ Sel, poivre

Préchauffez le four à 180 °C (th. 6).

Rincez les filets sous l'eau froide, puis épongez-les. Rangez-les dans un plat allant au four.

Rincez le citron sous l'eau chaude, puis essuyez-le. Coupez-le en deux dans le sens de la hauteur, puis faites de fines tranches, dans l'autre sens, pour obtenir des demi-rondelles. Lavez la tomate et taillez-la également en demi-rondelles.

Salez et poivrez les filets de saumon. Parsemez-les de quelques baies roses. Disposez sur chaque filet des demi-rondelles de tomate et de citron en les intercalant. Salez et poivrez à nouveau, puis ajoutez des baies roses. Enfournez pour 25 min et dégustez chaud avec des courgettes ou du fenouil braisé.

MON ASTUCE ÉCONOMIE
Le saumon s'est vraiment démocratisé depuis quelques années. Certes, il s'agit de saumon d'élevage, mais ses qualités nutritionnelle et gustative sont optimales. N'hésitez pas à en consommer une fois par semaine.

LE PLUS SANTÉ
Faites le plein d'oméga-3 avec le saumon, mais pas le plein de calories, puisqu'il n'y a aucune matière grasse ajoutée. Cuit sous sa couverture végétale, le saumon reste léger et moelleux.

ALTERNATIVE
La truite de mer est parfaite pour cette recette, tout comme les filets un peu épais de panga ou de thon.

Saison : toutes
Préparation : 25 min
Cuisson : sans cuisson

MENU ÉQUILIBRÉ
> Tartare de truite de mer
Pommes de terre au four, salade
Tomme de Savoie
Sorbet à la mangue

Tartare de truite de mer

Pour 4 personnes ▪ 400 g de filets de truite de mer ▪ 1 échalote ▪ 1 citron vert ▪ 10 brins de ciboulette ▪ 1 pincée de piment ▪ 1 c. à s. d'huile d'olive fruitée ▪ Sel, poivre

Éliminez parfaitement les arêtes, parties grasses et petites particules de peau présentes sur le poisson. Rincez-le sous l'eau froide, épongez-le parfaitement, puis hachez-le au couteau et placez-le au frais, couvert d'un film étirable

Pelez et émincez très finement l'échalote. Pressez le citron. Rincez, séchez et hachez la ciboulette.

Mélangez dans un bol la truite, l'échalote et la ciboulette. Ajoutez du sel, du poivre, le piment et l'huile d'olive. Mélangez délicatement.

Répartissez le tartare dans 4 ramequins garnis de film étirable en tassant bien avec le plat de la main, puis démoulez en retournant les ramequins sur les assiettes de service ; ou bien dressez directement les tartares dans les assiettes à l'aide de cercles métalliques. Dégustez très frais, accompagné de crudités.

MON ASTUCE ÉCONOMIE
Utilisez plutôt du poisson frais pour réaliser cette recette. La chair sera plus tendre et savoureuse. Profitez donc des promotions du rayon poissons de votre supermarché et préparez votre tartare le jour de l'achat.

LE PLUS SANTÉ
La truite est un excellent poisson, source d'oméga-3. La truite de mer, dont la chair orangée rappelle celle du saumon, s'utilise comme ce dernier, crue ou cuite.

ALTERNATIVE
Vous pouvez réaliser des tartares de poisson avec les poissons à chair blanche (lieu jaune, cabillaud…), mais ceux-ci doivent être extrêmement frais. Précisez au poissonnier que votre achat est destiné à une utilisation crue.

Plats viandes, poissons et œufs

Saison : toutes
Préparation : 20 min
Cuisson : 25 min

MENU ÉQUILIBRÉ
> Taboulé
Truite farcie au thym
Yaourt à la vanille
Prunes

Truite farcie au thym

Pour 4 personnes ▪ 4 petites truites arc-en-ciel ▪ 4 tranches de bacon ▪ 1 citron ▪ 4 brins de thym ▪ 5 brins de persil ▪ 1 pincée de paprika ▪ Sel, poivre

Préchauffez le four à 180 °C (th. 6). Videz les poissons et rincez-les soigneusement. Essuyez l'intérieur avec du papier absorbant. Rangez-les dans un plat allant au four.

Rincez le persil, séchez-le et hachez-le. Frottez le citron sous l'eau chaude, puis coupez-le en quatre dans le sens de la hauteur.

Salez et poivrez l'intérieur des truites. Ajoutez-y 1 pincée de paprika, un brin de thym, un quart de citron, une tranche de bacon pliée et 1 pincée de persil haché. Fermez les truites à l'aide d'une pique en bois.

Enfournez-les pour 25 min. Dégustez chaud avec une salade bien relevée ou du risotto.

MON ASTUCE ÉCONOMIE
La truite arc-en-ciel est un poisson d'élevage, dont la pleine saison est l'été et l'automne. N'hésitez pas à les pêcher vous-même dans les élevages : elles ne seront pas forcément moins chères, mais la pêche constituera une activité familiale ludique !

LE PLUS SANTÉ
Avec environ 3 à 5 g de lipides par 100 g, la truite est un poisson mi-gras. Son apport calorique est modéré (140 kcal/100 g), et elle se distingue par un excellent apport en vitamine B12 (antianémique).

ALTERNATIVE
Cette recette convient à tous les poissons « portions », comme les petits maquereaux ou les petites dorades.

200 menus à moins de 2 euros

Saison : automne, hiver
Préparation : 20 min
Cuisson : 15 min
Repos : 5 min

MENU ÉQUILIBRÉ
> Salade de concombre
Moules épicées
Frites légères au four
Mousse de fromage blanc

Moules épicées

Pour 4 personnes ▪ 2l de moules ▪ 1 oignon ▪ 1 branche de céleri ▪ 1 brin de thym ▪ 1 feuille de laurier ▪ 1 pincée de piment ▪ 1 pincée de curry ▪ Sel, poivre

Rincez et grattez les moules en les brassant longuement sous l'eau froide. Éliminez toutes celles qui sont cassées ou qui restent ouvertes.

Pelez et émincez l'oignon. Lavez le céleri, puis coupez-le en dés.

Versez les moules dans une grande cocotte placée sur feu vif. Ajoutez l'oignon, le céleri, le thym et le laurier. Salez légèrement, poivrez et assaisonnez de piment et de curry. Faites cuire les moules à feu vif en les brassant constamment avec une spatule.

Après 10 à 15 min de cuisson, quand les moules sont bien ouvertes, couvrez et laissez reposer 5 min. Dégustez très chaud avec des frites maison ou une belle salade croquante.

MON ASTUCE ÉCONOMIE
Les moules sont un produit très bon marché et très facile à cuisiner. N'hésitez pas à les faire figurer au menu plusieurs fois par mois pendant tout l'hiver. Choisissez de préférence des moules de bouchot, très savoureuses.

LE PLUS SANTÉ
Une recette vraiment légère, car sans ajout de matière grasse. Ce plat supporte donc très bien d'être accompagné de pommes de terre, même frites !

ALTERNATIVE
Toutes les épices se marient très bien avec la saveur fine des moules. Pour un plat moins relevé, utilisez du piment d'Espelette ou du paprika.

Saison : automne, hiver
Préparation : 20 min
Cuisson : 20 min
Repos : 5 min

MENU ÉQUILIBRÉ
> Moules marinière à l'aneth
Risotto à la tomate
Yaourt brassé
Kiwi

Moules marinière à l'aneth

Pour 4 personnes ▪ 2 l de moules ▪ 1 échalote ▪ 2 brins d'aneth ▪ 3 étoiles de badiane ▪ 1 c. à s. d'huile d'olive ▪ Sel, poivre

Rincez et grattez les moules en les brassant longuement sous l'eau froide. Éliminez toutes celles qui sont cassées ou qui restent ouvertes.

Pelez et émincez l'échalote. Rincez l'aneth.

Versez l'huile d'olive dans une grande cocotte. Ajoutez l'échalote et laissez dorer à feu très doux pendant 5 min. Ajoutez l'aneth et la badiane. Mélangez.

Versez les moules, faites-les cuire pendant 10 à 15 min à feu vif en les brassant avec une spatule. Salez légèrement et poivrez. Mélangez et couvrez. Laissez reposer 5 min et servez bien chaud.

MON ASTUCE ÉCONOMIE
Récupérez 2 louches de jus, juste avant de servir, et utilisez-le comme base d'un potage, en y ajoutant du tapioca ou des petites pâtes.

LE PLUS SANTÉ
Les moules sont plus riches en fer que le bœuf et très bien pourvues en protéines : elles remplacent donc parfaitement la viande à un coût beaucoup plus intéressant.

ALTERNATIVE
Remplacez l'aneth par des feuilles et des tiges de fenouil, dont la saveur est également anisée.

Saison : toutes
Préparation : 20 min
Cuisson : 40 min

MENU ÉQUILIBRÉ
> Radis
Encornets mijotés à la bière
Riz nature
Yaourt aux fruits

Encornets mijotés à la bière

Pour 4 personnes ▪ 500 g d'encornets en morceaux, surgelés ou frais ▪ 1 échalote ▪ 1 carotte ▪ 10 brins de ciboulette ▪ 1 brin de thym ▪ 1 pincée de paprika ▪ 12 cl de bière blonde ▪ 1 c. à s. d'huile d'olive ▪ Sel, poivre

Rincez les encornets sous l'eau fraîche pour les décongeler, puis égouttez-les. Pelez la carotte et coupez-la en brunoise (petits dés). Épluchez et émincez l'échalote.

Faites chauffer l'huile dans une cocotte à fond épais. Ajoutez la carotte et l'échalote. Faites dorer 5 min à feu moyen en remuant. Réservez sur une assiette.

Versez les encornets dans la cocotte, faites raidir sur feu vif pendant 5 min en remuant. Laissez évaporer une partie du jus et remettez la carotte et l'échalote.

Assaisonnez de sel, poivre et paprika. Ajoutez le thym et mouillez avec la bière. Couvrez et laissez mijoter 30 min à feu très doux. Faites réduire le jus de cuisson si besoin. Décorez de ciboulette hachée et dégustez chaud.

MON ASTUCE ÉCONOMIE
Les encornets surgelés sont abordables et font souvent l'objet de promotions. Pour cette recette, vous pouvez utiliser des encornets entiers, les pattes de calamars et même les mélanges (encornets, moules…) selon leur prix.

LE PLUS SANTÉ
L'encornet est une excellente source de protéines (comparable à la viande), mais il contient peu de matière grasse. Il est donc digeste et peu calorique.

ALTERNATIVE
Un verre de vin blanc peut se substituer à la bière. Pour une recette sans alcool, ajoutez tout simplement un trait de jus de citron.

Saison : printemps, été, automne
Préparation : 20 min
Cuisson : 10 min

MENU ÉQUILIBRÉ
> Chou chinois à la vinaigrette
Tofu au basilic chinois
Nouilles sautées
Ananas

Tofu au basilic chinois

Pour 4 personnes ▪ 300 g de tofu ▪ 1 oignon ▪ 1 poivron ▪ 1 tomate ▪ 5 brins de basilic chinois (ou de coriandre) ▪ 1 pincée de graines de sésame ▪ 2 c. à s. de sauce de soja ▪ 2 c. à s. d'huile de tournesol ▪ Poivre

Coupez le tofu en dés. Pelez et émincez finement l'oignon. Lavez la tomate et coupez-la en dés en récupérant le jus. Lavez le poivron, puis découpez-le en fines lamelles. Rincez le basilic chinois, essuyez-le et effeuillez-le.

Faites chauffer 1 cuillerée d'huile dans une large sauteuse ou dans un wok. Ajoutez le tofu et faites-le sauter à feu vif pendant 5 min en remuant. Il doit prendre une jolie couleur dorée. Réservez sur une assiette.

Versez le reste d'huile dans la sauteuse, ajoutez l'oignon et le poivron. Laissez dorer 5 min en remuant, puis versez les dés de tomate avec leur jus.

Ajoutez le tofu, la sauce de soja et le basilic, poivrez. Mélangez sur feu vif. Parsemez de graines de sésame et servez aussitôt. Accompagnez de riz ou de germes de soja.

MON ASTUCE ÉCONOMIE
Achetez les produits chinois (tofu, sauce de soja, aromates…) dans les supermarchés asiatiques plutôt qu'au rayon produits exotiques de votre magasin habituel : ils seront beaucoup moins chers.

LE PLUS SANTÉ
Un sauté léger, riche en fibres et en micronutriments protecteurs contenus dans le poivron et l'oignon. Le tofu apporte des protéines d'assez bonne qualité, ainsi que des lipides insaturés.

ALTERNATIVE
Utilisez pour cette recette les légumes que vous avez sous la main : courgettes, carottes, fleurettes de chou, chou blanc… Tous se marient avec le tofu, dont la saveur est assez neutre.

Saison : toutes
Préparation : 15 min
Cuisson : 20 min

MENU ÉQUILIBRÉ
> Potage de légumes
Tortilla aux pommes de terre et au chorizo
Batavia à la vinaigrette
Faisselle au miel

Tortilla aux pommes de terre et au chorizo

Pour 4 personnes ▪ 6 œufs ▪ 8 très fines tranches de chorizo ▪ 1 pomme de terre déjà cuite ▪ 1 petit oignon ▪ 2 c. à s. d'huile de tournesol ▪ Sel, poivre

Pelez et émincez l'oignon. Pelez la pomme de terre et coupez-la en petits dés.

Cassez les œufs dans un saladier et battez-les avec du sel et du poivre. Faites dorer les tranches de chorizo dans une petite poêle antiadhésive sans matière grasse pendant 3 min à feu vif.

Faites chauffer 1 cuillerée à soupe d'huile dans une poêle antiadhésive. Ajoutez les dés de pomme de terre et l'oignon émincé. Laissez dorer pendant 5 min en remuant. Versez les œufs battus dans la poêle. Baissez le feu et laissez prendre la tortilla sans y toucher. Après 5 min de cuisson, lorsque la tortilla commence à prendre, faites-la glisser sur une assiette.

Versez le reste d'huile dans la poêle. Lorsqu'elle est bien chaude, retournez la tortilla et laissez cuire 5 min à feu doux. Faites glisser la tortilla sur le plat de service, répartissez dessus les tranches de chorizo grillées et servez aussitôt avec une salade.

MON ASTUCE ÉCONOMIE
Le chorizo va décorer et parfumer votre tortilla pour un coût quasiment négligeable, car vous en utiliserez environ 20 g… C'est le petit détail qui change tout !

LE PLUS SANTÉ
Une omelette riche en protéines, qui permet d'équilibrer vos apports sans grever le budget. Très parfumée, elle sera appréciée des petits comme des grands.

ALTERNATIVE
Si vous n'avez pas de pomme de terre déjà cuite, remplacez-la par une demi-courgette coupée en rondelles ou quelques lamelles de poivron. Et si le réfrigérateur est vide, augmentez la dose d'oignons, ce sera également très bon !

Plats viandes, poissons et œufs

Saison : toutes
Préparation : 15 min
Cuisson : 20 min
Repos : 5 min

MENU ÉQUILIBRÉ
> Œufs au lait à l'estragon
Épinards à la crème
Compote de pommes
Biscuits secs

Œufs au lait à l'estragon

Pour 4 personnes ▪ 5 œufs ▪ 50 cl de lait ▪ 1 c. à s. de parmesan ▪ 2 brins d'estragon ▪ 1 pincée de curcuma ▪ 4 petits morceaux de tomates séchées ▪ Sel, poivre

Préchauffez le four à 150 °C (th. 5). Remplissez la lèchefrite aux deux tiers d'eau chaude et placez-la dans le four. Coupez les tomates séchées en petits morceaux.

Portez le lait à ébullition dans une casserole avec du sel, du poivre, le curcuma et l'estragon préalablement rincé et séché. Retirez la casserole dès l'ébullition, couvrez et laissez infuser 5 min.

Battez les œufs entiers dans un saladier. Ôtez les brins d'estragon du lait chaud et versez-le sur les œufs en mélangeant avec un fouet. Ajoutez le parmesan, la moitié des tomates séchées et mélangez.

Répartissez les œufs au lait dans 8 petits ramequins et disposez-les dans la lèchefrite. Laissez cuire à four doux pendant 12 min environ, puis laissez reposer 5 min, four éteint. Décorez avec le reste des morceaux de tomates séchées et dégustez chaud sans démouler.

MON ASTUCE ÉCONOMIE
Les tomates séchées sont assez chères, mais les autres ingrédients sont peu onéreux, ce qui équilibre le coût du repas. Pour un dîner encore plus économique, remplacez le parmesan et les tomates séchées par 40 g de gruyère râpé.

LE PLUS SANTÉ
Les œufs au lait en version salée présentent un excellent apport en protéines (œuf, lait, fromage), mais sont digestes et peu caloriques. Vous pouvez les décliner avec d'autres fromages (bleu, chèvre…).

ALTERNATIVE
Vous pouvez diviser les quantités par deux et servir ce plat en entrée pour équilibrer un repas végétarien. Complétez, par exemple, avec un plat de pâtes aux légumes et un laitage.

Saison : printemps, automne
Préparation : 15 min
Cuisson : 15 min

MENU ÉQUILIBRÉ
> Potage aux châtaignes
Omelette aux champignons sauvages
Salade de mâche
Pomme au four à la cannelle

Omelette aux champignons sauvages

Pour 4 personnes ▪ 250 g de champignons sauvages (rosés-des-prés, cèpes, bolets…) ▪ 6 œufs ▪ 1 c. à s. de crème fraîche épaisse ▪ 1 gousse d'ail ▪ 3 brins de persil ▪ 1 c. à s. d'huile d'olive ▪ Sel, poivre

Nettoyez parfaitement les champignons. Rincez-les très soigneusement sous l'eau. Égouttez-les, épongez-les parfaitement et coupez-les en petits morceaux.

Pelez et hachez la gousse d'ail. Lavez le persil, essorez-le et hachez-le.

Battez les œufs dans un saladier. Ajoutez la crème, salez, poivrez et mélangez.

Faites chauffer l'huile d'olive dans une poêle antiadhésive. Ajoutez les champignons, l'ail et le persil. Salez, poivrez et faites sauter à feu moyen pendant 5 min en remuant. Versez les œufs battus et faites cuire pendant 10 min en ramenant les bords vers le centre. Servez l'omelette bien chaude avec des courgettes ou des pommes de terre sautées.

MON ASTUCE ÉCONOMIE
Les champignons sauvages sont gratuits, il suffit d'aller les cueillir ! Si vous n'êtes pas expert en la matière, demandez conseil au pharmacien pour être sûr que vos champignons sont comestibles.

LE PLUS SANTÉ
Les champignons sauvages sont d'excellentes sources de minéraux et d'oligo-éléments. Leur taux de protéines est également plus élevé que celui des légumes habituels.

ALTERNATIVE
Les champignons de Paris remplaceront facilement les champignons sauvages. Vous trouverez par ailleurs d'excellents mélanges forestiers déshydratés ou en conserve à un prix très abordable.

Saison : printemps, été, automne
Préparation : 15 min
Cuisson : 20 min

MENU ÉQUILIBRÉ
> Melon
Œufs pochés au coulis de poivron rouge
Purée de pommes de terre
Yaourt aux fruits

Œufs pochés au coulis de poivron rouge

Pour 4 personnes ▪ 4 gros œufs ▪ 1 gros poivron rouge ▪ 1 oignon ▪ 1 c. à s. de sucre ▪ 3 c. à s. de vinaigre blanc ▪ 1 c. à s. d'huile d'olive ▪ Sel, poivre

Lavez le poivron et coupez-le en petits dés. Pelez l'oignon, puis émincez-le.

Faites chauffer l'huile d'olive dans une casserole. Ajoutez l'oignon et le poivron. Laissez fondre 5 min à feu doux en remuant, sans coloration. Salez, poivrez, ajoutez le sucre et 1 cuillerée de vinaigre. Couvrez et laissez mijoter pendant 10 min. Versez la préparation dans un blender et mixez pendant 2 min. Réservez dans un bol.

Faites chauffer 1 l d'eau salée additionnée du reste de vinaigre. Lorsque l'eau frémit, cassez chaque œuf dans une tasse, puis faites-le glisser délicatement dans l'eau. Laissez cuire 4 min en ramenant le blanc sur le jaune avec une écumoire, puis égouttez les œufs sur du papier absorbant.

Servez les œufs bien chauds, nappés du coulis de poivron, que vous aurez fait réchauffer si besoin. Accompagnez de tranches de pain grillé ou de riz.

MON ASTUCE ÉCONOMIE
Un plat coloré et savoureux à un prix vraiment modéré, si vous le réalisez en pleine saison du poivron. Les poivrons jaunes et oranges, un peu plus chers, peuvent également être utilisés pour cette recette.

LE PLUS SANTÉ
Faites le plein de carotènes avec les poivrons rouges : leurs pigments colorés protègent nos cellules du vieillissement et ont un impact positif dans la prévention des cancers.

ALTERNATIVE
Un coulis de tomates, fraîches ou en boîte, est également excellent sur les œufs pochés. Vous pourrez l'aromatiser de basilic ou d'estragon.

Saison : été, automne
Préparation : 20 min
Cuisson : 40 min

MENU ÉQUILIBRÉ
> Soufflé au reblochon
Laitue aux noix
Salade de fruits

Soufflé au reblochon

Pour 4 personnes ▪ 100 g de reblochon ▪ 3 œufs ▪ 35 cl de lait ▪ 30 g de beurre ▪ 30 g de farine ▪ 1 pincée de muscade râpée ▪ Sel, poivre

Préchauffez le four à 180 °C (th. 6). Éliminez la croûte du reblochon, puis coupez-le en petites lamelles.

Faites fondre le beurre dans une petite casserole. Ajoutez la farine et laissez dorer à feu doux pendant 2 min en remuant avec une spatule. Lorsque le mélange est légèrement coloré, ajoutez le lait petit à petit en remuant avec un fouet. Portez à ébullition et laissez cuire 10 min à feu très doux en remuant sans arrêt.

Hors du feu, salez légèrement, poivrez, ajoutez la muscade et le fromage. Travaillez le mélange jusqu'à ce que le fromage soit totalement fondu. Laissez tiédir.

Séparez les jaunes d'œufs des blancs. Montez les blancs en neige très ferme après y avoir ajouté 1 pincée de sel. Incorporez les jaunes dans la béchamel au fromage puis, délicatement, les blancs en neige. Versez le mélange dans un moule évasé et enfournez pour 25 min. Servez à la sortie du four avec une salade verte.

MON ASTUCE ÉCONOMIE

Le reblochon est un fromage particulièrement bon marché, à déguster si possible à la fin de l'été et en automne, car c'est sa pleine saison. Mais, en hiver, il est parfois moins cher, car il bénéficie de la vague commerciale de la tartiflette !

LE PLUS SANTÉ

Les soufflés, pourtant très faciles à réussir, sont des plats oubliés. Sources de calcium et de protéines, ils représentent une excellente base pour les dîners familiaux.

ALTERNATIVE

Tous les fromages conviennent, et vous pouvez même associer dans un soufflé les restes de votre plateau de fromages : chèvre, munster, gruyère, tomme… voire des fromages fondus, comme La Vache qui rit® ou le Babybel®.

Plats viandes, poissons et œufs

Saison : printemps, été, automne
Préparation : 20 min
Cuisson : 30 min

MENU ÉQUILIBRÉ
> Potage aux carottes
Flan au jambon et à la courgette
Salade de cresson
Yaourt

Flan au jambon et à la courgette

Pour 4 personnes ▪ 1 tranche de jambon blanc un peu épaisse ▪ 4 œufs ▪ 40 cl de lait ▪ 1 petite courgette ▪ 2 brins de basilic ▪ 80 g de farine ▪ 2 c. à s. de chapelure ▪ Sel, poivre

Préchauffez le four à 180 °C (th. 6). Lavez la courgette et coupez-la en très petits dés, sans l'éplucher. Coupez le jambon en dés. Rincez et essuyez délicatement le basilic, puis émincez-le.

Mettez la farine dans un saladier, ajoutez les œufs entiers et le lait. Salez, poivrez et mélangez.

Ajoutez les dés de jambon et de courgette, puis le basilic et mélangez. Versez dans un plat à gratin.

Saupoudrez de chapelure et enfournez pour 30 min. Dégustez chaud avec une salade ou une ratatouille.

MON ASTUCE ÉCONOMIE
Les flans et clafoutis salés sont des plats peu onéreux, car les ingrédients principaux sont les œufs et le lait. Utilisez ici un talon de jambon ou de l'épaule, moins chère mais savoureuse.

LE PLUS SANTÉ
Un plat riche en protéines mais pauvre en lipides, puisqu'il n'y a pas de matière grasse ajoutée. Son apport en calcium est également intéressant.

ALTERNATIVE
Parfumez vos flans salés avec de la ciboulette, quelques petits morceaux de fromages, des champignons, des lardons, des oignons sautés…

Saison : printemps, été, automne
Préparation : 20 min
Cuisson : 25 min

MENU ÉQUILIBRÉ
> Betterave et tomates à la vinaigrette
Farfalle au thon
Tomme
Pêche

Farfalle au thon

Pour 4 personnes ▪ 350 g de farfalle ▪ 1 courgette ▪ 1 gousse d'ail ▪ 1/2 citron ▪ 3 brins de basilic ▪ 150 g de thon au naturel ▪ 3 c. à s. d'huile d'olive ▪ Sel, poivre

Lavez la courgette, puis coupez-la en petits dés, sans l'éplucher. Pelez la gousse d'ail et hachez-la. Rincez délicatement le basilic, épongez les feuilles et ciselez-les. Égouttez le thon et émiettez-le à la fourchette.

Faites chauffer 1 cuillerée d'huile dans une sauteuse. Ajoutez l'ail et la courgette, et faites-les sauter 5 min à feu moyen en remuant. Ajoutez du sel, du poivre, un trait de jus de citron et le basilic. Mélangez, ajoutez le thon et retirez du feu. Couvrez et laissez en attente.

Faites cuire les pâtes 15 min dans un grand volume d'eau salée. Égouttez-les, puis versez-les dans la sauteuse. Faites chauffer le tout 2 min en remuant, arrosez du reste d'huile d'olive et servez aussitôt.

MON ASTUCE ÉCONOMIE

Les plats complets à base de pâtes sont toujours économiques : la part de poisson ou de viande est en effet réduite, et la présence de légumes n'augmente pratiquement pas leur coût total.

LE PLUS SANTÉ

Traditionnellement, les pâtes au poisson ne s'accompagnent pas de fromage râpé en Italie. Elles sont donc particulièrement intéressantes dans le cadre d'une alimentation préventive, car riches en oméga-3 et pauvres en lipides saturés.

ALTERNATIVE

Penne, torti, macaroni et spaghetti conviennent pour cette recette. À la place de la courgette, vous pouvez faire revenir des champignons, des aubergines ou de gros dés de tomates.

Saison : toutes
Préparation : 15 min
Cuisson : 15 min

MENU ÉQUILIBRÉ
> Spaghetti aux moules
Salade verte
Fromage de chèvre
Gratin de fruits

Spaghetti aux moules

Pour 4 personnes ▪ 350 g de spaghetti ▪ 250 g de moules au naturel ▪ 150 g de coques au naturel ▪ 2 gousses d'ail ▪ 1 bouquet de persil ▪ 2 morceaux de tomates séchées ▪ 1 pincée de piment ▪ 3 c. à s. d'huile d'olive ▪ Sel

Égouttez les moules et les coques, rincez-les sous l'eau froide. Pelez et hachez les gousses d'ail. Rincez le persil, essorez-le, puis hachez-le finement. Émincez les tomates séchées en petits dés.

Faites cuire les spaghetti dans une grande quantité d'eau bouillante salée pendant 8 min, puis égouttez-les.

Pendant la cuisson des pâtes, faites chauffer l'huile dans une sauteuse, ajoutez l'ail, les tomates séchées, le persil et le piment. Faites sauter 2 min à feu doux en remuant, puis ajoutez les moules et les coques. Laissez chauffer 2 min et retirez du feu.

Au moment de servir, versez les pâtes dans la sauteuse et faites chauffer 3 min sur feu vif en remuant. Dégustez bien chaud.

MON ASTUCE ÉCONOMIE
Les coques et les moules en bocal sont très bon marché. Vous pouvez également utiliser des coquillages frais (que vous aurez cuits au préalable) ou un mélange de coquillages surgelés sans coquilles.

LE PLUS SANTÉ
Un plat simple et sain, riche en glucides complexes, et source de protéines. L'ail, le persil et l'huile d'olive sont d'excellents protecteurs vasculaires.

ALTERNATIVE
Vous pouvez aussi faire une sauce mijotée à base de tomates. Dans ce cas, faites cuire la sauce 10 à 15 min et n'ajoutez les coquillages qu'en fin de cuisson pour éviter qu'ils ne durcissent.

200 menus à moins de 2 euros 105

Saison : toutes
Préparation : 30 min
Cuisson : 40 min

MENU ÉQUILIBRÉ
> Chou-fleur à la vinaigrette
Spaghetti aux boulettes de bœuf
Petit-suisse
Clémentine

Spaghetti aux boulettes de bœuf

Pour 4 personnes ▪ 350 g de spaghetti ▪ 200 g de bœuf haché ▪ 1 oignon ▪ 5 brins de persil ▪ 2 c. à s. de parmesan râpé ▪ 1 œuf ▪ 1 biscotte ▪ 1 boîte de tomates pelées de 800 g ▪ 1 pincée de quatre-épices ▪ 1 c. à s. d'huile de tournesol ▪ 2 c. à s. d'huile d'olive ▪ Sel, poivre

Mettez le bœuf haché dans un saladier. Salez, poivrez, ajoutez le quatre-épices. Mélangez, puis ajoutez la biscotte finement émiettée et l'œuf entier. Malaxez le tout avec une spatule, puis formez des boulettes de la taille d'une petite noix.

Pelez et émincez l'oignon. Lavez, séchez et hachez le persil. Coupez les tomates pelées en petits morceaux en gardant leur jus.

Faites chauffer l'huile de tournesol dans une sauteuse. Ajoutez les boulettes et faites-les dorer 5 min à feu vif en les retournant. Disposez-les sur une assiette.

Rincez la sauteuse, puis ajoutez-y l'huile d'olive, l'oignon et le persil haché. Laissez dorer 5 min à feu moyen et ajoutez les tomates. Salez, poivrez et laissez cuire 10 min à découvert. Ajoutez les boulettes et faites mijoter encore 10 min à feu doux.

Faites cuire les spaghetti dans une grande quantité d'eau bouillante salée pendant 8 min à feu vif. Égouttez les pâtes, puis versez-les dans un saladier. Ajoutez la sauce bien chaude, saupoudrez de parmesan et servez.

MON ASTUCE ÉCONOMIE
Un plat qui contient de la viande, mais en quantité réduite, ce qui permet d'en baisser le coût. Vous pouvez préparer des boulettes en assez grande quantité et les congeler une fois cuites ; elles se réchauffent très bien.

LE PLUS SANTÉ
Un plat riche en glucides complexes, dont l'énergie est lentement utilisée par l'organisme. Peu gras, il contient suffisamment de protéines (viande, pâtes, fromage) pour répondre aux besoins du corps.

ALTERNATIVE
Vous pouvez faire des boulettes d'agneau ou de porc de la même façon.

Saison : toutes
Préparation : 25 min
Cuisson : 30 min

MENU ÉQUILIBRÉ
> Timbale de pâtes à la brousse
Salade d'endives aux pommes
Yaourt

Timbale de pâtes à la brousse

Pour 4 personnes ▪ 300 g de macaroni ▪ 100 g de jambon coupé en une seule tranche ▪ 250 g de brousse (ou de ricotta) ▪ 2 œufs ▪ 10 cl de lait ▪ 50 g de gruyère râpé ▪ 1 boîte moyenne de petits pois de 400 g ▪ 1 pincée de muscade râpée ▪ Sel, poivre

Faites cuire les macaroni dans une grande quantité d'eau bouillante salée pendant 8 min. Égouttez-les et versez-les dans un saladier.

Coupez le jambon en petits dés. Égouttez et rincez les petits pois. Versez-les dans le saladier, ajoutez le jambon et mélangez.

Préchauffez le four à 180 °C (th. 6). Cassez les œufs dans un autre saladier et battez-les en omelette. Ajoutez la brousse et le lait, salez, poivrez et ajoutez la muscade. Versez ce mélange sur les pâtes et mélangez délicatement.

Mettez l'ensemble dans un plat à gratin à bords assez hauts, saupoudrez de fromage râpé et faites cuire 20 min au four. Servez chaud.

MON ASTUCE ÉCONOMIE
Ce plat est idéal pour utiliser un reste de pâtes, qu'elles soient natures ou à la sauce tomate. Le jambon est facultatif ; œufs et brousse sont suffisants si vos pâtes étaient cuisinées.

LE PLUS SANTÉ
Un plat riche en protéines (jambon, œuf, fromage), qui vous dispense de manger de la viande pour la journée. Complétez en revanche vos menus avec des crudités et des légumes, dont ce plat n'est pas très riche.

ALTERNATIVE
La ricotta et le cottage cheese (fromage frais granuleux) ou même une faisselle bien égouttée pourront remplacer la brousse. À la place des petits pois, ajoutez des champignons, des courgettes ou des fleurettes de brocolis.

200 menus à moins de 2 euros 107

Saison : toutes
Préparation : 35 min
Cuisson : 55 min

MENU ÉQUILIBRÉ
> Salade de fenouil
Lasagne au poulet et aux champignons
Yaourt aux fruits

Lasagne au poulet et aux champignons

Pour 4 personnes ▪ 12 feuilles de lasagne ▪ 150 g de blanc de poulet ▪ 250 g de champignons ▪ 1 échalote ▪ 1 brin de thym ▪ 35 cl de lait ▪ 50 g de gruyère râpé ▪ 1 petite boîte de tomates pelées de 400 g ▪ 20 g de fécule de maïs ▪ 1 c. à s. d'huile d'olive ▪ Sel, poivre

Éliminez le pied sableux des champignons, rincez-les et épongez-les. Émincez les champignons. Pelez et émincez l'échalote. Hachez le poulet au couteau.

Faites chauffer l'huile dans une sauteuse. Ajoutez le poulet, l'échalote, le thym et les champignons émincés. Faites-les revenir pendant 10 min à feu moyen en remuant. Salez et poivrez, puis ajoutez les tomates pelées recoupées en dés. Mélangez et laissez mijoter 10 min à feu doux sans couvrir.

Versez le lait dans une petite casserole, ajoutez la fécule et portez à ébullition en remuant avec un fouet. Laissez bouillir 1 min, puis retirez du feu. Salez et poivrez.

Préchauffez le four à 180 °C (th. 6). Disposez 3 ou 4 feuilles de lasagne dans un plat. Couvrez de sauce au poulet, puis renouvelez l'opération jusqu'à épuisement des ingrédients. Nappez avec la sauce Béchamel, puis recouvrez de fromage. Faites cuire 35 min au four. Dégustez chaud.

MON ASTUCE ÉCONOMIE
Un reste de poulet ou de rôti de porc peut parfaitement convenir pour cette recette. Son prix de revient est très raisonnable, et son apport en protéines est suffisant pour un repas.

LE PLUS SANTÉ
Une recette peu grasse, car la béchamel est allégée et la sauce est riche en tomates et champignons mais pas en huile. Cela donne un plat léger et très digeste.

ALTERNATIVE
Vous pouvez recouvrir le plat de tranches de mozzarella plutôt que de gruyère râpé et utiliser toutes sortes de champignons sauvages.

Plats complets

Saison : hiver
Préparation : 25 min
Cuisson : 40 min

MENU ÉQUILIBRÉ
> Tartiflette aux légumes
Salade d'endives
Clémentine

Tartiflette aux légumes

Pour 4 personnes ▪ 1 tranche de jambon blanc ▪ 100 g de fromage à raclette (5 tranches) ▪ 4 pommes de terre ▪ 1 oignon ▪ 3 carottes ▪ 2 navets ▪ 1 brin de thym ▪ 1 c. à s. d'huile ▪ Sel, poivre

Préchauffez le cuit-vapeur. Pelez les pommes de terre, les carottes et les navets. Lavez-les, puis coupez-les en tranches fines. Disposez-les dans le cuit-vapeur et laissez cuire 10 min.

Préchauffez le four à 180 °C (th. 6). Pelez et émincez finement l'oignon. Coupez le jambon en lamelles.

Faites chauffer l'huile dans une large poêle. Ajoutez le jambon et l'oignon, et laissez dorer 5 min.

Mélangez les légumes avec le jambon et l'oignon. Salez, poivrez et ajoutez le thym effeuillé. Mélangez de nouveau et disposez le tout dans un plat à four, puis recouvrez de fromage à raclette. Enfournez pour 25 min et servez la tartiflette avec une salade.

MON ASTUCE ÉCONOMIE
On joue sur les proportions : beaucoup de légumes, mais juste ce qu'il faut de fromage et de jambon. À noter : la raclette est un fromage d'excellente qualité nutritionnelle à un prix vraiment abordable.

LE PLUS SANTÉ
Une tartiflette pas trop grasse et riche en fibres grâce à la présence de légumes variés.

ALTERNATIVE
Tous les légumes racines conviennent pour réaliser la tartiflette (panais, rutabaga, céleri-rave) : n'hésitez pas à varier en fonction du marché. Il est préférable de les associer à des pommes de terre, qui donnent du moelleux au plat.

200 menus à moins de 2 euros

Saison : printemps, été, automne
Préparation : 35 min
Cuisson : 40 min

MENU ÉQUILIBRÉ
> Tian de pommes de terre aux sardines
Salade de mesclun
Yaourt aux fruits

Tian de pommes de terre aux sardines

Pour 4 personnes ▪ 1 kg de pommes de terre à chair fondante ▪ 4 tomates ▪ 1 gousse d'ail ▪ 1 brin de romarin ▪ 2 boîtes de filets de sardines sans huile ▪ 2 biscottes ▪ 1 c. à s. d'huile d'olive ▪ Sel, poivre

Pelez les pommes de terre, lavez-les, puis coupez-les en fines rondelles avec une râpe à main. Lavez les tomates et coupez-les en tranches pas trop fines. Salez et poivrez-les

Égouttez les filets de sardines. Pelez la gousse d'ail. Écrasez finement les biscottes.

Préchauffez le four à 180 °C (th. 6). Frottez un plat à gratin avec la gousse d'ail.

Disposez la moitié des tomates dans le plat, puis étalez les pommes de terre par-dessus. Disposez les filets de sardines et terminez par des tomates. Ajoutez 4 cuillerées à soupe d'eau. Saupoudrez de biscottes écrasées, parsemez de romarin et arrosez d'un filet d'huile. Faites cuire 40 min au four. Dégustez tiède ou froid.

MON ASTUCE ÉCONOMIE

Si les sardines à l'huile sont plus avantageuses, n'hésitez pas à les utiliser. Égouttez-les parfaitement et n'ajoutez pas d'huile sur le gratin.

LE PLUS SANTÉ

Un plat pauvre en matière grasse, mais riche en glucides complexes et en micronutriments protecteurs. Il contient en effet des polyphénols, présents dans la pomme de terre, et du lycopène, apporté par la tomate.

ALTERNATIVE

Un reste de poisson peut remplacer les sardines : saumon, cabillaud, lieu… Vous pouvez aussi utiliser des filets de sardines fraîches bien nettoyés.

110   Plats complets

Saison : toutes
Préparation : 25 min
Cuisson : 45 min

MENU ÉQUILIBRÉ
> Salade d'endives aux noix
Gratin de pommes de terre
à la florentine
Pomme au four

Gratin de pommes de terre à la florentine

Pour 4 personnes ▪ 800 g de pommes de terre à chair fondante ▪ 400 g d'épinards hachés surgelés ▪ 4 gros œufs ▪ 4 c. à s. de crème fraîche épaisse ▪ 60 g de gruyère râpé ▪ 1 pincée de muscade râpée ▪ Sel, poivre

Faites cuire les pommes de terre 20 min à l'eau bouillante salée. Égouttez-les, pelez-les et écrasez-les grossièrement à la fourchette. Salez et poivrez.

Faites décongeler les épinards pendant 5 min au four à micro-ondes avec 2 cuillerées à soupe d'eau. Salez, poivrez et ajoutez la muscade.

Préchauffez le four à 180 °C (th. 6). Mettez les pommes de terre dans un plat à gratin. Ajoutez les épinards et mélangez succinctement. Faites 4 creux dans le mélange et cassez-y les 4 œufs.

Nappez de crème fraîche et saupoudrez de fromage râpé. Faites cuire 20 min au four. Servez chaud.

MON ASTUCE ÉCONOMIE
Un plat vraiment pas cher et complet : il contient un féculent, une portion de légumes et des protéines (œuf, fromage).

LE PLUS SANTÉ
N'ajoutez pas trop de crème pour que le plat ne soit pas trop gras. Si vous avez un peu de temps, préparez une béchamel et nappez-en le plat (éliminez la crème). L'apport en calcium sera plus intéressant.

ALTERNATIVE
Vous pouvez préparer ce plat avec un reste de purée de pommes de terre. En saison, utilisez des épinards frais, que vous ferez fondre dans une casserole avant de les ajouter dans le plat.

200 menus à moins de 2 euros

Saison : toutes
Préparation : 35 min
Cuisson : 55 min

MENU ÉQUILIBRÉ
> Pomélo
Hachis Parmentier aux petits légumes
Fromage blanc à la cassonade

Hachis Parmentier aux petits légumes

Pour 4 personnes ▪ 300 g de bœuf haché ▪ 1 kg de pommes de terre à purée ▪ 1 oignon ▪ 400 g de julienne de légumes surgelée ▪ 30 g de beurre ▪ 5 cl de lait ▪ 2 biscottes ▪ 1 c. à s. d'huile de tournesol ▪ Sel, poivre

Faites cuire les pommes de terre 20 min à l'eau bouillante salée. Égouttez-les, pelez-les et écrasez-les au presse-purée. Ajoutez le lait et 10 g de beurre, salez et poivrez. Mélangez la purée sans la travailler trop longtemps. Pelez et émincez l'oignon.

Faites chauffer l'huile dans une sauteuse. Ajoutez le bœuf haché et l'oignon, et faites dorer à feu vif pendant 5 min. Ajoutez la julienne de légumes, salez, poivrez et laissez mijoter 10 min à couvert.

Préchauffez le four à 210 °C (th. 7). Étalez la moitié de la purée dans un plat à gratin. Ajoutez la viande et les légumes cuits. Couvrez avec le reste de la purée. Écrasez les biscottes et saupoudrez-en le plat.

Répartissez 20 g de beurre coupé en petits morceaux sur toute la surface. Enfournez pour 15 min et dégustez chaud.

MON ASTUCE ÉCONOMIE
Un hachis Parmentier vite fait, dont le coût est réduit grâce à la présence de légumes. Au final : un plat copieux, bon marché et bien équilibré.

LE PLUS SANTÉ
Sain et simple, le hachis Parmentier est un plat à remettre au goût du jour en le modernisant : petits légumes, viande maigre ou, pourquoi pas, purée colorée (aux carottes, aux brocolis...).

ALTERNATIVE
Utilisez des restes de viande (rôti de bœuf, pot-au-feu...) et ajoutez des légumes surgelés ou de saison (courgettes, carottes, aubergines...), que vous pourrez cuisiner avec un peu de sauce tomate.

Saison : toutes
Préparation : 30 min
Cuisson : 35 min

MENU ÉQUILIBRÉ
> Salade de roquette à la feta
Pommes de terre farcies à la volaille
Compote de prunes

Pommes de terre farcies à la volaille

Pour 4 personnes ▪ 300 g de filet de dinde ▪ 8 pommes de terre moyennes ▪ 1 oignon ▪ 150 g de champignons ▪ 1 gousse d'ail ▪ 10 brins de persil ▪ 1 brin de menthe ▪ 1 œuf ▪ 1 c. à s. de concentré de tomates ▪ 2 c. à s. d'huile d'olive ▪ Sel, poivre

Pelez l'oignon et l'ail. Éliminez l'extrémité du pied des champignons, puis rincez-les. Rincez le persil et la menthe, coupez les tiges.

Mettez dans le bol du mixer le filet de dinde coupé en morceaux, l'oignon, les champignons, l'œuf, l'ail, le persil et la menthe. Mixez quelques secondes pour obtenir une farce lisse. Salez, poivrez et mixez à nouveau.

Pelez les pommes de terre, puis creusez-les à l'aide d'une cuillère. Coupez la chair récupérée en petits dés. Fourrez les pommes de terre avec la farce.

Faites chauffer l'huile d'olive dans une cocotte. Ajoutez les pommes de terre, faites-les dorer 5 min à feu doux. Mouillez avec un verre d'eau, ajoutez le concentré de tomates et les dés de pommes de terre. Salez et poivrez. Couvrez et laissez mijoter 30 min à feu doux. Dégustez chaud.

MON ASTUCE ÉCONOMIE
Les pommes de terre farcies sont un plat délicieux et pas cher. La farce maison que vous composerez selon vos goûts est toujours de meilleure qualité qu'une farce industrielle bas de gamme, souvent grasse.

LE PLUS SANTÉ
Un plat léger, car pauvre en lipides, mais bien pourvu en glucides complexes et en protéines. Les herbes et l'oignon apportent des substances protectrices.

ALTERNATIVE
Vous pouvez relever la farce avec du curry, du piment ou du paprika et utiliser différentes herbes aromatiques (basilic, ciboulette...).

200 menus à moins de 2 euros

Saison : toutes
Préparation : 25 min
Cuisson : 35 min

MENU ÉQUILIBRÉ
> Salade frisée
Riz sauté à la cantonaise
Yaourt aux fruits

Riz sauté à la cantonaise

Pour 4 personnes ▪ 250 g de riz long ▪ 1 tranche de jambon épaisse ▪ 1 petit bocal de 100 g de mini-crevettes au naturel ▪ 150 g de julienne de légumes surgelée ▪ 1 oignon ▪ 3 brins de coriandre ▪ 1 boîte de petits pois de 400 g ▪ 2 œufs ▪ 2 c. à s. de sauce de soja ▪ 2 c. à s. de nuoc-mâm ▪ 2 c. à s. d'huile de tournesol ▪ Sel, poivre

Faites cuire le riz dans une fois et demie son volume d'eau bouillante pendant 15 min environ. Gardez au chaud.

Égouttez les petits pois et les crevettes. Pelez et émincez l'oignon. Coupez le jambon en dés. Battez les œufs dans un bol. Rincez la coriandre, puis ciselez-la.

Faites chauffer une large poêle antiadhésive légèrement huilée. Ajoutez les œufs battus et faites cuire 3 min sans remuer. Retournez l'omelette et faites cuire l'autre face, également 3 min. Disposez-la sur une assiette et découpez-la en lamelles.

Versez 1 cuillerée d'huile dans la poêle. Ajoutez l'oignon et laissez dorer 5 min en remuant. Versez la julienne de légumes et faites cuire 5 min à feu doux. Versez les petits pois, ajoutez le jambon, les crevettes et les lamelles d'omelette. Salez légèrement, poivrez, assaisonnez de sauce de soja et de nuoc-mâm. Ajoutez le riz, faites chauffer 2 min en remuant délicatement et servez, décoré de coriandre.

MON ASTUCE ÉCONOMIE
Un riz cantonais moins cher et de meilleure qualité nutritionnelle que celui que vous trouverez dans le commerce, souvent très gras et pauvre en protéines.

LE PLUS SANTÉ
Limitez l'ajout de matière grasse, sinon le riz sauté devient lourd et indigeste. En y ajoutant des légumes et suffisamment de protéines (jambon, œufs, crevettes), c'est au contraire un plat sain et léger.

ALTERNATIVE
Un reste de rôti de porc peut remplacer le jambon, tout comme une petite saucisse chinoise (que vous trouverez facilement dans les boutiques asiatiques). Ajoutez également quelques champignons asiatiques si vous le souhaitez.

Saison : toutes
Préparation : 25 min
Cuisson : 35 min

MENU ÉQUILIBRÉ
> Salade de roquette, tomates et mozzarella
Risotto aux foies de volailles
Sorbet au citron

Risotto aux foies de volailles

Pour 4 personnes ▪ 250 g de riz rond ▪ 200 g de foies de volailles ▪ 1 échalote ▪ 1 branche de céleri ▪ 1 tomate ▪ 50 g de parmesan ▪ 1 tablette de bouillon de volaille ▪ 1/2 verre de vin blanc ▪ 2 c. à s. d'huile d'olive ▪ Sel, poivre

Pelez et émincez l'échalote. Lavez la branche de céleri et coupez-la en mini-dés. Lavez la tomate, puis coupez-la en dés.

Faites chauffer 1 cuillerée d'huile d'olive dans une cocotte. Ajoutez l'échalote et le céleri. Faites dorer à feu doux en remuant pendant 5 min. Ajoutez le riz et laissez dorer encore 5 min. Versez le vin et faites évaporer à feu vif. Ajoutez les dés de tomate, la tablette de bouillon, poivrez et mouillez avec 40 cl d'eau chaude. Mélangez et laissez cuire 20 min à feu très doux en remuant le moins possible.

Rincez les foies sous l'eau fraîche. Épongez-les dans du papier absorbant, puis émincez-les. Faites chauffer le reste d'huile d'olive dans une sauteuse, ajoutez les foies émincés. Faites sauter 5 min à feu vif. Salez et poivrez.

Répartissez le riz dans 4 assiettes. Disposez les foies sautés par-dessus. Saupoudrez de parmesan et dégustez aussitôt.

MON ASTUCE ÉCONOMIE
Le riz et les foies de volailles sont deux ingrédients très bon marché, mais de bonne qualité nutritionnelle. Pour compléter votre menu, n'oubliez pas d'ajouter des légumes, car ce risotto n'en contient pas suffisamment.

LE PLUS SANTÉ
Le foie (de volaille, génisse, veau…) est l'une des meilleures sources alimentaires de fer. Il contient par ailleurs de la vitamine A et de la vitamine B12, toutes deux indispensables à la croissance.

ALTERNATIVE
Si vous n'appréciez pas la saveur particulière du céleri, remplacez-le par quelques champignons émincés.

Saison : printemps, été, automne
Préparation : 25 min
Cuisson : 30 min
Repos : 10 min

MENU ÉQUILIBRÉ
> Salade de riz et poivrons
Cocotte de saumon au lait de coco
Litchis au sirop

Cocotte de saumon au lait de coco

Pour 4 personnes ▪ 300 g de saumon frais ▪ 2 courgettes ▪ 2 tomates ▪ 1 carotte ▪ 2 pommes de terre ▪ 1/2 chou chinois ▪ 5 brins de coriandre ▪ 1 pincée de piment ▪ 15 cl de lait de coco ▪ 1 c. à s. d'huile de tournesol ▪ Sel, poivre

Lavez les courgettes et les tomates, coupez-les en dés. Pelez les pommes de terre et la carotte, lavez-les, puis coupez-les en dés. Rincez le demi-chou, puis émincez-le finement. Rincez la coriandre et hachez-la.

Versez l'huile dans une cocotte à fond épais. Ajoutez tous les légumes et laissez dorer 5 min à feu doux en remuant. Ajoutez le lait de coco, le piment, du sel et du poivre. Mélangez, couvrez et laissez mijoter 20 min à feu doux.

Coupez le saumon en gros cubes. Ajoutez-le dans la cocotte, couvrez et laissez cuire 5 min à feu doux. Retirez du feu et laissez reposer 10 min. Servez chaud.

MON ASTUCE ÉCONOMIE
Les plats mijotés vous permettent de jouer sur les proportions : une quantité calculée de poisson et beaucoup de légumes. Vous maîtrisez ainsi parfaitement le coût du repas.

LE PLUS SANTÉ
Un plat riche en légumes avec un bon apport en fibres et en minéraux. Le saumon apporte des oméga-3 utiles au fonctionnement cérébral et cardio-vasculaire.

ALTERNATIVE
Tous les légumes peuvent être associés à cette recette : haricots verts, germes de soja, champignons asiatiques ou de Paris, feuilles d'épinards... Il suffit d'ajuster les temps de cuisson.

Plats complets

Saison : toutes
Préparation : 40 min
Cuisson : à table, le temps du repas

MENU ÉQUILIBRÉ
> Fondue chinoise
Flan à la noix de coco
Billes de melon

Fondue chinoise

Pour 4 personnes ▪ 100 g de steak de bœuf ▪ 200 g de blanc de dinde ▪ 2 carottes ▪ 2 petits choux chinois ▪ 2 courgettes ▪ 5 brins de coriandre ▪ 100 g de tofu ▪ 1 paquet de vermicelles de soja ▪ 1 pincée de gingembre ▪ 1 tablette de bouillon de volaille ▪ Sauce de soja ▪ Nuoc-mâm ▪ Poivre

Émincez très finement le bœuf et la dinde. Coupez le tofu en dés. Disposez les ingrédients sur des assiettes et couvrez de film étirable. Placez au frais.

Pelez les carottes, coupez-les en très fines rondelles. Lavez les courgettes, coupez-les en petits dés. Lavez, puis émincez les choux chinois. Disposez les légumes dans des bols. Faites tremper les vermicelles dans un saladier d'eau froide pendant 10 min, puis égouttez-les.

Versez 2 l d'eau dans un caquelon à fondue. Ajoutez la tablette de bouillon, le gingembre, 2 cuillerées de sauce de soja et la coriandre, et poivrez.

Au moment du repas, disposez tous les ingrédients sur la table. Chaque convive fera cuire ses ingrédients dans le bouillon à l'aide des baguettes. Dégustez avec les vermicelles, la sauce de soja et le nuoc-mâm.

MON ASTUCE ÉCONOMIE
La fondue chinoise se décline avec toutes sortes d'ingrédients, des moins onéreux (dinde, tofu) aux plus chers (lotte, crevettes...). Forcez sur les légumes et choisissez des viandes bon marché. Vous obtiendrez un plat convivial, mais vraiment abordable.

LE PLUS SANTÉ
Une cuisson à l'eau, des légumes et des viandes maigres : la fondue chinoise est un plat particulièrement léger que l'on peut consommer sans inconvénient au dîner.

ALTERNATIVE
Tous les légumes conviennent (champignons, pousses de soja...), ainsi que la plupart des viandes (canard, porc...) et des poissons (saumon...). Vous pouvez accompagner d'un bol de riz plutôt que de vermicelles.

Saison : automne, hiver
Préparation : 30 min
Cuisson : 1 h
Repos : 15 min

MENU ÉQUILIBRÉ
> Cocotte de poulet aux poireaux
Munster fermier
Salade de fruits

Cocotte de poulet aux poireaux

Pour 8 personnes ▪ 4 belles cuisses de poulets ▪ 8 poireaux ▪ 4 pommes de terre ▪ 1 oignon ▪ 1 brin de thym ▪ 1 feuille de laurier ▪ 1 tablette de bouillon de volaille ▪ 20 cl de vin blanc ▪ Sel, poivre

Coupez les cuisses de poulets en deux au niveau de l'articulation. Ôtez la peau. Pelez et émincez l'oignon. Fendez les poireaux en deux, éliminez les feuilles abîmées. Passez-les sous l'eau, puis coupez-les en tronçons. Pelez les pommes de terre, lavez-les et tranchez-les finement.

Préchauffez le four à 180 °C (th. 6).

Disposez les pommes de terre dans une cocotte en terre ou en fonte munie d'un couvercle et allant au four. Ajoutez les oignons par-dessus. Rangez les morceaux de poulet sur les oignons, puis couvrez de poireaux. Salez, poivrez, ajoutez le thym et le laurier. Émiettez la tablette de bouillon par-dessus, puis mouillez avec le vin et 35 cl d'eau.

Fermez la cocotte et faites cuire 1 h au four. Laissez reposer 15 min dans le four éteint et servez.

MON ASTUCE ÉCONOMIE
Économisez de l'énergie en plaçant votre cocotte dans un coin de la cheminée ou sur un poêle à bois. La cuisson peut être plus longue à feu très doux : le plat n'en sera que meilleur !

LE PLUS SANTÉ
Une recette légère, car sans ajout de matière grasse. La cuisson à l'étouffée concentre également les saveurs et les sels minéraux contenus dans les différents ingrédients.

ALTERNATIVE
Vous pouvez associer différents types de viandes, le plat sera encore meilleur : veau, bœuf, porc… Mais il sera également un peu plus cher (selon les morceaux choisis).

Saison : été, automne
Préparation : 30 min
Cuisson : 25 min

MENU ÉQUILIBRÉ
> Salade de pommes de terre
Gratin d'agneau aux légumes d'été
Nectarine

Gratin d'agneau aux légumes d'été

Pour 4 personnes ▪ 300 g de restes de gigot ou d'épaule d'agneau ▪ 4 courgettes ▪ 3 tomates ▪ 1 gousse d'ail ▪ 10 brins de ciboulette ▪ 10 brins de cerfeuil ▪ 1 œuf ▪ 2 c. à s. de crème fraîche ▪ 50 g de gruyère râpé ▪ 1 c. à s. d'huile d'olive ▪ Sel, poivre

Lavez les courgettes et les tomates, puis coupez-les en petits dés. Rincez, séchez et hachez la ciboulette et le cerfeuil. Pelez et hachez l'ail.

Faites chauffer l'huile dans une sauteuse. Ajoutez les courgettes, les tomates, l'ail et les herbes. Salez et poivrez, puis faites cuire à feu vif pendant 10 min en remuant.

Préchauffez le four à 180 °C (th. 6). Hachez grossièrement la viande au couteau. Battez dans un bol l'œuf entier, la crème et le fromage. Salez et poivrez.

Disposez les légumes dans un plat à gratin. Ajoutez la viande hachée et nappez du mélange œuf-crème. Faites cuire 15 min au four et dégustez tiède.

MON ASTUCE ÉCONOMIE
Une recette qui vous permet de recycler des restes de viande pour en faire un plat vraiment délicieux. Cela fonctionne aussi très bien avec un reste de rôti de porc ou de cuisse de dinde.

LE PLUS SANTÉ
Un gratin léger, riche en légumes, mais bien pourvu en protéines. Il ne contient pas de féculents. Il est donc impératif d'en ajouter en entrée (taboulé, salade de riz...) ou en dessert (semoule au lait, biscuit...).

ALTERNATIVE
Des aubergines, des épinards, des champignons ou des rondelles de pommes de terre peuvent se substituer aux courgettes.

200 menus à moins de 2 euros

Saison : automne, hiver
Préparation : 30 min
Cuisson : 50 min
Repos : 10 min

MENU ÉQUILIBRÉ
> Potée aux légumes d'hiver
Fromage blanc au miel
Ananas

Potée aux légumes d'hiver

Pour 6 personnes ▪ 500 g de palette de porc ▪ 1 saucisse fumée ▪ 1 petit chou vert ▪ 4 carottes ▪ 4 poireaux ▪ 2 navets ▪ 1 oignon ▪ 6 pommes de terre ▪ 1 brin de thym ▪ 1 feuille de laurier ▪ 1 clou de girofle ▪ Sel, poivre

Portez à ébullition 2 l d'eau dans une grande cocotte. Ajoutez du sel, du poivre, le thym et le laurier, ainsi que l'oignon pelé et piqué d'un clou de girofle.

Ajoutez la palette dans la cocotte et laissez cuire 30 min à feu doux.

Pelez les carottes, les navets et les pommes de terre, puis lavez-les. Lavez soigneusement les poireaux. Coupez tous ces légumes en 3 ou 4 morceaux. Lavez le chou et coupez-le en quatre, après avoir éliminé les feuilles extérieures un peu dures.

Plongez les légumes dans la cocotte, ajoutez la saucisse et couvrez. Laissez mijoter à feu doux pendant 20 min. Laissez reposer 10 min, puis servez bien chaud.

MON ASTUCE ÉCONOMIE
Faites une potée authentique, c'est-à-dire riche en légumes et contenant peu de viande. Non seulement elle vous coûtera moins cher, mais elle sera mieux équilibrée d'un point de vue nutritionnel.

LE PLUS SANTÉ
Un plat riche en légumes et ne contenant pas de matière grasse ajoutée : seules les viandes vont en apporter, et en quantité modeste. La palette est en effet une viande particulièrement maigre. La saucisse est conseillée pour donner du goût.

ALTERNATIVE
Au printemps, faites une potée délicate avec des légumes nouveaux (carottes, navets, poireaux...). La cuisson sera beaucoup plus courte (10 à 15 min pour les légumes).

Plats complets

Saison : automne, hiver
Préparation : 30 min
Cuisson : 45 min

MENU ÉQUILIBRÉ
> Chou rouge mijoté au porc et au cumin
Semoule au lait aux raisins
Clémentine

Chou rouge mijoté au porc et au cumin

Pour 8 personnes ▪ 400 g d'escalope de porc ▪ 8 tranches de filet de bacon ▪ 1 chou rouge ▪ 2 oignons ▪ 1 petite boîte de marrons au naturel de 400 g ▪ 1 c. à s. de graines de cumin ▪ 1 feuille de laurier ▪ 1 brin de thym ▪ 2 c. à s. de vinaigre ▪ 2 c. à s. d'huile de tournesol ▪ Sel, poivre

Lavez le chou, puis émincez-le très finement à l'aide d'une râpe ou au robot. Pelez et émincez les oignons. Découpez les escalopes et le filet de bacon en lamelles. Égouttez les marrons.

Faites chauffer l'huile dans une grande cocotte. Ajoutez les oignons, le porc et le bacon. Laissez dorer 5 min à feu vif en remuant.

Ajoutez ensuite le chou, le thym, le laurier et le cumin. Salez et poivrez, puis mélangez. Mouillez avec un demi-verre d'eau, ajoutez le vinaigre et couvrez.

Laissez mijoter pendant 30 min à feu doux. Ajoutez les marrons, mélangez et poursuivez la cuisson pendant 10 min. Dégustez chaud.

MON ASTUCE ÉCONOMIE
Un plat familial que vous préparerez pour 8 personnes pour utiliser le chou en entier et amortir le temps de cuisson un peu long. Et, si vous n'êtes que quatre, pas de problème : le chou braisé se réchauffe facilement.

LE PLUS SANTÉ
Le chou rouge est un concentré de substances protectrices. Il contient de la vitamine C (en grande partie détruite pendant cette cuisson longue), des pigments violets et des substances soufrées qui préviennent les cancers.

ALTERNATIVE
Vous pouvez réaliser ce plat avec du chou blanc ou vert. Et quelques dés de potimarron pourront remplacer les châtaignes.

Saison : automne, hiver
Préparation : 30 min
Cuisson : 2 h

MENU ÉQUILIBRÉ
> Choucroute au jarret de porc
Fromage de chèvre
Pomme

Choucroute au jarret de porc

Pour 4 personnes ▪ 1 jarret de porc demi-sel ▪ 1,2 kg de choucroute crue ▪ 600 g de pommes de terre ▪ 1 oignon ▪ 10 cl de vin blanc ▪ 1 c. à s. de baies de genièvre ▪ 1 pincée de clou de girofle en poudre ▪ 1 pincée de graines de cumin ▪ 1 c. à s. d'huile d'olive ▪ Sel, poivre

Plongez le jarret de porc dans une cocotte d'eau frémissante et faites-le cuire pendant 1 h à feu très doux. Égouttez-le.

Rincez la choucroute sous l'eau courante. Pelez l'oignon et émincez-le.

Faites chauffer l'huile dans une cocotte. Ajoutez l'oignon émincé et faites-le dorer 5 min à feu doux. Versez la choucroute, mélangez. Assaisonnez de poivre, de clou de girofle, de cumin et de baies de genièvre. Disposez le jarret au milieu du chou. Mouillez avec le vin et 25 cl d'eau. Couvrez et laissez mijoter pendant 30 min à feu très doux.

Faites cuire les pommes de terre 20 min à l'eau bouillante salée. Égouttez-les et pelez-les. Rectifiez l'assaisonnement du chou (en sel surtout). Servez le chou avec le jarret dégraissé et coupé en tranches, accompagné des pommes de terre.

MON ASTUCE ÉCONOMIE
La choucroute est un produit très bon marché qui se cuisine facilement. Mijotée avec du porc, de la pintade ou même des produits de la mer (saumon, crevettes, pétoncles…), elle constitue un plat délicieux et facile à faire.

LE PLUS SANTÉ
La choucroute n'est pas grasse : c'est tout simplement du chou fermenté.
Elle est donc peu calorique. Les épices ajoutées (cumin, girofle…) en améliorent la digestion.

ALTERNATIVE
Vous pouvez cuisiner de la même façon un jarret de porc frais ou fumé, selon ce que vous trouverez au marché ou chez votre boucher.

Saison : printemps, été, automne
Préparation : 25 min
Cuisson : 30 min
Repos : 5 min

MENU ÉQUILIBRÉ
> Wok de porc aux légumes
Yaourt au soja
Salade banane-kiwi

Wok de porc aux légumes

Pour 4 personnes ▪ 300 g d'escalope de porc ▪ 1 poivron rouge ▪ 1 courgette ▪ 100 g de germes de soja ▪ 2 tomates ▪ 1 oignon ▪ 5 brins de coriandre ▪ 150 g de nouilles chinoises ▪ 1 pincée de gingembre ▪ 2 c. à s. d'huile de tournesol ▪ 2 c. à s. de sauce de soja ▪ Sel, poivre

Émincez le porc en petits morceaux. Lavez le poivron, la courgette et les tomates, puis coupez-les en petits dés. Pelez et émincez l'oignon. Rincez les germes de soja sous l'eau froide. Rincez la coriandre et émincez-la.

Portez à ébullition 1 l d'eau, ajoutez les nouilles et les germes de soja. Faites-les cuire pendant 3 min à feu vif. Égouttez-les.

Faites chauffer 1 cuillerée d'huile dans un wok ou une poêle antiadhésive. Ajoutez le porc émincé. Faites sauter à feu vif pendant 5 min, puis disposez la viande sur une assiette. Versez le reste d'huile dans le wok et ajoutez le poivron, l'oignon et la courgette émincés. Faites dorer 5 min, puis ajoutez les tomates et le porc. Laissez cuire 10 min à feu vif. Salez, poivrez, ajoutez la sauce de soja et le gingembre.

Versez les nouilles et les germes de soja, laissez chauffer 5 min en remuant délicatement. Couvrir le wok, laissez reposer 5 min et servez saupoudré de coriandre.

MON ASTUCE ÉCONOMIE
Le wok est idéal pour réaliser des plats savoureux et économiques : c'est un excellent investissement. Achetez-le dans une boutique asiatique, il sera moins cher qu'en supermarché.

LE PLUS SANTÉ
Peu de matière grasse, des légumes cuits *al dente* et une viande maigre : le wok est un plat sain et léger, à condition de bien maîtriser la quantité d'huile que vous ajoutez au début.

ALTERNATIVE
Variez les nouilles : nouilles de blé chinoises aux œufs, vermicelles de soja, de riz ou nouilles de sarrasin (japonaises)... Elles sont toutes bon marché.

200 menus à moins de 2 euros | 123

Saison : toutes
Préparation : 35 min
Cuisson : 50 min

MENU ÉQUILIBRÉ
> Pomélo
Colombo de porc
Riz au lait à la noix de coco

Colombo de porc

Pour 4 personnes ▪ 450 g de longe de porc ou de palette ▪ 1 aubergine ▪ 1/4 de chou blanc ▪ 2 pommes de terre ▪ 2 tomates ▪ 1 oignon ▪ 1 gousse d'ail ▪ 1 citron vert ▪ 1 bouquet de cives (ou de ciboulette) ▪ 2 c. à s. de poudre à colombo ▪ 2 c. à s. d'huile de tournesol ▪ Sel, poivre

Lavez l'aubergine et les tomates, puis coupez-les en dés. Pelez et émincez l'oignon et l'ail. Rincez le chou et émincez-le finement. Pelez les pommes de terre, lavez-les et coupez-les en dés. Rincez les cives et émincez-les.

Coupez la viande en gros dés. Faites chauffer l'huile dans une cocotte. Ajoutez le porc et faites-le revenir pendant 5 min en remuant à feu vif.

Ajoutez tous les légumes, mélangez sur feu vif pendant 5 min. Salez, poivrez, ajoutez le jus du citron vert, les épices à colombo et 15 cl d'eau. Mélangez et couvrez.

Laissez cuire 40 min à feu doux. Faites réduire la sauce en fin de cuisson si besoin. Servez très chaud.

MON ASTUCE ÉCONOMIE
Faites du colombo un plat équilibré, riche en légumes : il sera délicieux et moins cher. La quantité de porc est amplement suffisante si les légumes qui l'accompagnent sont abondants.

LE PLUS SANTÉ
Riche en fibres et en minéraux, ce plat est également bien pourvu en substances protectrices, présentes dans les épices, les alliacées et les légumes.

ALTERNATIVE
À la place de la pomme de terre, optez pour un féculent plus tropical : igname, patate douce ou banane plantain, qui se marient très bien au colombo.

Saison : printemps, été, automne
Préparation : 25 min
Cuisson : 25 min

MENU ÉQUILIBRÉ
> Taboulé
Légumes d'été aux saucisses et à la fleur de thym
Fromage blanc à la vanille

Légumes d'été aux saucisses et à la fleur de thym

Pour 4 personnes ▪ 4 saucisses de ménage (type bretonnes) ▪ 1 poivron vert ▪ 1 courgette ▪ 1 aubergine ▪ 3 tomates ▪ 1 bulbe de fenouil ▪ 1 oignon ▪ 1 gousse d'ail ▪ 1 pincée de fleur de thym ▪ 2 c. à s. d'huile d'olive ▪ Sel, poivre

Lavez le poivron, la courgette, l'aubergine, les tomates et le bulbe de fenouil. Coupez tous les légumes en petits dés.

Pelez et hachez l'ail et l'oignon. Coupez les saucisses en rondelles pas trop fines.

Faites chauffer une poêle antiadhésive sans matière grasse. Ajoutez les rondelles de saucisses et faites-les dorer 2 min sur chaque face à feu moyen. Disposez-les sur une assiette. Rincez la poêle.

Versez l'huile d'olive dans la poêle. Ajoutez tous les légumes sauf les tomates. Faites sauter pendant 10 min à feu moyen en remuant. Baissez le feu, salez, poivrez, ajoutez le thym et les tomates, et mélangez. Laissez cuire 5 min. Ajoutez en dernier les rondelles de saucisses, laissez mijoter encore 5 min et servez chaud.

MON ASTUCE ÉCONOMIE
Un plat pas cher et très parfumé. Choisissez des saucisses de bonne qualité, pas trop grasses. Des chipolatas coupées en petits tronçons ou des mini-saucisses de veau peuvent convenir.

LE PLUS SANTÉ
Une poêlée pas trop grasse et riche en légumes. Pensez à bien éliminer le gras rendu par les saucisses après les avoir fait revenir. Votre plat sera plus léger en calories et plus digeste.

ALTERNATIVE
Donnez une touche asiatique à votre plat en y ajoutant du chou chinois émincé, des champignons noirs réhydratés ou des germes de soja.

Saison : toutes
Préparation : 35 min
Cuisson : 40 min

MENU ÉQUILIBRÉ
> Soupe de cresson
Gnocchis de semoule gratinés
Salade d'endives
Orange

Gnocchis de semoule gratinés

Pour 4 personnes ▪ 100 g de semoule fine ▪ 1 l de lait ▪ 100 g de gruyère râpé ▪ 1 boîte de tomates pelées de 400 g ▪ 1 gousse d'ail ▪ 1 pincée de muscade râpée ▪ 1 c. à s. d'huile d'olive ▪ Sel, poivre

Portez le lait à ébullition. Ajoutez du sel, du poivre, la muscade, puis versez la semoule en pluie. Mélangez jusqu'à la reprise de l'ébullition et laissez cuire 5 min à feu très doux en remuant. Étalez la semoule sur une grande planche et laissez refroidir.

Pelez la gousse d'ail. Coupez les tomates pelées en dés en gardant le jus. Faites chauffer l'huile dans une sauteuse. Ajoutez l'ail et faites dorer 3 min à feu doux. Versez les tomates et leur jus dans la sauteuse, et laissez réduire à feu vif pendant 10 min. Salez et poivrez.

Préchauffez le four à 180 °C (th. 6). Découpez la semoule refroidie à l'aide d'un emporte-pièce ou d'un verre. Disposez les gnocchis dans un large plat en les superposant légèrement.

Nappez de sauce tomate, puis couvrez de fromage râpé. Enfournez pour 20 min et dégustez chaud.

MON ASTUCE ÉCONOMIE
La semoule au lait version salée représente une base de repas vraiment pas chère. Côté pratique : vous pouvez préparer le plat la veille et le passer au four juste avant de dîner.

LE PLUS SANTÉ
Des glucides complexes, des protéines (lait, fromage, semoule), du calcium et des antioxydants (tomate) : un plat familial bien équilibré et pauvre en matière grasse.

ALTERNATIVE
Utilisez de la polenta à la place de la semoule de blé. Vous donnerez à votre plat un goût particulier et une très jolie couleur.

Saison : toutes
Préparation : 15 min
Cuisson : 30 min

MENU ÉQUILIBRÉ
> Croquettes de coquillettes au fromage
Salade verte
Fromage blanc
Compote pomme-châtaigne

Croquettes de coquillettes au fromage

Pour 4 personnes ▪ 400 g de coquillettes déjà cuites ▪ 2 œufs ▪ 60 g de gruyère râpé ▪ 1 c. à c. de concentré de tomates ▪ 4 c. à s. d'huile de tournesol ▪ Sel, poivre

Versez les coquillettes dans un saladier. Ajoutez le concentré de tomates et mélangez délicatement pour le répartir. Salez, poivrez. Ajoutez les œufs battus en omelette et le fromage râpé, puis mélangez.

Faites chauffer 1 cuillerée à soupe d'huile dans une large poêle antiadhésive. Disposez des petits tas de pâtes (environ 2 cuillerées à soupe) dans la poêle en les espaçant.

Faites dorer les croquettes 2 min sur chaque face en les retournant à l'aide d'une spatule. Rangez les croquettes dans un plat garni de papier absorbant. Gardez le plat au chaud (à l'entrée du four, par exemple).

Remettez de l'huile dans la poêle et renouvelez l'opération jusqu'à épuisement des pâtes. Servez bien chaud avec une salade.

MON ASTUCE ÉCONOMIE
Une bonne idée pour utiliser un reste de pâtes : ces croquettes sont délicieuses et nourrissantes. Tous les types de pâtes conviennent et, si vous utilisez des spaghetti, coupez-les avant, c'est plus pratique.

LE PLUS SANTÉ
N'oubliez pas le papier absorbant et considérez ce plat comme une friture : n'en consommez pas plus d'une fois par semaine (en alternance avec les frites, les poissons panés...).

ALTERNATIVE
Ajoutez dans votre mélange quelques lamelles de champignons ou de la courgette râpée. Le concentré de tomates est facultatif, mais il donne du goût et de la couleur.

Saison : toutes
Préparation : 15 min
Cuisson : 30 min

MENU ÉQUILIBRÉ
> Chou rouge à la vinaigrette
Gratin de penne à la mimolette
Yaourt bulgare
Poire

Gratin de penne à la mimolette

Pour 4 personnes ▪ 200 g de penne ▪ 20 cl de crème liquide ▪ 100 g de mimolette ▪ 1 boîte de petits pois de 400 g ▪ 1 pincée de paprika ▪ Sel, poivre

Portez à ébullition 3 l d'eau salée. Ajoutez les pâtes et faites-les cuire environ 12 min (elles doivent rester *al dente*). Égouttez-les et versez-les dans un saladier.

Préchauffez le four à 210 °C (th. 7). Égouttez les petits pois. Râpez la mimolette. Ajoutez les petits pois et la crème dans les pâtes. Salez, poivrez, ajoutez 1 pincée de paprika et mélangez délicatement.

Étalez le contenu du saladier dans un plat allant au four. Couvrez de mimolette râpée.

Faites gratiner au four pendant 15 min environ et dégustez chaud.

MON ASTUCE ÉCONOMIE
Une recette de fond de placard, qui, avec un minimum d'ingrédients, vous permet de préparer un plat délicieux et équilibré. La mimolette est un fromage bon marché, qui change de l'emmental.

LE PLUS SANTÉ
Des petits pois, des pâtes et du fromage : une excellente association de protéines qui vous dispense de manger de la viande au cours de ce repas.

ALTERNATIVE
Vous pouvez ajouter d'autres légumes selon le contenu de votre congélateur : cubes de tomates, courgettes, champignons, fleurettes de brocolis…

Saison : printemps, été, automne
Préparation : 35 min
Cuisson : 35 min

MENU ÉQUILIBRÉ
> Salade de tomates et maïs
Lasagnes aux champignons et aux aubergines
Crème vanille

Lasagnes aux champignons et aux aubergines

Pour 4 personnes ▪ 8 feuilles de lasagne ▪ 200 g de champignons ▪ 1 aubergine ▪ 1 gousse d'ail ▪ 5 brins de persil ▪ 80 g de tomme de brebis ▪ 15 cl de crème fraîche épaisse ▪ 1 pincée de piment d'Espelette ▪ 2 c. à s. + 1 c. à c. d'huile d'olive ▪ Sel, poivre

Portez à ébullition 3 l d'eau salée. Plongez-y les lasagnes et laissez cuire 6 min (ou le temps indiqué sur l'emballage). Égouttez-les, coupez-les en deux et étalez-les sur un grand plat huilé.

Lavez l'aubergine, puis coupez-la en petits dés. Supprimez l'extrémité du pied des champignons, rincez-les, puis émincez-les. Pelez et hachez l'ail. Rincez et séchez le persil, puis hachez-le.

Faites chauffer 2 cuillerées à soupe d'huile dans une grande sauteuse. Ajoutez les champignons et l'aubergine. Faites sauter à feu moyen en remuant pendant 5 min. Ajoutez l'ail, le persil, salez et poivrez. Poursuivez la cuisson à feu doux pendant 15 min.

Préchauffez le gril du four. Râpez le fromage. Montez 4 parts de lasagnes dans un plat en superposant des feuilles de pâte, des légumes, du fromage. Terminez par du fromage. Passez 5 min sous le gril. Réchauffez la crème 1 min au micro-ondes après l'avoir salée et poivrée. Nappez les lasagnes de crème, saupoudrez de piment et servez.

MON ASTUCE ÉCONOMIE
Des lasagnes express, qui ne contiennent pas de viande, donc très économiques. Vous pouvez préparer les légumes la veille et faire le montage au moment du repas.

LE PLUS SANTÉ
Une bonne proportion de légumes (fibres, minéraux), des glucides complexes lentement assimilés et pas trop de matière grasse : un plat facile à réussir, que vous pouvez intégrer régulièrement dans vos menus.

ALTERNATIVE
Pour une version plus légère, remplacez la crème par un coulis à base de tomates pelées, d'huile d'olive, d'ail et de basilic.

Saison : toutes
Préparation : 25 min
Cuisson : 55 min

MENU ÉQUILIBRÉ
> Cannelloni à la ricotta
Salade verte
Soupe de fruits rouges
Madeleine

Cannelloni à la ricotta

Pour 4 personnes ▪ 8 cannelloni précuits ▪ 300 g d'épinards hachés surgelés ▪ 3 brins de basilic ▪ 1 gousse d'ail ▪ 250 g de ricotta ▪ 60 g de gruyère râpé ▪ 1 boîte de tomates pelées ▪ 1 c. à s. d'huile d'olive ▪ Sel, poivre

Pelez l'ail. Effeuillez et hachez le basilic. Faites chauffer l'huile d'olive dans une sauteuse. Ajoutez la gousse d'ail, laissez dorer 2 min, puis versez les tomates pelées préalablement concassées. Salez, poivrez et laissez réduire à feu moyen pendant 10 min. Ajoutez le basilic en fin de cuisson. Ôtez la gousse d'ail.

Faites cuire les épinards dans une casserole avec un peu d'eau et de sel pendant 10 min environ en remuant. Égouttez-les s'il reste un peu d'eau, puis versez-les dans un saladier. Laissez tiédir, puis ajoutez la ricotta. Salez, poivrez et mélangez à la fourchette.

Préchauffez le four à 150 °C (th. 5). Farcissez les cannelloni du mélange épinards-ricotta, puis rangez-les dans un plat à gratin. Nappez de sauce tomate et parsemez de fromage râpé. Enfournez pour 30 min et dégustez chaud.

MON ASTUCE ÉCONOMIE
La ricotta italienne est assez bon marché, mais comparez avec le prix de la brousse corse, parfois plus intéressante. Dans tous les cas, les fromages au lait de vache seront moins chers que la ricotta et la brousse au lait de brebis.

LE PLUS SANTÉ
Un plat pauvre en matière grasse, mais dont l'apport en calcium est intéressant. Faites votre sauce tomate vous-même pour maîtriser sa teneur en lipides.

ALTERNATIVE
Les cannelloni peuvent être farcis avec de la viande (bœuf, jambon…), mais aussi avec d'autres légumes : champignons, aubergines sautées, poivrons…

Plats végétariens complets

Saison : toutes
Préparation : 30 min
Cuisson : 35 min

MENU ÉQUILIBRÉ
> Melon
Croquettes de riz à l'italienne
Épinards mijotés
Clafoutis aux cerises

Croquettes de riz à l'italienne

Pour 4 personnes ▪ 200 g de riz rond ▪ 1 oignon ▪ 1 boule de mozzarella ▪ 1 c. à s. de concentré de tomates ▪ 4 c. à s. de chapelure ▪ 1 c. à s. d'huile d'olive ▪ 4 c. à s. d'huile de tournesol ▪ Sel, poivre

Pelez et hachez l'oignon. Faites chauffer l'huile d'olive dans une cocotte, ajoutez le riz et l'oignon. Laissez dorer 5 min en remuant, puis mouillez avec 35 cl d'eau chaude. Salez, poivrez, ajoutez le concentré de tomates mélangez et couvrez. Laissez mijoter à feu doux 18 min. Étalez le risotto dans un plat et laissez-le refroidir.

Coupez la mozzarella en 12 morceaux de taille égale. Lorsque le riz est froid, formez 12 boules, faites un creux au centre et placez-y un morceau de mozzarella, puis reformez la boule de riz autour de la mozzarella.

Versez la chapelure dans une assiette creuse. Roulez les croquettes dedans en faisant adhérer la chapelure au riz.

Faites chauffer l'huile de tournesol dans une poêle. Ajoutez les croquettes sans les serrer. Faites-les dorer 10 min à feu doux en les retournant plusieurs fois. Disposez-les sur un plat garni de papier absorbant et dégustez chaud.

MON ASTUCE ÉCONOMIE
Une recette idéale pour utiliser un reste de risotto à la tomate. C'est encore plus simple, puisque le riz sera parfaitement refroidi. Vous pouvez préparer vos croquettes à l'avance et les faire dorer juste au moment du repas.

LE PLUS SANTÉ
Les croquettes de riz, très populaires en Italie, où elles portent le nom de *supplì* ou d'*arancini*, peuvent être plus ou moins grasses : à vous de réduire l'apport d'huile dans le risotto et de ne pas oublier le passage obligé dans du papier absorbant.

ALTERNATIVE
Tous les riz cuisinés conviennent : simplement au safran ou à la viande. Mais le fromage ne peut pas être remplacé, car c'est la mozzarella qui fait l'originalité de ce plat.

Saison : toutes
Préparation : 20 min
Cuisson : 35 min
Repos : 5 min

MENU ÉQUILIBRÉ
> Salade de tomates et œuf dur
Risotto aux fèves et petits pois
Yaourt
Prunes

Risotto aux fèves et petits pois

Pour 4 personnes ▪ 250 g de riz rond ▪ 1 oignon ▪ 5 brins de ciboulette ▪ 100 g de petits pois surgelés ▪ 150 g de fèves surgelées ▪ 2 c. à s. de mascarpone ▪ 50 g de parmesan entier ▪ 1 pincée de piment d'Espelette ▪ 1 c. à s. d'huile de tournesol ▪ Sel, poivre

Faites cuire les petits pois et les fèves 8 min à l'eau bouillante salée. Égouttez-les et passez-les sous l'eau froide pour les raffermir. Pelez les fèves.

Pelez et émincez l'oignon. Faites chauffer l'huile dans une cocotte. Ajoutez l'oignon et le riz. Faites dorer pendant 5 min en remuant à feu doux. Salez, poivrez, puis mouillez avec 40 cl d'eau chaude. Couvrez et laissez mijoter 10 min.

Ajoutez les fèves et les petits pois. Mélangez délicatement et poursuivez la cuisson pendant 10 min à feu doux. Rectifiez l'assaisonnement, ajoutez 1 pincée de piment d'Espelette et le mascarpone. Couvrez et laissez reposer 5 min.

Rincez et séchez la ciboulette, puis hachez-la. Coupez le parmesan en fines lamelles. Répartissez le risotto dans 4 assiettes et décorez de ciboulette et de lamelles de parmesan.

MON ASTUCE ÉCONOMIE
Le riz rond est souvent moins cher que le riz pour risotto (type arborio), mais il convient parfaitement à ce type de préparation. Ne le rincez pas pour que l'amidon qui l'entoure lui donne du moelleux.

LE PLUS SANTÉ
Une bonne association de protéines végétales (riz, pois, fèves), complétées par le parmesan. Ce plat riche en glucides complexes et en fibres a un effet bénéfique sur le transit.

ALTERNATIVE
Quelques pois chiches ou un reste de lentilles pourront remplacer les fèves et les petits pois. Au printemps, optez pour les oignons nouveaux, dont vous utiliserez également la tige.

Saison : toutes
Préparation : 35 min
Cuisson : 40 min

MENU ÉQUILIBRÉ
> Croquettes de pommes de terre
à la mozzarella
Salade frisée
Faisselle de fromage blanc
Coulis de framboise

Croquettes de pommes de terre à la mozzarella

Pour 4 personnes ▪ 1 kg de pommes de terre à purée ▪ 1 œuf ▪ 125 g de mozzarella ▪ 1 c. à s. de farine ▪ 4 c. à s. de chapelure ▪ 4 morceaux de tomates séchées ▪ 1 pincée de curcuma ▪ 3 c. à s. d'huile de tournesol ▪ Sel, poivre

Faites cuire les pommes de terre à l'eau salée avec leur peau pendant 20 min. Égouttez-les, puis pelez-les. Passez-les au presse-purée.

Dans un saladier, mélangez la purée tiède, l'œuf et la farine. Ajoutez le curcuma, salez et poivrez. Mélangez et laissez refroidir.

Coupez la mozzarella et les tomates séchées en petits dés. Incorporez-les à la purée bien froide. Formez de petites galettes avec les mains. Saupoudrez-les légèrement de chapelure sur les deux faces.

Faites chauffer 1 cuillerée d'huile dans une large poêle. Faites-y dorer les galettes (procédez en plusieurs fois) 3 min sur chaque face, puis disposez-les dans un plat garni de papier absorbant. Renouvelez l'opération jusqu'à épuisement des galettes. Dégustez très chaud avec une salade.

MON ASTUCE ÉCONOMIE
Réalisez cette recette avec un reste de purée, c'est encore plus économique. L'important est que la purée soit assez sèche. N'hésitez pas à ajouter de la farine pour la rendre suffisamment compacte.

LE PLUS SANTÉ
Chaque fois que possible, faites votre purée vous-même plutôt que de l'acheter en sachet : elle sera moins chère, plus savoureuse et dépourvue d'additifs inutiles. Investissez donc dans un presse-purée de bonne qualité !

ALTERNATIVE
Le curcuma donne une couleur dorée à vos croquettes, mais n'est pas indispensable. Les tomates séchées peuvent être remplacées par du basilic ou de la roquette émincés.

Saison : printemps, automne, hiver
Préparation : 30 min
Cuisson : 50 min

MENU ÉQUILIBRÉ
> Soupe au potiron
Crumble d'aubergines
Salade de laitue
Fromage blanc

Crumble d'aubergines

Pour 4 personnes ▪ 2 belles aubergines ▪ 2 tomates ▪ 1 gousse d'ail ▪ 75 g de beurre ou de margarine ▪ 25 g de parmesan râpé ▪ 150 g de farine ▪ 1 c. à s. d'huile d'olive ▪ Sel, poivre

Préchauffez le four à 180 °C (th. 6). Lavez les aubergines et les tomates, puis coupez-les en petits dés. Pelez la gousse d'ail et émincez-la.

Faites chauffer l'huile dans une sauteuse. Ajoutez les aubergines et l'ail. Salez et poivrez. Faites dorer les aubergines pendant 5 min à feu moyen en remuant. Ajoutez les tomates et poursuivez la cuisson pendant 10 min à feu doux. Laissez en attente.

Versez la farine et le parmesan dans un saladier, salez et poivrez. Ajoutez le beurre (ou la margarine) coupé en dés. Travaillez du bout des doigts pour obtenir un mélange sableux.

Versez les légumes dans un plat allant au four. Recouvrez-les de la pâte au parmesan ; tassez légèrement avec le plat de la main. Faites cuire 25 min au four et servez chaud.

MON ASTUCE ÉCONOMIE
Utilisez un reste de ratatouille ou de courgettes sautées pour réaliser le crumble, qui devient alors une recette express permettant de ne pas perdre les restes.

LE PLUS SANTÉ
Un plat bien pourvu en fibres (tomates, aubergines), dont vous pouvez augmenter les apports en choisissant une farine bise ou complète.

ALTERNATIVE
Ajoutez des herbes, de l'oignon, de l'échalote… pour un crumble à la saveur plus marquée. Du curry et du piment peuvent être ajoutés dans la pâte à crumble.

Saison : automne, hiver
Préparation : 25 min
Cuisson : 50 min

MENU ÉQUILIBRÉ
> Salade de quinoa aux noisettes
Gratin de potiron
Salade de roquette
Poire pochée à la vanille

Gratin de potiron

Pour 4 personnes ▪ 1 kg de potiron ▪ 500 g de pommes de terre à chair fondante ▪ 100 g de comté ▪ 40 cl de lait ▪ 30 g de beurre ▪ 30 g de farine ▪ 1 pincée de muscade râpée ▪ Sel, poivre

Préchauffez le cuit-vapeur. Pelez le potiron et éliminez les graines. Passez-le sous l'eau, puis coupez-le en dés de 2 x 2 cm. Pelez les pommes de terre, lavez-les, puis coupez-les en cubes de la même taille que le potiron.

Faites cuire les pommes de terre et le potiron 20 min à la vapeur, puis égouttez-les parfaitement. Disposez-les dans un plat à gratin.

Préchauffez le four à 180 °C (th. 6). Faites fondre le beurre dans une casserole. Ajoutez la farine et laissez dorer 5 min à feu doux en remuant avec une spatule. Ajoutez le lait petit à petit en remuant avec un fouet. Portez à ébullition et laissez cuire 10 min à feu très doux en remuant sans arrêt. Salez, poivrez et ajoutez la muscade.

Râpez le comté. Nappez les légumes de béchamel et saupoudrez de fromage râpé. Enfournez pour 15 min environ, le temps que le fromage soit bien doré.

MON ASTUCE ÉCONOMIE
Le potiron se garde très longtemps s'il n'a pas été entamé. C'est typiquement le légume à acheter dans une cueillette ou chez un producteur, car il est bon marché et facile à stocker à la maison. Préférez les espèces de petits calibres (potimarron, mini-potiron…), plus faciles à conserver.

LE PLUS SANTÉ
Un gratin riche en calcium et en protéines, mais qui contient une bonne dose de légumes. Les potirons et les courges colorés sont d'excellentes sources de carotènes antioxydants.

ALTERNATIVE
Ajoutez des rondelles de carottes ou de la patate douce. Ces deux légumes se marient très bien au potiron.

200 menus à moins de 2 euros

Saison : toutes
Préparation : 25 min
Cuisson : 35 min

MENU ÉQUILIBRÉ
> Flan de carottes aux asperges
Salade de mâche
Fromage de chèvre
Ananas

Flan de carottes aux asperges

Pour 4 personnes ▪ 200 g d'asperges vertes surgelées ou fraîches ▪ 600 g de carottes en rondelles surgelées ou fraîches ▪ 3 brins de persil ▪ 3 œufs ▪ 25 cl de lait ▪ 40 g de beurre ▪ 120 g de farine ▪ 1 sachet de levure chimique ▪ Sel, poivre

Faites cuire séparément à l'eau bouillante salée les asperges et les carottes pendant 10 min, puis égouttez-les. Coupez les asperges en tronçons de 2 cm. Disposez les légumes dans un plat à gratin. Salez, poivrez.

Rincez et séchez le persil, puis hachez-le. Parsemez-en les légumes.

Préchauffez le four à 180 °C (th. 6). Versez la farine dans un saladier. Ajoutez la levure, les œufs entiers, le lait et le beurre fondu. Salez et poivrez, puis mélangez au fouet pour obtenir une pâte bien lisse.

Nappez les légumes avec la pâte et faites cuire 25 min au four. Dégustez chaud avec une salade.

MON ASTUCE ÉCONOMIE
Les asperges vertes sont relativement chères, même en pleine saison, mais elles donnent beaucoup de goût à vos plats. Utilisées en petite quantité, elles ne grèvent pas le budget et permettent de varier vos menus.

LE PLUS SANTÉ
L'asperge est un excellent légume, dont les vertus sont multiples. Concentrée en minéraux, l'asperge est peu calorique. Elle stimule, par ailleurs, l'élimination de l'eau par les reins (effet diurétique).

ALTERNATIVE
Les petits pois, les fèves, les champignons et les brocolis peuvent être préparés de cette façon. Égouttez toujours parfaitement vos légumes pour éviter la présence d'eau au fond du flan en fin de cuisson.

Plats végétariens complets

Saison : printemps, été, automne
Préparation : 25 min
Cuisson : 30 min
Repos : 15 min

MENU ÉQUILIBRÉ
> Gaspacho
Clafoutis de tomates au tofu fumé
Mesclun au vinaigre balsamique
Fondant au chocolat

Clafoutis de tomates au tofu fumé

Pour 4 personnes ▪ 3 tomates bien mûres ▪ 10 brins de ciboulette ▪ 4 œufs ▪ 40 cl de lait ▪ 50 g de bûche de chèvre ▪ 100 g de tofu fumé ▪ 100 g de farine ▪ 30 g de tomates séchées à l'huile ▪ Sel, poivre

Lavez les tomates, puis coupez-les en fines rondelles. Saupoudrez-les de quelques pincées de sel fin et laissez-les dégorger pendant 15 min dans une passoire.

Coupez le tofu fumé et les tomates séchées en petits dés. Lavez, séchez et hachez la ciboulette. Coupez le chèvre en grosses miettes.

Préchauffez le four à 180 °C (th. 6). Versez la farine dans un saladier. Ajoutez les œufs entiers et le lait, puis mélangez avec un fouet. Salez et poivrez.

Rincez les tomates, épongez-les et rangez-les dans un plat à gratin. Ajoutez les dés de tofu et de tomates séchées. Nappez le tout de pâte et parsemez de fromage de chèvre. Enfournez pour 30 min au four. Dégustez tiède avec de la salade.

MON ASTUCE ÉCONOMIE
Les tomates séchées sont chères, mais on les utilise en très faible quantité. Placez-les au réfrigérateur, elles se conservent plusieurs semaines sans problème.

LE PLUS SANTÉ
Un plat très bien pourvu en protéines (lait, œuf, fromage, tofu…), qui remplace facilement une portion de viande à un coût moins élevé. Le tofu présente l'avantage d'apporter des acides gras essentiels.

ALTERNATIVE
Le tofu fumé donne un goût très particulier à ce plat. Vous pourrez le remplacer par quelques lamelles de saumon ou de jambon. Du tofu nature peut enrichir ce clafoutis, mais aura un goût beaucoup plus neutre.

200 menus à moins de 2 euros 137

Saison : printemps, été, automne
Préparation : 20 min
Cuisson : 1 h

MENU ÉQUILIBRÉ
> Salade d'avocat au pomélo
Lentilles au massala
Riz nature
Yaourt aromatisé

Lentilles au massala

Pour 4 personnes ▪ 150 g de lentilles blondes ▪ 150 g de riz ▪ 1 carotte ▪ 1 petite aubergine ▪ 2 tomates ▪ 1 oignon ▪ 1 gousse d'ail ▪ 1 c. à c. de massala ▪ 2 c. à s. d'huile d'olive ▪ Sel, poivre

Pelez et émincez l'oignon et l'ail. Lavez les tomates et l'aubergine, puis coupez-les en très petits dés. Pelez la carotte, lavez-la et coupez-la en rondelles.

Versez l'huile dans une cocotte. Ajoutez l'oignon, l'ail et les dés d'aubergine. Laissez dorer 5 min à feu doux en remuant. Ajoutez ensuite les rondelles de carotte, les dés de tomates et les lentilles. Poivrez et ajoutez le massala. Couvrez d'eau et laissez mijoter pendant 40 min à feu très doux. Salez à mi-cuisson.

Faites cuire le riz à l'eau ou dans un rice-cooker pendant 18 min, puis gardez-le au chaud.

Rectifiez l'assaisonnement des lentilles. Servez-les très chaudes avec le riz.

MON ASTUCE ÉCONOMIE
Le massala (mélange d'épices indien) est vendu dans les épiceries orientales et en épicerie fine. Si vous ne parvenez pas à en trouver (ou s'il est très cher), remplacez-le par du cumin, de la coriandre, du gingembre, de la cardamome et de la cannelle en poudre.

LE PLUS SANTÉ
Un plat d'inspiration indienne qui associe céréales, légumineuses et légumes. Particulièrement riche en fibres et en substances protectrices, c'est un plat léger en calories, car il contient très peu de matière grasse.

ALTERNATIVE
Relevez le plat de piment et ajoutez des feuilles de curry ou de kaffir (en vente dans les boutiques asiatiques).

Plats végétariens complets

Saison : toutes
Préparation : 20 min
Cuisson : 15 min

MENU ÉQUILIBRÉ
> Œuf en gelée
Salade de lentilles au chèvre
Fromage blanc
Kiwi

Salade de lentilles au chèvre

Pour 4 personnes ▪ 200 g de lentilles vertes ▪ 1 pomme type granny-smith ▪ 1 branche de céleri ▪ 1 oignon violet ▪ 5 brins de persil plat ▪ 1/2 citron ▪ 150 g de sainte-maure ▪ 2 c. à s. de vinaigre balsamique ▪ 2 c. à s. d'huile de colza ▪ Sel, poivre

Faites cuire les lentilles à l'eau pendant 15 min. Égouttez-les, versez-les dans un saladier, salez et poivrez. Gardez au chaud.

Lavez la pomme, puis coupez-la en petits dés sans la peler. Arrosez de jus de citron. Lavez la branche de céleri et coupez-la en lamelles. Pelez l'oignon, puis émincez-le. Coupez le fromage en dés après avoir gratté légèrement la croûte.

Rincez, séchez et hachez le persil. Mélangez l'huile, le vinaigre et le persil, salez et poivrez.

Au moment du repas, ajoutez dans le saladier contenant les lentilles tièdes les dés de pommes, les dés de fromage, le céleri, l'oignon et la sauce. Mélangez délicatement et servez.

MON ASTUCE ÉCONOMIE
Lentilles, pomme et céleri sont des produits peu onéreux. C'est donc l'occasion de s'offrir un fromage AOC d'excellente qualité gustative. Mais, si vous souhaitez réduire le coût du plat, optez pour un chèvre sans dénomination spécifique.

LE PLUS SANTÉ
Une salade bien pourvue en calcium (lentilles, fromage), ainsi qu'en protéines. Les lentilles vertes sont de bonnes sources de fibres et de fer.

ALTERNATIVE
Pour varier, ajoutez quelques dés de fenouil, des tomates cerises ou quelques bouquets de mâche. Le fromage de brebis se marie très bien aux lentilles et à la pomme.

Saison : toutes
Préparation : 15 min
Cuisson : 30 min

MENU ÉQUILIBRÉ
> Salade de concombre à la feta
Pois chiches et blé à l'orientale
Crème à la fleur d'oranger
Orange

Pois chiches et blé à l'orientale

Pour 4 personnes ▪ 1 boîte de pois chiches de 800 g ▪ 150 g de boulghour ▪ 1 oignon ▪ 1 gousse d'ail ▪ 3 brins de menthe ▪ 1 c. à c. de concentré de tomates ▪ 30 g de raisins secs ▪ 30 g de pignons ▪ 2 pincées de ras el hanout ▪ 2 c. à s. d'huile d'olive ▪ Sel, poivre

Faites cuire le boulghour 15 min à l'eau bouillante salée, puis égouttez-le. Gardez-le au chaud.

Égouttez et rincez les pois chiches. Pelez et émincez l'oignon et l'ail. Faites chauffer l'huile dans une cocotte. Ajoutez l'ail et l'oignon, et faites-les dorer à feu doux pendant 5 min en remuant. Ajoutez le ras el hanout, du sel, du poivre, le concentré de tomates, les raisins et un verre d'eau. Versez les pois chiches et mélangez. Laissez mijoter à feu doux pendant 10 min.

Rincez et essorez la menthe, puis effeuillez-la.

Disposez le boulghour dans un plat creux et ajoutez les pignons. Versez les pois chiches au centre et décorez avec la menthe fraîche. Dégustez chaud.

MON ASTUCE ÉCONOMIE
Un plat délicieux, qui ne demande que des ingrédients d'épicerie. Idéal pour les fins de mois ! Pensez à compléter votre menu avec des crudités (légumes ou fruits) pour l'apport en vitamine C.

LE PLUS SANTÉ
Une excellente association de blé complet et de légumineuse. Vous obtenez un plat riche en fibres, minéraux, glucides complexes et protéines végétales.

ALTERNATIVE
Vous pouvez bien sûr compléter avec des légumes frais si vous en avez sous la main : quelques dés de tomates, de courgettes, d'aubergines ou de poivrons pourront agrémenter ce plat végétarien.

Plats végétariens complets

Saison : été, automne
Préparation : 15 min
Cuisson : 25 min

MENU ÉQUILIBRÉ
> Salade de carottes à la coriandre
Tagine express d'aubergine
et de haricots blancs
Comté
Crème renversée

Tagine express d'aubergine et de haricots blancs

Pour 4 personnes ▪ 1 boîte de haricots blancs de 800 g ▪ 1 aubergine ▪ 1 oignon ▪ 1 gousse d'ail ▪ 2 tomates ▪ 30 g de raisins secs ▪ 1 pincée de graines de cumin ▪ 1 pincée de cannelle ▪ 2 c. à s. d'huile d'olive ▪ Sel, poivre

Égouttez et rincez les haricots. Lavez l'aubergine et les tomates, puis coupez-les en très petits dés. Pelez et émincez l'ail et l'oignon.

Faites chauffer l'huile dans une cocotte ou un plat spécial à tagine. Ajoutez l'ail et l'oignon, et laissez dorer 5 min en remuant.

Ajoutez les dés de tomates et d'aubergine, ainsi que les raisins. Salez, poivrez, assaisonnez de cumin et de cannelle. Remuez et laissez mijoter à feu doux pendant 15 min.

Versez les haricots, laissez mijoter encore 5 min et servez bien chaud.

MON ASTUCE ÉCONOMIE
Haricots blancs et aubergine : deux ingrédients très bon marché à décliner à toutes les sauces ! Utiliser des haricots en boîte vous permet de gagner du temps et d'économiser sur le temps de cuisson.

LE PLUS SANTÉ
Un plat riche en fibres, en glucides complexes et en substances antioxydantes. Les épices facilitent la digestion de ce plat, vous pouvez en ajouter largement.

ALTERNATIVE
Tous les légumes secs conviennent pour cette recette : pois chiches, lentilles, haricots rouges... En été, profitez aussi des fèves fraîches et des cocos à écosser.

Saison : toutes
Préparation : 25 min
Cuisson : 10 min

MENU ÉQUILIBRÉ
> Salade de tomates et oignons rouges
Falafels
1 petit-suisse
Salade d'oranges

Falafels

Pour 4 personnes ▪ 1 boîte de pois chiches de 800 g ▪ 1 oignon ▪ 1 gousse d'ail ▪ 1/2 citron ▪ 10 brins de persil plat ▪ 1 pincée de cumin ▪ 1 pincée de piment ▪ 3 c. à s. de farine ▪ 1 c. à s. d'huile d'olive ▪ 4 c. à s. d'huile de tournesol ▪ Sel, poivre

Égouttez et rincez les pois chiches. Pelez et émincez l'ail et l'oignon. Rincez, séchez et équeutez le persil.

Placez le tout dans le bol du mixer et ajoutez l'huile d'olive, un filet de jus de citron, du sel, du poivre, le cumin et le piment. Mixez quelques secondes pour obtenir un mélange pâteux.

Versez la farine dans une assiette creuse. Avec la pâte de pois chiches, formez des boulettes de la taille d'une grosse noix entre vos mains et roulez-les dans la farine.

Faites chauffer l'huile de tournesol dans une grande sauteuse. Ajoutez les falafels et faites-les dorer à feu moyen pendant 5 à 6 min en les retournant délicatement. Disposez-les sur un plat garni de papier absorbant et dégustez chaud avec des crudités.

MON ASTUCE ÉCONOMIE
Les falafels, originaires du Moyen-Orient, sont une base de repas particulièrement bon marché. Ils sont consommés un peu partout à travers le monde, accompagnés de crudités et de pain, pour un menu végétarien équilibré.

LE PLUS SANTÉ
Maîtrisez bien la quantité d'huile, car les falafels deviennent vite des croquettes grasses et indigestes. Faites-les cuire à feu doux dans peu d'huile et épongez-les avant de les servir.

ALTERNATIVE
Vous pouvez aromatiser vos falafels avec des épices (curry, paprika, r as el hanout...) et y ajouter différentes herbes (menthe, basilic, coriandre...).

Plats végétariens complets

Saison : printemps
Préparation : 25 min
Cuisson : 10 min
Repos : 10 min

MENU ÉQUILIBRÉ
> Croquettes d'avoine aux cacahuètes
Salade de chou blanc
Fromage blanc au miel
Pomme au four à la cannelle

Croquettes d'avoine aux cacahuètes

Pour 4 personnes ▪ 150 g de flocons d'avoine ▪ 1 oignon nouveau ▪ 5 brins de persil ▪ 15 cl de lait ▪ 1 œuf ▪ 30 g de cacahuètes grillées ▪ 2 c. à s. d'huile ▪ Sel, poivre

Versez les flocons dans un saladier. Ajoutez le lait tiède et mélangez. Laissez gonfler pendant 10 min.

Lavez l'oignon, puis hachez-le très finement, y compris sa tige verte. Rincez le persil, essorez-le et hachez-le. Hachez les cacahuètes.

Salez et poivrez les flocons d'avoine, ajoutez l'œuf et mélangez. Incorporez ensuite l'oignon et le persil hachés, puis les cacahuètes. Formez 8 ou 12 boulettes et aplatissez-les entre vos mains.

Faites chauffer l'huile dans une poêle antiadhésive. Ajoutez les croquettes et faites-les dorer 3 min de chaque côté. Disposez-les sur un plat garni de papier absorbant et dégustez chaud avec des crudités.

MON ASTUCE ÉCONOMIE
Utilisez les flocons d'avoine destinés à la préparation du porridge (en vente au rayon des céréales de petit déjeuner) ou des flocons bio (rayon diététique), un peu plus chers, mais toujours abordables.

LE PLUS SANTÉ
Les flocons d'avoine contiennent des fibres spécifiques qui favorisent la diminution du taux de cholestérol sanguin. N'hésitez pas à en intégrer régulièrement à vos préparations (galettes, gâteaux, entremets…).

ALTERNATIVE
Variez les herbe (ciboulette, menthe…) et ajoutez des noisettes, des amandes, des pignons ou des noix à la place des cacahuètes.

200 menus à moins de 2 euros

Saison : printemps, été, automne
Préparation : 35 min
Cuisson : 35 min

MENU ÉQUILIBRÉ
> Quiche au thon et aux tomates
Salade de laitue
Fromage blanc
Pêche

Quiche au thon et aux tomates

Pour 4 personnes ▪ 120 g de thon au naturel ▪ 3 tomates ▪ 250 g de farine ▪ 120 g de beurre ou de margarine ▪ 1 œuf ▪ 1 verre de lait ▪ 1 c. à s. de moutarde forte ▪ Sel, poivre

Mélangez la farine et le beurre (ou la margarine) coupé en petits morceaux pour obtenir un mélange sableux. Ajoutez 1 pincée de sel, un demi-verre d'eau et formez une boule. Couvrez de film étirable et placez au frais.

Préchauffez le four à 180 °C (th. 6). Lavez les tomates, puis coupez-les en fines tranches en éliminant le jus et les graines. Égouttez le thon, émiettez-le. Battez l'œuf et le lait dans un bol, salez, poivrez et mélangez.

Étalez la pâte pas trop finement, puis garnissez-en un moule de 24 cm de diamètre. Piquez la pâte à l'aide d'une fourchette. Badigeonnez-la de moutarde, puis disposez les tomates par-dessus. Ajoutez le thon, salez légèrement et poivrez.

Nappez du mélange lait-œuf et faites cuire 35 min au four. Dégustez chaud ou froid avec une salade.

MON ASTUCE ÉCONOMIE
Faites votre pâte vous-même : même si la différence de prix n'est pas très importante, vous y gagnerez en qualité. N'hésitez pas à faire une pâte pur beurre ou choisissez une margarine riche en oméga-3, selon vos goûts.

LE PLUS SANTÉ
Une tarte très bien pourvue en protéines, puisqu'elle contient du thon, du lait et un œuf. C'est tout à fait suffisant pour le dîner.

ALTERNATIVE
Vous pouvez associer aux tomates d'autres légumes finement coupés, comme des rondelles de courgettes, d'aubergines ou de champignons.

Quiches, pizzas, tartes salées, croques…

Saison : toutes
Préparation : 40 min
Cuisson : 45 min

MENU ÉQUILIBRÉ
> Potage de légumes
Tarte aux champignons
1 petit-suisse
Ananas

Tarte aux champignons

Pour 4 personnes ▪ 400 g de champignons de Paris ▪ 250 g de farine ▪ 120 g de beurre ou de margarine ▪ 50 g de gruyère râpé ▪ 10 cl de lait ▪ 15 g de fécule de maïs ▪ 1 pincée de muscade râpée ▪ 1 c. à s. d'huile ▪ Sel, poivre

Mélangez la farine et le beurre (ou la margarine) coupé en petits morceaux pour obtenir un mélange sableux. Ajoutez 1 pincée de sel, un demi-verre d'eau et formez une boule. Couvrez de film étirable et placez au frais.

Préchauffez le four à 180 °C (th. 6). Éliminez l'extrémité sableuse du pied des champignons et rincez-les rapidement sous l'eau fraîche. Émincez-les en fines tranches.

Faites chauffer l'huile dans une large sauteuse. Ajoutez les champignons et laissez-les cuire à feu moyen pendant 10 min en remuant. Saupoudrez de fécule, mélangez et ajoutez le lait. Portez à ébullition, laissez cuire 1 min en mélangeant. Salez, poivrez, assaisonnez de muscade et mélangez. Laissez en attente.

Étalez la pâte et garnissez-en un moule de 24 cm de diamètre. Piquez le fond avec une fourchette. Versez la garniture aux champignons et parsemez de gruyère râpé. Faites cuire 35 min au four. Servez chaud avec une salade.

MON ASTUCE ÉCONOMIE
Utilisez des champignons en conserve pour cette recette, s'ils sont meilleur marché. Les champignons surgelés sont en général un peu plus chers, mais ils restent abordables.

LE PLUS SANTÉ
Une tarte riche en légumes, que les petits mangeront sans problème. S'ils sont difficiles, n'hésitez pas à réduire légèrement la quantité de champignons et à augmenter celle de lait et de fromage ; vous gagnerez en calcium.

ALTERNATIVE
De la même façon, vous pouvez préparer une excellente tarte aux poireaux, aux courgettes, aux épinards et même au potiron (précuit à la vapeur).

Saison : automne, hiver
Préparation : 40 min
Cuisson : 25 min
Repos : 1 h

MENU ÉQUILIBRÉ
> Soupe de cresson
Tarte aux poireaux et au maroilles
Salade d'endives
Pomme au four

Tarte aux poireaux et au maroilles

Pour 4 personnes ▪ 2 poireaux déjà cuits ▪ 150 g de maroilles ▪ 80 g de beurre ▪ 10 cl de lait ▪ 2 c. à s. de crème fraîche ▪ 1 œuf ▪ 200 g de farine ▪ 1 sachet de levure lyophilisée ▪ Sel, poivre

Versez la farine dans un saladier, ajoutez 1 pincée de sel, le lait tiède et la levure. Mélangez, formez une boule et laissez reposer à température ambiante pendant 30 min.

Quand la pâte a commencé à lever, incorporez le beurre fondu et l'œuf, puis travaillez la pâte pendant 10 min (ou utilisez un robot pendant 5 min). Garnissez un moule à manqué avec la pâte et laissez-la lever pendant 30 min dans un lieu tiède (près d'un radiateur, par exemple).

Préchauffez le four à 210 °C (th. 7). Coupez les poireaux bien égouttés en petits tronçons. Découpez le fromage en fines lamelles.

Garnissez la pâte de poireaux, puis couvrez de fromage. Appuyez légèrement pour faire pénétrer le fromage dans la pâte. Nappez d'un peu de crème, salez et poivrez. Enfournez pour 25 min. Servez bien chaud avec une salade.

MON ASTUCE ÉCONOMIE
La préparation peut vous sembler un peu longue, mais le résultat vraiment délicieux, nourrissant et peu onéreux vaut ce petit effort ! Une tarte dont le rapport qualité/prix dépasse largement celui des tartes industrielles (souvent plus grasses)…

LE PLUS SANTÉ
L'apport en matière grasse de cette tarte, bien maîtrisé, permet de la consommer une ou deux fois par mois sans problème.

ALTERNATIVE
Une pâte brisée peut faire l'affaire, mais vous obtiendrez une tarte plus classique, sans le moelleux de cette pâte briochée.

Saison : printemps, été, automne
Préparation : 40 min
Cuisson : 30 min
Repos : 1 h

MENU ÉQUILIBRÉ
> Soupe de légumes
Pizza à l'aubergine et à la mozzarella
Salade verte
Crème aux œufs

Pizza à l'aubergine et à la mozzarella

Pour 4 personnes ▪ 1 aubergine ▪ 1 boule de mozzarella ▪ 240 g de farine ▪ 1 sachet de levure lyophilisée ▪ 15 cl de coulis de tomates ▪ 1 c. à s. d'huile de tournesol ▪ 1 c. à s d'huile d'olive ▪ Sel, poivre

Versez la farine dans un saladier. Ajoutez 1 pincée de sel, l'huile d'olive, la levure et 10 cl d'eau tiède. Travaillez la pâte pendant 10 min (ou utilisez un robot pendant 5 min). Formez une boule, placez-la dans un lieu tiède et laissez lever pendant 30 min.

Lavez l'aubergine, puis coupez-la en fines rondelles. Faites chauffer l'huile de tournesol dans une sauteuse, ajoutez les tranches d'aubergine, salez, poivrez et faites-les sauter pendant 5 min à feu moyen. Laissez tiédir. Coupez la mozzarella en tranches. Préchauffez le four à 210 °C (th. 7).

Travaillez à nouveau la pâte pendant 3 min à la main. Étalez-la sur une plaque à pâtisserie antiadhésive. Laissez reposer 30 min dans un lieu tiède. Nappez la pâte de coulis de tomates. Disposez par-dessus les aubergines, puis la mozzarella. Salez, poivrez.

Enfournez pour 25 min et dégustez chaud.

MON ASTUCE ÉCONOMIE
La pizza maison est un plat vraiment pas cher : vous pouvez donc opter pour des ingrédients de bonne qualité. Choisissez en particulier une vraie mozzarella (de bufflonne), c'est elle qui donne son goût au plat.

LE PLUS SANTÉ
La pizza est un plat riche en glucides complexes et peu gras. C'est la garniture qui fait les calories : n'abusez pas du fromage ou des ingrédients gras (viande hachée, chorizo…).

ALTERNATIVE
Mettez sur votre pizza ce qui vous fait plaisir ! À vous de choisir : rondelles de tomates, de courgettes, lamelles de poivrons, anchois, olives, fromage de chèvre…

Saison : printemps, été, automne
Préparation : 35 min
Cuisson : 25 min
Repos : 1 h

MENU ÉQUILIBRÉ
> Pizza aux tomates et aux anchois
Salade verte
1 petit suisse

Pizza aux tomates et aux anchois

Pour 4 personnes ▪ 2 tomates ▪ 240 g de farine ▪ 1 sachet de levure lyophilisée ▪ 2 c. à s. d'huile d'olive ▪ 1 petite boîte de filets d'anchois à l'huile de 50 g ▪ 15 olives noires ▪ 15 cl de coulis de tomates ▪ Sel, poivre

Versez la farine dans un saladier. Ajoutez 1 pincée de sel, 1 cuillerée d'huile d'olive, la levure et 10 cl d'eau tiède. Travaillez la pâte pendant 10 min (ou utilisez un robot pendant 5 min). Formez une boule, placez-la dans un lieu tiède et laissez lever pendant 30 min.

Travaillez à nouveau la pâte pendant 3 min, puis étalez-la sur une plaque à pâtisserie antiadhésive. Laissez lever encore 30 min dans un endroit tiède.

Préchauffez le four à 210 °C (th. 7). Égouttez les anchois. Lavez les tomates, puis coupez-les en rondelles assez fines. Éliminez le jus et les graines.

Étalez le coulis de tomates sur la pâte. Disposez par-dessus les rondelles de tomates. Répartissez les anchois et les olives. Arrosez d'un filet d'huile d'olive et enfournez pour 25 min. Dégustez chaud ou froid.

MON ASTUCE ÉCONOMIE
Une pizza sans fromage vraiment pas chère… mais particulièrement typée ! Pour un goût encore plus relevé, arrosez-la d'huile pimentée.

LE PLUS SANTÉ
Une pizza autorisée à tous ceux qui ont du cholestérol ou qui surveillent leur ligne. Pas de fromage, donc un apport calorique très modéré, et pas d'acides gras saturés.

ALTERNATIVE
À la place des anchois, quelques moules ou quelques coques seront parfaites. Une persillade (ail et persil hachés) ajoutée en fin de cuisson s'accorde également très bien aux tomates et aux anchois.

Quiches, pizzas, tartes salées, croques…

Saison : printemps, été, automne
Préparation : 35 min
Cuisson : 25 min
Repos : 1 h

MENU ÉQUILIBRÉ
> Melon
Pizza à la roquette et aux tomates
Glace au chocolat

Pizza à la roquette et aux tomates

Pour 4 personnes ▪ 60 g de roquette ▪ 300 g de tomates cerises ▪ 2 boules de mozzarella ▪ 240 g de farine ▪ 1 sachet de levure lyophilisée ▪ 3 c. à s. d'huile d'olive ▪ Sel, poivre

Versez la farine dans un saladier. Ajoutez 1 pincée de sel, 1 cuillerée d'huile d'olive, la levure et 10 cl d'eau tiède. Travaillez la pâte pendant 10 min (ou utilisez un robot pendant 5 min). Formez une boule, placez-la dans un lieu tiède et laissez lever pendant 30 min.

Travaillez à nouveau la pâte pendant 3 min, puis étalez-la sur une plaque à pâtisserie antiadhésive. Laissez lever encore 30 min dans un endroit tiède. Badigeonnez la pâte avec 1 cuillerée d'huile, piquez-la avec une fourchette et faites-la cuire au four pendant 25 min. Laissez refroidir.

Lavez et essorez la roquette. Coupez les tomates cerises en deux dans le sens de la hauteur. Coupez la mozzarella en fines tranches.

Disposez sur la pizza, froide ou tiède, la mozzarella, la roquette et les tomates. Salez, poivrez, arrosez d'un filet d'huile et dégustez.

MON ASTUCE ÉCONOMIE
Un pizza facile à faire et économique : choisissez une mozzarella de bonne qualité et des tomates cerises bien mûres et parfumées pour que la saveur soit au rendez-vous.

LE PLUS SANTÉ
Une pâte à pain nature, du fromage et des crudités : cette pizza originale est riche en antioxydants et en glucides complexes.

ALTERNATIVE
Pour un repas nomade, ouvrez la pizza en deux dans l'épaisseur et fourrez-la comme un sandwich.

200 menus à moins de 2 euros

Saison : toutes
Préparation : 35 min
Cuisson : 50 min
Repos : 1 h

MENU ÉQUILIBRÉ
> Pissaladière
Salade de roquette et tomates
Fromage de chèvre
Raisin

Pissaladière

Pour 4 personnes ▪ 4 gros oignons jaunes ▪ 20 olives noires ▪ 10 anchois ▪ 240 g de farine ▪ 1 sachet de levure lyophilisée ▪ 3 c. à s. d'huile d'olive ▪ Sel, poivre

Versez la farine dans un saladier. Ajoutez 1 pincée de sel, 1 cuillerée d'huile d'olive, la levure et 10 cl d'eau tiède. Travaillez la pâte pendant 10 min (ou utilisez un robot pendant 5 min). Formez une boule, placez-la dans un lieu tiède et laissez lever pendant 30 min.

Travaillez à nouveau la pâte pendant 3 min, puis étalez-la sur une plaque à pâtisserie antiadhésive. Laissez lever encore 30 min dans un endroit tiède.

Préchauffez le four à 180 °C (th. 6). Pelez les oignons et émincez-les finement à l'aide d'une râpe à main (ou d'un robot). Faites chauffer le reste d'huile dans une large sauteuse. Ajoutez les oignons, salez et poivrez, puis faites fondre à feu très doux pendant 20 min sans coloration. Ajoutez si besoin un peu d'eau pour éviter qu'ils n'attachent.

Étalez les oignons sur la pâte. Disposez les olives et les anchois. Enfournez pour 30 min et servez chaud avec une salade.

MON ASTUCE ÉCONOMIE
Un plat très savoureux, dont le prix de revient est vraiment dérisoire, les ingrédients de base étant la farine et les oignons. Cela vous permet d'intégrer un fromage de bonne qualité dans le menu.

LE PLUS SANTÉ
Peu de plats contiennent des oignons en quantité aussi élevée : vous faites ici le plein de substances soufrées, impliquées dans la prévention du cancer, de fibres, de minéraux…

ALTERNATIVE
Si vous craignez de mal digérer les oignons, passez-les 5 min à la vapeur après les avoir émincés. Ils seront moins irritants.

Saison : toutes
Préparation : 30 min
Cuisson : 30 min

MENU ÉQUILIBRÉ
> Soupe de légumes
Choux au fromage
Salade d'épinards
Poire pochée aux épices

Choux au fromage

Pour 4 personnes ▪ 60 g de beurre ▪ 100 g de gruyère râpé ▪ 4 œufs ▪ 150 g de farine ▪ 1 pincée de muscade râpée ▪ Sel, poivre

Faites chauffer dans une casserole 20 cl d'eau avec le beurre coupé en morceaux, 1 pincée de sel et du poivre. Quand l'eau arrive à ébullition et que le beurre est fondu, retirez du feu, ajoutez la farine en une seule fois et mélangez à la spatule. Remettez la casserole sur feu doux et travaillez la pâte jusqu'à ce qu'elle se détache parfaitement des parois de la casserole. Laissez tiédir.

Ajoutez les œufs un par un en travaillant bien la pâte à chaque fois. Incorporez en dernier le fromage râpé et la muscade.

Préchauffez le four à 210 °C (th. 7). Disposez des boules de pâte de la taille d'une grosse noix sur une plaque à pâtisserie antiadhésive en les espaçant bien.

Enfournez pour 25 min environ. Les choux doivent être bien gonflés et dorés. N'ouvrez pas le four en cours de cuisson pour éviter que la pâte ne retombe. Dégustez tiède avec une salade.

MON ASTUCE ÉCONOMIE
Une base de repas riche en nutriments utiles (protéines, calcium…), mais à un prix très raisonnable. Côté pratique : faites vos choux d'avance et réchauffez-les au moment de les consommer.

LE PLUS SANTÉ
Un bon apport en calcium, des glucides complexes, mais pas trop de matière grasse pour cette recette de choux facile à réussir à condition de bien travailler la pâte.

ALTERNATIVE
Vous pouvez fourrer vos choux d'une béchamel épaisse enrichie de dés de jambon ou de lamelles de champignons cuits. Réchauffez le tout au four avant de servir.

Saison : printemps, été, automne
Préparation : 35 min
Cuisson : 40 min

MENU ÉQUILIBRÉ
> Cake aux courgettes et au chèvre
Salade de tomates et concombre
Yaourt à la vanille
Fraises

Cake aux courgettes et au chèvre

Pour 6 personnes ▪ 1 courgette ▪ 10 brins de ciboulette ▪ 100 g de chèvre frais ▪ 100 g de crème fraîche épaisse ▪ 3 œufs ▪ 180 g de farine ▪ 1 sachet de levure chimique ▪ 2 c. à s. d'huile d'olive ▪ Sel, poivre

Préchauffez le four à 180 °C (th. 6). Lavez la courgette, puis coupez-la en fins bâtonnets. Émiettez le fromage de chèvre sur une assiette. Rincez et séchez la ciboulette, puis ciselez-la.

Versez la farine dans un saladier, ajoutez la levure, 1 pincée de sel et du poivre ; mélangez. Incorporez les œufs entiers, la crème et l'huile à l'aide d'une spatule.

Ajoutez les bâtonnets de courgette et le fromage de chèvre, puis mélangez.

Versez dans un moule à cake et faites cuire au four pendant 40 min. Dégustez tiède avec une salade.

MON ASTUCE ÉCONOMIE
La courgette, très peu chère en été, va donner un beau volume à votre cake : vous pouvez le prévoir pour 6, voire 8 personnes sans problème.

LE PLUS SANTÉ
Une recette peu grasse, car un peu d'huile et de la crème fraîche remplacent le beurre. Les courgettes apportent une touche végétale.

ALTERNATIVE
Tous les fromages conviennent pour cette recette : découpez-les en tout petits dés ; ils ne se mélangeront pas à la pâte et resteront visibles au découpage.

Saison : printemps, été, automne
Préparation : 25 min
Cuisson : 40 min

MENU ÉQUILIBRÉ
> Melon galia
Cake au thon et à la tomate
Salade de mâche
Glace au café

Cake au thon et à la tomate

Pour 4 personnes ▪ 20 tomates cerises ▪ 5 brins de basilic ▪ 3 œufs ▪ 100 g de crème fraîche épaisse ▪ 100 g de thon au naturel ▪ 4 morceaux de tomates séchées ▪ 180 g de farine ▪ 1 sachet de levure chimique ▪ 2 c. à s. d'huile d'olive ▪ Sel, poivre

Préchauffez le four à 180 °C (th. 6). Égouttez le thon et émiettez-le. Lavez les tomates, puis coupez-les en quatre dans le sens de la hauteur. Coupez les tomates séchées en dés. Effeuillez et ciselez le basilic rincé sous l'eau froide.

Versez la farine et la levure dans un saladier. Salez et poivrez. Ajoutez les œufs entiers, l'huile et la crème. Travaillez la pâte pour obtenir un mélange bien lisse.

Ajoutez les tomates fraîches et séchées, le basilic et le thon. Mélangez soigneusement pour enrober tous les ingrédients de pâte.

Versez dans un moule à cake et enfournez pour 40 min. Démoulez le cake tiède et servez avec une salade.

MON ASTUCE ÉCONOMIE
Moins chères que les tomates cerises et les tomates séchées : utilisez des tomates traditionnelles, que vous couperez en tranches et que vous ferez confire 15 min au four avec un peu d'huile.

LE PLUS SANTÉ
Un cake riche en protéines (œufs, thon), qui permet d'équilibrer un repas sans viande à peu de frais.

ALTERNATIVE
Pour rester dans le même esprit et changer du thon : remplacez-le par quelques dés de saumon cuit, de truite fumée ou même quelques morceaux de sardines à l'huile bien égouttées.

Saison : printemps, été, automne
Préparation : 15 min
Cuisson : 10 min

MENU ÉQUILIBRÉ
> Soupe de potiron
Tartines aux œufs brouillés et au bacon
Frisée aux noix
Yaourt aux fruits

Tartines aux œufs brouillés et au bacon

Pour 4 personnes ▪ 4 belles tranches de pain au levain ▪ 8 fines tranches de bacon ▪ 2 tomates ▪ 10 brins de ciboulette ▪ 6 œufs ▪ 1 noix de margarine ▪ 1 pincée de paprika ▪ Sel, poivre

Rincez les tomates, puis coupez-les en fines tranches. Rincez, séchez et hachez la ciboulette. Cassez les œufs dans un bol et battez-les avec du sel et du poivre. Ajoutez la ciboulette et mélangez.

Faites roussir les tranches de bacon dans une poêle antiadhésive à feu vif pendant 3 min.

Faites fondre la margarine dans une casserole. Ajoutez les œufs et faites-les cuire à feu doux en remuant pendant 8 min environ. Stoppez la cuisson dès qu'ils sont crémeux et gardez au chaud.

Faites dorer les tranches de pain au grille-pain ou au four. Garnissez-les de bacon, tomates et œufs brouillés. Saupoudrez de paprika. Dégustez aussitôt.

MON ASTUCE ÉCONOMIE
Le filet de bacon ne contient quasiment pas de matière grasse et donne du goût à vos préparations. C'est un produit bon marché et facile à conserver, à avoir toujours d'avance au frigo.

LE PLUS SANTÉ
Un plat riche en protéines (œufs, bacon), qui remplace une portion de viande à moindre coût. L'apport en lipides est par ailleurs très modeste.

ALTERNATIVE
En hiver, éliminez la tomate (chère et sans goût) et remplacez-la par des lamelles de champignons sautés ou par une fine couche d'épinards hachés cuits.

Quiches, pizzas, tartes salées, croques…

Saison : printemps, été, automne
Préparation : 15 min
Cuisson : 5 min

MENU ÉQUILIBRÉ
> Billes de pastèque
Tartines aux tomates et aux sardines
Salade de concombre
Semoule au lait

Tartines aux tomates et aux sardines

Pour 4 personnes ▪ 4 belles tranches de pain au levain ▪ 3 tomates ▪ 1 poignée de graines germées ▪ 2 boîtes de sardines à l'huile de 100 g ▪ 2 c. à s. de moutarde forte ▪ Poivre

Égouttez les sardines, ouvrez-les en deux et éliminez l'arête centrale. Lavez les tomates et coupez-les en fines tranches.

Faites dorer les tranches de pain au grille-pain ou au four.

Tartinez-les de moutarde. Disposez par-dessus des rondelles de tomates, 1 pincée de graines germées et les sardines. Poivrez et dégustez aussitôt.

MON ASTUCE ÉCONOMIE
Achetez les sardines dans les boutiques portugaises ; elles sont délicieuses et souvent beaucoup moins chères. Bon à savoir : la sardine se bonifie avec le temps. Vous pouvez donc consommer celles dont la date de péremption est proche ou même dépassée de quelques mois.

LE PLUS SANTÉ
Une recette riche en oméga-3 grâce aux sardines. N'ajoutez pas d'huile sur les tomates, car les sardines en contiennent déjà suffisamment.

ALTERNATIVE
Faites la même recette avec des filets de maquereaux ou du thon et arrosez d'un filet d'huile, si les poissons sont au naturel.

200 menus à moins de 2 euros

Saison : toutes
Préparation : 20 min
Cuisson : 10 min

MENU ÉQUILIBRÉ
> Tartines des Vosges
Chou blanc à la vinaigrette
Salade de fruits

Tartines des Vosges

Pour 4 personnes ▪ 4 belles tranches de pain au levain ▪ 2 tranches de jambon fumé ▪ 2 pommes de terre déjà cuites ▪ 100 g de munster ▪ 3 c. à s. de moutarde forte ▪ Poivre

Préchauffez le gril du four. Ôtez la croûte du munster, puis coupez-le en fines tranches. Émincez le jambon en lamelles. Pelez les pommes de terre, coupez-les en rondelles très fines.

Disposez les tranches de pain sur une plaque à pâtisserie (ou dans un plat à petits bords). Passez-les 3 min sous le gril pour les faire dorer.

Tartinez-les de moutarde, puis garnissez-les de pommes de terre, de lamelles de jambon et de fromage. Poivrez, mais ne salez pas.

Faites gratiner les tartines sous le gril pendant 5 min environ, le temps que le fromage commence à fondre et à dorer. Dégustez avec des crudités.

MON ASTUCE ÉCONOMIE
Les tartines et les croques ne nécessitent que de petites quantités d'ingrédients, ce qui vous permet d'en sélectionner de bonne qualité : un bon fromage fermier ou AOC et un jambon fumé de l'Est.

LE PLUS SANTÉ
Un plat très bien pourvu en glucides complexes (pain, pommes de terre), idéal pour les enfants et les ados actifs. Doublez les proportions pour les plus sportifs.

ALTERNATIVE
Fromage à raclette et jambon cru, comté et jambon de Paris, reblochon et jambon braisé… Déclinez la recette selon vos envies !

Saison : toutes
Préparation : 20 min
Cuisson : 10 min

MENU ÉQUILIBRÉ
> Soupe aux champignons
Croques au camembert et aux cornichons
Salade de cresson
Pomme

Croques au camembert et aux cornichons

Pour 4 personnes ▪ 8 tranches de pain de mie ▪ 2 tranches de jambon blanc ▪ 1/2 camembert ▪ 15 g de beurre ou de margarine ▪ 4 c. à s. de moutarde forte ▪ 4 cornichons ▪ Poivre

Ôtez la croûte du camembert et coupez-le en tranches fines. Coupez les tranches de jambon en morceaux de la taille des tranches de pain. Coupez les cornichons en rondelles.

Tartinez très légèrement de margarine l'une des faces de chaque tartine. Disposez 4 tranches de pain sur une planche (face beurrée côté planche). Tartinez-les de moutarde et garnissez-les de rondelles de cornichons, de jambon et de fromage. Poivrez, mais ne salez pas. Couvrez avec les autres tranches de pain.

Faites dorer les croques dans l'appareil à croque-monsieur (ou au four pendant 3 à 4 min de chaque côté). Dégustez chaud avec une salade d'endives.

MON ASTUCE ÉCONOMIE
Plutôt qu'un appareil électrique à croque-monsieur, assez onéreux, achetez un appareil allant sur le feu, beaucoup moins cher et ultra-résistant. Optez pour une version antiadhésive, car les croques attachent facilement.

LE PLUS SANTÉ
Tartinez très légèrement vos croques pour limiter l'ajout de gras superflu. Et faites-les dorer à feu très doux pour qu'ils prennent une belle couleur, sans brûler.

ALTERNATIVE
Pour changer, choisissez du pain de mie aux céréales ou complet et agrémentez vos croques d'une rondelle de tomate. Les fromages fondus en portion (type La vache qui rit®) fonctionnent également très bien.

Saison : printemps, été, automne
Préparation : 20 min
Cuisson : 10 min

MENU ÉQUILIBRÉ
> Croques au thon
Salade de pousses d'épinards
Yaourt
Nectarine

Croques au thon

Pour 4 personnes ▪ 8 tranches de pain de mie ▪ 2 tomates ▪ 2 brins de basilic ▪ 1 gousse d'ail ▪ 80 g de fromage frais à tartiner ▪ 80 g de thon au naturel ▪ 15 g de beurre ou de margarine ▪ 1 c. à s. d'huile d'olive ▪ Sel, poivre

Rincez, séchez, puis émincez le basilic. Pelez et hachez la gousse d'ail. Mettez le fromage dans un bol. Ajoutez le basilic, l'ail, du sel, du poivre et l'huile d'olive. Mélangez à la fourchette.

Rincez les tomates, coupez-les en fines tranches. Égouttez et émiettez le thon. Beurrez très légèrement les tranches de pain sur l'une de leurs faces.

Disposez 4 tranches de pain sur une planche, côté beurré vers la planche.

Garnissez les tranches avec le fromage au basilic, des tranches de tomates et du thon émietté. Tartinez les autres tranches de pain de mélange au fromage et fermez les croques. Faites-les dorer 3 min sur chaque face dans un appareil à croque-monsieur. Dégustez chaud ou froid.

MON ASTUCE ÉCONOMIE
Achetez le fromage à tartiner en barquette plutôt qu'en portions individuelles, il est moins cher. Un chèvre frais — dont le prix est en général raisonnable — convient parfaitement pour cette recette.

LE PLUS SANTÉ
Un croque-monsieur frais et moins gras que le croque traditionnel. N'hésitez pas à ajouter de la roquette ciselée ou des pousses d'épinards pour un plat encore plus végétal.

ALTERNATIVE
Vous pouvez remplacer le mélange au fromage par un pesto maison (basilic, ail, huile d'olive, pignons) et ajouter quelques fines lamelles d'aubergines grillées.

Quiches, pizzas, tartes salées, croques…

Saison : toutes
Préparation : 40 min
Cuisson : 25 min

MENU ÉQUILIBRÉ
> Chaussons fourrés à la viande
Salade de mâche
1 petit-suisse
Pomme au four

Chaussons fourrés à la viande

Pour 4 personnes ▪ 150 g de bœuf haché ▪ 1 oignon ▪ 1 gousse d'ail ▪ 1/2 bouquet de persil ▪ 1 œuf ▪ 70 g de beurre ou de margarine ▪ 3 c. à s. de lait ▪ 150 g de farine ▪ 1 pincée de quatre-épices ▪ 1 c. à s. d'huile ▪ Sel, poivre

Versez la farine dans un saladier. Ajoutez 1 pincée de sel et le beurre (ou la margarine) coupé en dés. Mélangez du bout des doigts pour obtenir une pâte sableuse. Ajoutez un tiers de verre d'eau et formez une boule sans travailler la pâte trop longtemps. Couvrez de film étirable et placez au frais.

Préchauffez le four à 180 °C (th. 6). Pelez l'oignon et l'ail, puis hachez-les. Rincez et séchez le persil, puis hachez-le. Faites chauffer l'huile dans une sauteuse. Ajoutez le hachis d'ail, d'oignon et de persil, et le bœuf. Salez, poivrez et faites dorer à feu vif 5 min en remuant. Laissez tiédir. Ajoutez l'œuf et le quatre-épices, et mélangez.

Sortez la pâte du réfrigérateur et étalez-la sur le plan de travail fariné. Découpez des disques de 12 cm de diamètre à l'aide d'un emporte-pièce ou d'un bol. Garnissez chaque disque de 2 cuillerées de farce, puis repliez-les en soudant les bords avec un peu d'eau. Placez les chaussons sur une plaque à pâtisserie.

Pratiquez une petite incision sur chaque chausson et badigeonnez-les de lait. Enfournez pour 20 min et dégustez chaud avec une salade.

MON ASTUCE ÉCONOMIE
Utilisez un reste de viande pour garnir vos chaussons : pot-au-feu, rôti de porc, poulet rôti, cuisse de dinde… C'est encore plus économique.

LE PLUS SANTÉ
Des chaussons faits maison dont vous maîtrisez parfaitement la composition : de la viande de bonne qualité (ni grasse ni tendineuse) et une bonne quantité d'herbes aromatiques, sources d'antioxydants.

ALTERNATIVE
On peut, sur le même principe, faire des chaussons au fromage (mais ils seront alors un peu plus gras) ou au poisson (avec un reste de saumon ou de morue).

Saison : printemps, été, automne
Préparation : 20 min
Cuisson : 5 min

MENU ÉQUILIBRÉ
> Salade de haricots rouges et maïs
Wraps au poulet et au chèvre frais
Abricots

Wraps au poulet et au chèvre frais

Pour 4 personnes ▪ 4 galettes mexicaines souples ▪ 150 g de restes de poulet cuit ▪ 3 tomates ▪ 1/2 avocat ▪ 1/2 citron ▪ 5 brins de ciboulette ▪ 1 brin de menthe ▪ 80 g de chèvre frais ▪ 1 c. à s. d'huile d'olive ▪ Sel, poivre

Lavez les tomates et coupez-les en fines rondelles. Pelez le demi-avocat et coupez-le en lamelles. Arrosez-les de jus de citron. Lavez les herbes et hachez-les finement. Coupez le poulet en lamelles.

Mettez dans un saladier le poulet, l'avocat, le chèvre et les herbes. Arrosez de jus de citron, ajoutez l'huile d'olive, salez et poivrez. Mélangez délicatement.

Faites réchauffer les galettes mexicaines à la poêle ou au four à micro-ondes.

Garnissez-les du mélange précédent et de rondelles de tomates. Roulez les galettes sur elles-mêmes et dégustez. Pour un repas nomade, enveloppez-les dans du film étirable.

MON ASTUCE ÉCONOMIE
Les galettes mexicaines ne coûtent pas cher et constituent une excellente base de repas à emporter en pique-nique ou au bureau. Il est intéressant de les garnir soi-même, car les wraps sont vendus beaucoup trop chers dans les fast-foods.

LE PLUS SANTÉ
Un wrap équivaut à un sandwich : complétez-le de crudités, d'un laitage et d'un fruit.

ALTERNATIVE
Thon, viande froide, jambon et toutes sortes de crudités peuvent garnir votre wrap, que vous dégusterez chaud ou froid.

Quiches, pizzas, tartes salées, croques…

Saison : toutes
Préparation : 20 min
Cuisson : 20 min

MENU ÉQUILIBRÉ
> Soupe de lentilles
Feuilletés aux épinards et au curry
Laitue à la vinaigrette
Salade d'oranges

Feuilletés aux épinards et au curry

Pour 4 personnes ▪ 4 feuilles de brick ▪ 250 g d'épinards hachés surgelés ▪ 4 petits œufs ▪ 3 c. à s. de crème fraîche épaisse ▪ 1 pincée de curry ▪ 2 c. à s. d'huile de tournesol ▪ Sel, poivre

Faites décongeler les épinards dans une casserole à feu doux avec un peu d'eau. Laissez cuire 10 min en remuant de temps en temps, jusqu'à ce que l'eau se soit totalement évaporée. Ajoutez du sel, du poivre, le curry et la crème. Mélangez et laissez en attente.

Étalez les 4 feuilles de brick sur le plan de travail. Répartissez au centre les épinards à la crème et cassez un œuf au milieu des épinards. Repliez les feuilles sur elles-même pour refermer les feuilletés.

Faites chauffer l'huile dans une large poêle antiadhésive. Ajoutez délicatement les feuilletés et faites-les dorer 3 min sur chaque face.

Disposez-les sur un plat garni de papier absorbant et dégustez très chaud avec des crudités.

MON ASTUCE ÉCONOMIE
Les feuilles de brick sont très peu chères et se déclinent facilement avec des garnitures très variées. Achetez les moins chères (vérifiez simplement la date limite de consommation), car les marques moins connues sont souvent les meilleures.

LE PLUS SANTÉ
Pensez à passer vos feuilletés dans du papier absorbant avant de les servir. Ils seront moins gras et plus digestes. On peut aussi les cuire au four, sans gras.

ALTERNATIVE
Une poignée de roquette peut remplacer les épinards (inutile de la cuire avant de garnir). Vous pouvez aussi aromatiser vos épinards d'une pointe d'ail et de piment.

Saison : toutes
Préparation : 25 min
Cuisson : 35 min

MENU ÉQUILIBRÉ
> Soupe de carottes
Galettes de sarrasin au chèvre frais
Mâche à la vinaigrette
Salade de fraises et kiwis

Galettes de sarrasin au chèvre frais

Pour 4 personnes ▪ 200 g de farine de sarrasin ▪ 1 poignée de mâche ou de roquette ▪ 5 brins de ciboulette ▪ 2 œufs ▪ 200 g de chèvre frais ▪ 20 cl de lait ▪ 4 morceaux de tomates séchées ▪ 1 c. à s. d'huile de tournesol ▪ Sel, poivre

Mélangez la farine et 1 pincée de sel. Ajoutez les œufs, le lait et 30 cl d'eau en mélangeant au fouet.

Rincez, séchez et ciselez la ciboulette. Coupez les tomates séchées en petits morceaux. Lavez et essorez la mâche.

Mélangez le fromage frais, la ciboulette et les dés de tomates dans un saladier. Salez, poivrez et mélangez à la fourchette.

Faites chauffer une poêle à crêpe légèrement huilée au pinceau. Faites cuire 8 galettes dans la poêle, puis réservez-les au chaud.

Au moment de servir, garnissez les galettes de roquette et de fromage frais. Repliez en éventail et dégustez aussitôt.

MON ASTUCE ÉCONOMIE
Les galettes toutes prêtes sont vendues très cher dans le commerce, alors qu'il est facile et économique de les faire soi-même. Pour une recette plus riche, remplacez l'eau par la même quantité de lait.

LE PLUS SANTÉ
Les galettes sont une bonne base pour un dîner équilibré. Faites-en cuire d'avance : elles se réchauffent très facilement et se gardent plusieurs jours au réfrigérateur.

ALTERNATIVE
Garnissez vos galettes de champignons, d'épinards, de tomates cuites, de jambon et de toutes sortes de fromages, selon ce que vous avez en réserve.

Quiches, pizzas, tartes salées, croques…

Saison : toutes
Préparation : 25 min
Cuisson : 35 min

MENU ÉQUILIBRÉ
> Soupe de légumes
Vol-au-vent à la volaille
Scarole à la vinaigrette
Raisin

Vol-au-vent à la volaille

Pour 4 personnes ▪ 4 croûtes pour vol-au-vent ▪ 200 g de filet de dinde ▪ 200 g de champignons ▪ 40 cl de lait ▪ 40 g de beurre ou de margarine ▪ 40 g de farine ▪ 1 pincée de muscade râpée ▪ 1 pincée de paprika ▪ 1 c. à s. d'huile de tournesol ▪ Sel, poivre

Coupez la dinde en très fins bâtonnets. Éliminez l'extrémité sableuse du pied des champignons, rincez-les, puis coupez-les en lamelles.

Faites chauffer l'huile dans une sauteuse. Ajoutez la dinde et les champignons. Faites dorer à feu moyen pendant 10 min en remuant. Salez, poivrez, ajoutez le paprika et la muscade, puis mélangez.

Préchauffez le four à 150 °C (th. 5). Faites fondre le beurre dans une petite casserole. Ajoutez la farine, laissez dorer 5 min à feu doux en remuant, puis versez le lait petit à petit en mélangeant. Portez à ébullition en remuant sans arrêt et laissez cuire 10 min à feu très doux. Versez la béchamel sur le poulet et les champignons, puis mélangez.

Faites chauffer les croûtes pendant 10 min à four doux. Réchauffez la garniture 2 min à feu moyen et garnissez les croûtes. Servir aussitôt ou gardez au chaud, four éteint.

MON ASTUCE ÉCONOMIE
Une bouchée à la reine version familiale et économique ! Côté pratique : préparez la garniture la veille. Vous n'aurez plus qu'à la réchauffer et à passer votre croûte au four pour le dîner.

LE PLUS SANTÉ
L'apport en protéines est intéressant grâce à la présence de dinde, mais le plat reste un peu gras à cause de la pâte feuilletée. Un plat à consommer une à deux fois par mois maximum.

ALTERNATIVE
Garnissez vos croûtes d'un reste de poisson, de quelques crevettes ou pétoncles, pour un dîner plus fin.

Saison : printemps, automne, hiver
Préparation : 20 min
Cuisson : 40 min

MENU ÉQUILIBRÉ
> Gaufres salées
Tomates et laitue à la vinaigrette
Salade de fruits exotiques

Gaufres salées

Pour 4 à 6 personnes ▪ 1 petite courgette ▪ 2 œufs ▪ 30 cl de lait ▪ 50 g de beurre ▪ 50 g de gruyère râpé ▪ 150 g de farine ▪ 1 sachet de levure chimique ▪ 2 c. à s. d'huile de tournesol ▪ Sel, poivre

Mélangez dans un saladier la farine, la levure, le beurre fondu, les œufs et le lait. Travaillez la pâte jusqu'à ce qu'elle soit bien lisse. Salez, poivrez, puis laissez en attente.

Lavez la courgette et râpez-la finement, puis épongez-la dans du papier absorbant. Ajoutez la courgette et le gruyère dans la pâte, puis mélangez.

Faites chauffer le moule à gaufre (électrique ou à poser sur le feu). Huilez très légèrement l'intérieur au pinceau. Versez dedans une petite louche de pâte à gaufre et faites cuire pendant 5 min environ.

Gardez les gaufres au chaud à l'entrée du four ou sur un bain-marie et dégustez avec une salade.

MON ASTUCE ÉCONOMIE
Les gaufres salées, comme les crêpes ou les cakes, sont des plats très bon marché et faciles à réussir. Accompagnées d'une salade et suivies de fruits frais, elles peuvent être servies une à deux fois par semaine.

LE PLUS SANTÉ
La courgette râpée ne se sent pratiquement pas, mais elle allège la pâte et donne des gaufres moins caloriques et plus riches en légumes.

ALTERNATIVE
Dés de champignons, petits morceaux de roquette, d'épinards ou de tomates séchées donneront une saveur et une couleur toute particulière à vos gaufres.

Quiches, pizzas, tartes salées, croques…

Saison : toutes
Préparation : 15 min
Cuisson : 30 min

MENU ÉQUILIBRÉ
> Salade de pommes de terre et tomates
Laitue et petits pois braisés à la menthe
Brochette de poulet
Fromage blanc aux fruits

Laitue et petits pois braisés à la menthe

Pour 4 personnes ▪ 2 laitues ▪ 200 g de petits pois surgelés ▪ 1 oignon ▪ 2 brins de menthe ▪ 20 g de beurre ou de margarine ▪ 1 tablette de bouillon de légumes ▪ Poivre

Éliminez les feuilles abîmées des laitues, puis coupez-les en quatre. Lavez-les soigneusement sous l'eau.

Pelez et émincez l'oignon. Rincez la menthe, effeuillez-la et hachez-la.

Faites fondre le beurre dans une cocotte en fonte. Ajoutez l'oignon émincé et laissez dorer 5 min à feu doux en remuant. Ajoutez les petits pois surgelés et la laitue. Poivrez, ajoutez la tablette de bouillon émiettée et mouillez avec un verre d'eau. Ajoutez la menthe et couvrez.

Laissez mijoter 25 min à feu doux. Accompagnez d'une viande blanche.

MON ASTUCE ÉCONOMIE
On trouve souvent des lots de laitues très bon marché, dont on ne sait pas quoi faire, car elles ne se conservent pas longtemps. Pensez aux laitues braisées, originales et faciles à préparer.

LE PLUS SANTÉ
Une garniture de légumes mijotés, qui reste légère. Les petits pois apportent un plus en fibres et en protéines. La laitue est intéressante pour son apport calorique très bas (10 kcal/100 g).

ALTERNATIVE
D'autres salades peuvent être cuites de la même façon : cœurs de scaroles, cœurs de frisées et, bien sûr, endives.

200 menus à moins de 2 euros

Saison : toutes
Préparation : 15 min
Cuisson : 25 min

MENU ÉQUILIBRÉ
> Boulghour au thon
Carottes au cumin et à la cannelle
Fromage de brebis
Fraises

Carottes au cumin et à la cannelle

Pour 4 personnes ▪ 700 g de carottes surgelées en rondelles ▪ 1 oignon ▪ 1 orange ▪ 5 brins de persil ▪ 1 pincée de cumin ▪ 1 pincée de cannelle ▪ 1 c. à s. d'huile d'olive ▪ Sel, poivre

Pressez l'orange. Pelez et émincez l'oignon. Rincez et essorez le persil, puis hachez-le.

Faites chauffer l'huile dans un faitout. Ajoutez l'oignon, le cumin, la cannelle, du sel et du poivre. Laissez dorer 5 min à feu moyen en remuant.

Ajoutez les carottes, remuez et laissez dorer pendant 5 min. Mouillez avec le jus d'orange et un demi-verre d'eau.

Couvrez et laissez mijoter 15 min. Servez chaud ou froid parsemé de persil. Accompagnez de poisson grillé ou d'une viande blanche.

MON ASTUCE ÉCONOMIE
Profitez des promotions au rayon des surgelés : les légumes épluchés et coupés sont souvent moins chers que les produits frais. Vous pouvez en stocker quelques sachets, ils se conservent plusieurs mois.

LE PLUS SANTÉ
Les carottes sont des légumes particulièrement riches en bêta-carotène, un antioxydant impliqué dans la prévention du cancer. Le bêta-carotène n'est pratiquement pas détruit au cours de la cuisson.

ALTERNATIVE
Variez les herbes et les épices : ajoutez une pointe de curry ou de curcuma, une pincée de quatre-épices, de la ciboulette, de la menthe ou du cerfeuil...

Saison : automne, hiver, printemps
Préparation : 25 min
Cuisson : 30 min

MENU ÉQUILIBRÉ
> Concombre à la vinaigrette
Purée de navets au pain d'épices
Rôti de porc au four
Crème vanille

Purée de navets au pain d'épices

Pour 4 personnes ▪ 700 g de navets ▪ 500 g de pommes de terre à purée ▪ 10 cl de lait ▪ 20 g de beurre ▪ 2 tranches de pain d'épices ▪ 1 pincée de muscade râpée ▪ Sel, poivre

Pelez et lavez les navets et les pommes de terre. Coupez-les en cubes et faites-les cuire 20 min à la vapeur.

Écrasez-les au presse-purée, puis ajoutez le lait et 10 g de beurre. Salez, poivrez, assaisonnez de muscade et mélangez.

Préchauffez le gril du four. Émiettez finement le pain d'épices. Ajoutez-en la moitié dans la purée et mélangez.

Versez la purée dans un plat à gratin. Parsemez du reste du pain d'épices et de beurre. Faites dorer le gratin 5 à 8 min sous le gril très chaud. Dégustez avec une viande rôtie, rouge ou blanche.

MON ASTUCE ÉCONOMIE
Le navet est très bon marché tout au long de l'hiver, mais on ne sait pas toujours comment le cuisiner. Associé à la pomme de terre, qui l'adoucit, et au pain d'épices, il sera apprécié de toute la famille.

LE PLUS SANTÉ
Léger en calories et riche en substances soufrées, le navet est un légume à redécouvrir et à consommer régulièrement. Et pas seulement en soupe !

ALTERNATIVE
Saupoudrez votre plat de miettes de spéculoos ou de biscuits au sucre candy, c'est également délicieux. Et utilisez si possible du beurre demi-sel, c'est encore meilleur.

200 menus à moins de 2 euros

Saison : toutes
Préparation : 15 min
Cuisson : 25 min

MENU ÉQUILIBRÉ
> Salade de tomates
Cuisse de dinde au four
Haricots verts aux échalotes confites
Cheese-cake

Haricots verts aux échalotes confites

Pour 4 personnes ▪ 600 g de haricots verts surgelés ▪ 2 échalotes ▪ 10 g de sucre en poudre ▪ 2 c. à s. de vinaigre balsamique ▪ 1 c. à s. d'huile de tournesol ▪ Sel, poivre

Faites cuire les haricots verts 10 min à la vapeur ou à l'eau bouillante salée. Gardez-les au chaud.

Pelez et émincez finement les échalotes. Faites chauffer l'huile dans une sauteuse. Ajoutez les échalotes et faites-les dorer à feu très doux pendant 5 min. Salez, poivrez, ajoutez le sucre et 2 cuillerées à soupe d'eau.

Poursuivez la cuisson pendant 10 min à feu très doux en remuant de temps en temps.

Disposez les haricots sur le plat de service. Nappez d'échalotes confites et ajoutez un filet de vinaigre balsamique. Dégustez tiède avec un poisson ou une viande blanche.

MON ASTUCE ÉCONOMIE
Un accompagnement original, idéal pour mettre en valeur les haricots verts à peu de frais : n'hésitez pas à le servir dans un menu amélioré avec une dorade au four, par exemple.

LE PLUS SANTÉ
Préférez la cuisson vapeur : elle préserve les minéraux contenus dans les légumes, alors que la cuisson à l'eau en élimine une grande partie.

ALTERNATIVE
Une recette qui convient également aux haricots beurre (très bon marché en général) et aux pois gourmands, délicieux, mais un peu plus chers.

Saison : toutes
Préparation : 15 min
Cuisson : 10 min

MENU ÉQUILIBRÉ
> Lieu en papillote
Haricots verts à la gremolata
Yaourt
Biscuit

Haricots verts à la gremolata

Pour 4 personnes ▪ 500 g de haricots verts surgelés ▪ 1 gousse d'ail ▪ 1 citron non traité ▪ 5 brins de persil ▪ 2 c. à s. d'huile d'olive ▪ Sel, poivre

Lavez soigneusement le citron, puis prélevez quelques morceaux de zeste. Hachez-les très finement. Pressez le citron et récupérez le jus. Pelez l'ail et hachez-le. Rincez, séchez et hachez le persil.

Rassemblez le zeste et le jus de citron, l'ail et le persil hachés dans un bol. Salez et poivrez, puis ajoutez l'huile d'olive. Mélangez et laissez en attente.

Faites cuire les haricots verts environ 10 min à la vapeur ou à l'eau bouillante salée.

Disposez les haricots dans un plat et nappez-les de gremolata.

MON ASTUCE ÉCONOMIE
Les haricots verts frais restent assez chers même en pleine saison. N'hésitez pas à les acheter surgelés : ils sont assez économiques, et leur saveur est proche de celle du produit frais.

LE PLUS SANTÉ
La gremolata est une sauce italienne très facile à réussir, dont les ingrédients sont concentrés en antioxydants (citron, ail, persil, huile d'olive).

ALTERNATIVE
Nappez de gremolata les viandes blanches grillées et les poissons vapeur, mais aussi les courgettes ou les pommes de terre.

Saison : automne, hiver
Préparation : 15 min
Cuisson : 30 min

MENU ÉQUILIBRÉ
> Allumettes au fromage
Endives braisées à l'orange
Dés de saumon vapeur
Kiwi

Endives braisées à l'orange

Pour 4 personnes ▪ 1 kg d'endives ▪ 3 oranges sanguines ▪ 15 g de beurre ou de margarine ▪ 1 étoile de badiane ▪ 1 brin de thym ▪ Sel, poivre

Lavez les endives, éliminez les feuilles extérieures, puis coupez-les en quatre dans le sens de la hauteur. Faites-les cuire 10 min à la vapeur. Pressez les oranges.

Faites fondre le beurre (ou la margarine) dans une cocotte. Ajoutez les endives et laissez dorer à feu très doux pendant 5 min en remuant délicatement. Versez le jus d'orange. Ajoutez la badiane et le thym. Salez et poivrez. Couvrez et laissez mijoter 10 min.

Ôtez le couvercle et faites réduire à feu moyen pendant 5 min en surveillant. Servez chaud avec une viande blanche ou du poisson.

MON ASTUCE ÉCONOMIE
Les endives sont très bon marché pendant toute la saison (d'octobre à mars). Achetez-les en petits cartons et gardez-les au frais, à l'abri de la lumière. Elles se conservent très bien pendant 8 à 10 jours.

LE PLUS SANTÉ
Un plat léger qui stimule le transit. L'endive contient en effet des substances spécifiques qui améliorent le fonctionnement digestif en douceur.

ALTERNATIVE
Si ce n'est pas la saison des oranges sanguines, utilisez des oranges à jus bien sucrées.

Saison : automne, hiver
Préparation : 20 min
Cuisson : 25 min

MENU ÉQUILIBRÉ
> Soupe de pois cassés
Endives caramélisées aux pommes
Tomme
Clémentine

Endives caramélisées aux pommes

Pour 4 personnes ▪ 800 g d'endives ▪ 2 petites pommes sucrées ▪ 1 oignon ▪ 1 citron ▪ 15 g de beurre ou de margarine ▪ 10 g de sucre en poudre ▪ Sel, poivre

Rincez les endives sous l'eau fraîche, puis coupez-les en quatre dans le sens de la hauteur. Pelez et émincez les pommes en fins quartiers. Arrosez les endives et les pommes de citron au fur et à mesure du découpage. Pelez et émincez l'oignon.

Faites fondre le beurre (ou la margarine) dans une cocotte. Ajoutez l'oignon et laissez dorer 5 min à feu doux en remuant. Saupoudrez de sucre, salez et poivrez. Mélangez et laissez caraméliser en remuant.

Ajoutez les endives et les pommes, puis mélangez délicatement. Mouillez avec un demi-verre d'eau, couvrez et laissez mijoter 20 min à feu doux. Faites réduire le jus en fin de cuisson pour obtenir un aspect caramélisé. Dégustez avec une viande rouge ou blanche.

MON ASTUCE ÉCONOMIE
Un accompagnement très fin, qui peut s'intégrer dans un menu festif (avec du filet mignon ou de la pintade au four, par exemple). Très bon marché, ces endives caramélisées sont également faciles à réussir.

LE PLUS SANTÉ
Faites le plein de fibres douces avec les pommes, les endives et l'oignon. Les pectines qu'ils contiennent présentent l'avantage de faire baisser le taux de cholestérol.

ALTERNATIVE
Remplacez le sucre par un filet de miel et aromatisez votre plat d'un brin de thym ou de quelques feuilles de sauge.

Saison : printemps, été
Préparation : 15 min
Cuisson : 15 min

MENU ÉQUILIBRÉ
> Salade de riz
Courgettes au beurre de basilic
Lieu en papillote
Pêche

Courgettes au beurre de basilic

Pour 4 personnes ▪ 1 kg de petites courgettes ▪ 3 tiges de basilic ▪ 20 g de beurre demi-sel ▪ 1 pincée de piment d'Espelette ▪ Sel, poivre

Préchauffez le cuit-vapeur. Lavez les courgettes, puis coupez-les en rondelles pas trop fines. Faites-les cuire 15 min à la vapeur, puis gardez-les au chaud.

Rincez le basilic, puis séchez-le délicatement et hachez-le. Malaxez le beurre dans un bol pour le ramollir. Ajoutez le basilic, le piment, du sel et du poivre. Mélangez à l'aide d'une fourchette.

Disposez les courgettes dans un plat. Ajoutez le beurre aromatisé, laissez fondre et mélangez délicatement. Servez chaud avec un poisson au four.

MON ASTUCE ÉCONOMIE
La courgette est l'un des légumes les moins chers. Sachez les choisir : elles doivent être fermes et de petit calibre, sinon leur peau devient dure et elles sont pleines de graines.

LE PLUS SANTÉ
Une recette très simple et peu calorique. Le beurre est ici juste fondu, ses vitamines sont donc parfaitement préservées.

ALTERNATIVE
Vous pouvez réaliser cette recette à l'huile d'olive, qui donnera une tout autre saveur à votre plat. Pommes de terre, fonds d'artichauts ou asperges peuvent remplacer les courgettes.

Saison : printemps, été
Préparation : 20 min
Cuisson : 20 min

MENU ÉQUILIBRÉ
> Salade feta
Courgettes menthe-citron
Boulghour
Fraises

Courgettes menthe-citron

Pour 4 personnes ▪ 1 kg de petites courgettes ▪ 1 citron ▪ 3 brins de menthe ▪ 30 g de raisins secs ▪ 1 pincée de curcuma ▪ 2 c. à s. d'huile d'olive ▪ Sel, poivre

Lavez les courgettes, puis coupez-les en dés. Rincez la menthe, effeuillez-la et hachez-la. Pressez le citron.

Faites chauffer l'huile dans une cocotte. Ajoutez les courgettes et faites-les sauter 5 min à feu doux en remuant pour qu'elles ne colorent pas.

Salez, poivrez, ajoutez le jus de citron, le curcuma, la menthe et les raisins. Mélangez, couvrez et laissez mijoter 15 min à feu très doux. Dégustez chaud ou froid avec une viande blanche.

MON ASTUCE ÉCONOMIE
Un plat au prix de revient dérisoire, mais dont la saveur vous surprendra. Pour un menu vraiment pas cher, accompagnez ces courgettes de quinoa ou de boulghour, qui constituent une bonne base de repas végétarien.

LE PLUS SANTÉ
Un plat léger et source d'antioxydants (curcuma, huile d'olive, citron, raisins, courgettes). Les fibres douces de la courgette stimulent le transit sans irriter le tube digestif.

ALTERNATIVE
Ajoutez une pointe de curry, de piment, de gingembre ou d'ail, ou mélangez différentes herbes (ciboulette, persil, mélisse...).

Saison : automne, hiver
Préparation : 15 min
Cuisson : 30 min

MENU ÉQUILIBRÉ
> Omelette à la ciboulette
Céleri-rave gratiné
Fromage blanc à la confiture
Biscuit

Céleri-rave gratiné

Pour 4 personnes ▪ 800 g de céleri-rave ▪ 50 g de gruyère râpé ▪ 3 c. à s. de crème fraîche épaisse ▪ 1 pincée de paprika ▪ 1 pincée de muscade râpée ▪ Sel, poivre

Préchauffez le cuit-vapeur. Pelez le céleri, rincez-le et coupez-le en gros dés. Faites-le cuire 20 min à la vapeur.

Préchauffez le gril du four. Disposez le céleri dans un plat à gratin. Salez, poivrez, ajoutez le paprika et la muscade. Nappez de crème et saupoudrez de fromage râpé.

Faites dorer 10 min sous le gril du four. Dégustez chaud avec une viande blanche ou rouge.

MON ASTUCE ÉCONOMIE
Le céleri est présent une bonne partie de l'année et toujours à un prix abordable. Associez-le à des pommes vapeur pour un plat encore plus économique.

LE PLUS SANTÉ
Le céleri, comme tous les légumes racines, est bien pourvu en minéraux. Son apport énergétique est modeste (20 kcal/100 g), et c'est une excellente source de fibres.

ALTERNATIVE
Utilisez un reste de fromage de brebis ou quelques tranches de raclette : vous obtiendrez un délicieux gratin. Et, pour en faire un plat complet, ajoutez quelques lamelles de jambon.

Légumes

Saison : automne, hiver
Préparation : 25 min
Cuisson : 20 min

MENU ÉQUILIBRÉ
> Salade de cresson
Brochette de porc à la japonaise
Purée de potimarron aux amandes
Yaourt aux fruits

Purée de potimarron aux amandes

Pour 4 personnes ▪ 1,2 kg de potimarron ▪ 15 g de beurre ▪ 5 cl de lait ▪ 20 g d'amandes effilées ▪ Sel, poivre

Préchauffez le cuit-vapeur. Pelez le potimarron, coupez-le en morceaux et éliminez les graines.

Faites cuire le potimarron à la vapeur pendant 15 min, puis passez les morceaux au presse-purée ou au moulin à légumes.

Ajoutez du sel, du poivre, le beurre et le lait. Mélangez bien et gardez au chaud dans un plat creux.

Faites dorer les amandes pendant 3 min dans une poêle antiadhésive à feu doux. Saupoudrez la purée d'amandes grillées et servez. Dégustez avec une viande blanche grillée.

MON ASTUCE ÉCONOMIE
Si les graines du potimarron sont charnues, rincez-les et faites-les sécher pendant 3 jours sur un radiateur. Quand elles sont sèches, faites-les griller 5 min à la poêle, salez-les et dégustez-les à l'apéritif ou en collation.

LE PLUS SANTÉ
Le potimarron est léger en calories, même si son goût rappelle celui de la châtaigne. On le trouve très facilement à un prix attractif, d'octobre à février. C'est une très bonne source de bêta-carotène.

ALTERNATIVE
Des noisettes pilées et concassées, des pistaches ou des cacahuètes grillées pourront remplacer les amandes.

200 menus à moins de 2 euros

Saison : automne, hiver
Préparation : 30 min
Cuisson : 35 min

MENU ÉQUILIBRÉ
> Salade de mâche
Galettes de potiron
Jambon de Paris
Yaourt au miel

Galettes de potiron

Pour 4 personnes ▪ 700 g de potiron ▪ 300 g de pommes de terre à purée ▪ 5 brins de persil ▪ 1 œuf ▪ 2 c. à s. de farine ▪ 1 pincée de muscade râpée ▪ 2 c. à s. d'huile de tournesol ▪ Sel, poivre

Préchauffez le cuit-vapeur. Pelez le potiron et les pommes de terre, puis coupez-les en dés. Faites-les cuire 20 min à la vapeur, puis égouttez-les. Pressez le potiron avec le plat de la main pour qu'il perde toute son eau.

Passez le potiron et les pommes de terre au moulin à légumes. Ajoutez l'œuf, du sel, du poivre et la muscade. Mélangez et laissez refroidir complètement. Rincez, séchez et hachez le persil.

Lorsque le mélange est froid, formez 8 ou 12 galettes avec les mains. Farinez-les légèrement.

Faites chauffer une cuillerée d'huile dans une large poêle. Disposez la moitié des galettes et faites-les dorer 3 min sur chaque face. Disposez-les sur un plat garni de papier absorbant. Renouvelez l'opération avec les autres galettes.

Servez bien chaud saupoudré de persil. Accompagnez d'une tranche de jambon ou d'une viande blanche.

MON ASTUCE ÉCONOMIE
Encore plus économique : faites de vos galettes un plat complet en doublant la quantité d'œuf et en y ajoutant des dés de jambon. Servez avec une salade verte.

LE PLUS SANTÉ
Le potiron est une bonne source de bêta-carotène, comme la carotte. Peu calorique, mais bien pourvu en fibres et en minéraux, c'est un légume basique à consommer tout au long de l'hiver.

ALTERNATIVE
La courge musquée, le potimarron, la carotte et le navet conviennent très bien pour cette recette : déclinez-les en fonction du marché.

Légumes

Saison : automne, hiver
Préparation : 25 min
Cuisson : 55 min

MENU ÉQUILIBRÉ
> Soupe de lentilles
Courge spaghetti à la raclette
Clémentine

Courge spaghetti à la raclette

Pour 6 personnes ▪ 1 courge spaghetti ▪ 1 échalote ▪ 5 brins de persil ▪ 3 tranches de fromage à raclette ▪ 3 c. à s. de crème fraîche épaisse ▪ 2 c. à s. d'huile ▪ Sel, poivre

Faites cuire la courge spaghetti à l'eau bouillante pendant 40 min. Égouttez-la et ouvrez-la en deux dans le sens de la longueur. Laissez tiédir, puis ôtez les graines.

Pelez et émincez l'échalote. Rincez et séchez le persil, puis hachez-le. Coupez la raclette en bâtonnets après avoir ôté la croûte.

Récupérez délicatement la chair de la courge (avec une fourchette) qui se présente en longs filaments.

Faites chauffer l'huile dans une large sauteuse. Ajoutez l'échalote et faites revenir à feu doux pendant 5 min en remuant. Ajoutez la chair de la courge, salez, poivrez et faites dorer en remuant pendant 5 min. Versez la crème, ajoutez le fromage et laissez chauffer encore pendant 5 min. Saupoudrez de persil et dégustez chaud avec du jambon de pays.

MON ASTUCE ÉCONOMIE
Pour trouver des courges bon marché, profitez des promotions ou allez les acheter directement chez un producteur. Et, si vous avez un jardin, faites-en pousser, c'est facile et très décoratif à l'automne.

LE PLUS SANTÉ
La courge spaghetti n'a qu'un point commun avec les pâtes : ses longs filaments de chair. Mais vous pouvez vous amuser à bluffer les enfants en la préparant à la bolognaise avec du fromage râpé.

ALTERNATIVE
Tous les fromages fondants peuvent remplacer la raclette : emmental, gruyère, fromage de brebis, tomme d'abondance, comté. Vous pouvez d'ailleurs les associer pour finir des restes.

Saison : toutes
Préparation : 15 min
Cuisson : 20 min

MENU ÉQUILIBRÉ
> Soupe chinoise aux nouilles
Chou chinois sauté au wok
Panga poêlé
Crème à l'orange

Chou chinois sauté au wok

Pour 6 personnes ▪ 1 chou chinois ▪ 2 tomates ▪ 1 gousse d'ail ▪ 2 c. à s. de sauce de soja ▪ 2 c. à s. de sauce d'huître ▪ 2 c. à s. d'huile de tournesol ▪ Sel, poivre

Lavez le chou, puis émincez-le très finement. Lavez les tomates et coupez-les en dés. Pelez et hachez l'ail.

Faites chauffer l'huile dans un wok. Ajoutez le chou et l'ail. Salez légèrement et poivrez. Faites revenir le chou à feu très doux en remuant sans laisser colorer.

Ajoutez un verre d'eau, couvrez et faites mijoter 10 min. Découvrez, ajoutez la tomate, la sauce de soja et la sauce d'huître. Faites cuire 5 min à feu vif et servez. Dégustez avec un poisson grillé ou une volaille.

MON ASTUCE ÉCONOMIE
Le chou blanc chinois, en forme de pain de sucre, est économique, car il est peu cher et permet de nourrir au moins 6 personnes. Vous pouvez aussi en garder une partie et la déguster crue en salade, le lendemain.

LE PLUS SANTÉ
Le chou chinois est une bonne source de substances soufrées, qui protègent notre santé. Peu calorique, il est également riche en potassium et en fibres.

ALTERNATIVE
Tous les choux chinois conviennent pour cette recette (Shangai, pe-tsaï...). Vous pouvez mélanger les légumes en ajoutant courgettes, poivrons, etc.

Légumes

Saison : automne
Préparation : 20 min
Cuisson : 30 min

MENU ÉQUILIBRÉ
> Blettes à la tomate
Œufs pochés
Semoule au lait
Raisin

Blettes à la tomate

Pour 4 personnes ▪ 1 kg de blettes fines ▪ 3 tomates ▪ 1 oignon ▪ 1 gousse d'ail ▪ 1 brin de thym ▪ 2 c. à s. d'huile d'olive ▪ Sel, poivre

Faites bouillir 1 l d'eau salée dans une grande casserole. Lavez soigneusement les blettes sous l'eau froide, puis émincez-les. Plongez-les dans l'eau bouillante et laissez cuire 10 min. Égouttez-les.

Pelez l'oignon et l'ail, puis hachez-les. Lavez les tomates et coupez-les en dés.

Faites chauffer l'huile dans une sauteuse. Ajoutez l'oignon et l'ail. Faites dorer 5 min en remuant à feu moyen. Ajoutez les tomates et le thym, salez, poivrez et laissez cuire à feu moyen pendant 10 min.

Versez les blettes dans la sauteuse, remuez, laissez chauffer quelques instants et servez.

MON ASTUCE ÉCONOMIE
Les blettes sont des légumes mal connus. Pourtant, elles sont bon marché et faciles à cuisiner. Les blettes fines — avec de petites côtes — sont particulièrement savoureuses. Elles se préparent comme les épinards.

LE PLUS SANTÉ
Riches en carotènes, en minéraux (calcium, magnésium, fer…) et en fibres, les blettes présentent une excellente qualité nutritionnelle. Elles sont très peu caloriques, comme toutes les feuilles.

ALTERNATIVE
Préparez vos blettes avec une béchamel ou de la crème, ou tout simplement avec du beurre fondu et du persil.

Saison : automne, hiver
Préparation : 30 min
Cuisson : 25 min

MENU ÉQUILIBRÉ
> Salade de mâche
Rutabagas et pommes de terre au cerfeuil
Petit steak grillé
Crème vanille

Rutabagas et pommes de terre au cerfeuil

Pour 4 personnes ▪ 400 g de rutabagas ▪ 600 g de pommes de terre ▪ 150 g de champignons ▪ 1 gousse d'ail ▪ 10 brins de cerfeuil ▪ 2 c. à s. d'huile d'olive ▪ Sel, poivre

Préchauffez le cuit-vapeur. Pelez et lavez les rutabagas et les pommes de terre. Coupez-les en dés et faites-les cuire 20 min à la vapeur.

Écrasez-les au presse-purée, salez, poivrez et gardez au chaud.

Éliminez l'extrémité sableuse du pied des champignons, rincez-les, puis émincez-les finement. Pelez l'ail et hachez-le. Rincez, séchez et hachez le cerfeuil.

Faites chauffer l'huile dans une sauteuse. Ajoutez l'ail, les champignons et le cerfeuil. Faites dorer à feu doux pendant 5 min en remuant. Salez et poivrez.

Versez le mélange sur les légumes écrasés. Mélangez partiellement et servez chaud avec une viande rouge.

MON ASTUCE ÉCONOMIE
Les rutabagas, les navets boule d'or (à chair jaune) et le topinambour reviennent à la mode, et leur prix a beaucoup baissé. N'hésitez pas à tester ces légumes anciens : ils ont du goût et apportent de la diversité dans les menus.

LE PLUS SANTÉ
Le rutabaga est un navet à chair jaune, très concentré en substances protectrices. Bien minéralisé, il est riche en fibres, mais son apport calorique est modeste (20 kcal/100 g).

ALTERNATIVE
Le panais et le topinambour peuvent être préparés de la même façon.
Pour changer, remplacez le cerfeuil par du persil plat ou de la ciboulette.

Saison : printemps, été automne
Préparation : 20 min
Cuisson : 25 min

MENU ÉQUILIBRÉ
> Radis
Sardines grillées
Poivrons sautés aux pommes de terre
Sorbet aux fruits rouges

Poivrons sautés aux pommes de terre

Pour 4 personnes ▪ 1 poivron rouge ▪ 1 poivron jaune ▪ 500 g de pommes de terre à chair fondante ▪ 1 gousse d'ail ▪ 1 brin de thym ▪ 2 c. à s. d'huile d'olive ▪ Sel, poivre

Lavez les poivrons, coupez-les en dés et éliminez les graines. Pelez les pommes de terre et coupez-les en dés. Pelez et hachez la gousse d'ail.

Faites chauffer l'huile dans une sauteuse. Ajoutez les pommes de terre, les poivrons et l'ail. Faites revenir à feu moyen pendant 10 min en remuant.

Salez, poivrez, ajoutez le thym et couvrez. Laissez cuire 15 min à feu très doux en surveillant. Servez chaud avec un poisson ou une viande blanche.

MON ASTUCE ÉCONOMIE
Les poivrons sont bon marché en plein été mais, selon les variétés et les couleurs, le prix peut varier du simple au triple. Cette recette peut être réalisée avec des poivrons verts, s'ils sont moins chers.

LE PLUS SANTÉ
Les poivrons sont peu caloriques, mais très riches en antioxydants. Les pommes de terre renforcent les apports du menu en glucides complexes. Elles contiennent aussi des polyphénols protecteurs.

ALTERNATIVE
Faites une délicieuse poêlée avec des pommes de terre nouvelles en été (inutile de les éplucher) et remplacez les poivrons par une courgette si besoin.

Saison : automne
Préparation : 15 min
Cuisson : 20 min

MENU ÉQUILIBRÉ
> Salade de riz
Filet de truite grillé
Fenouil braisé au parmesan
Yaourt brassé

Fenouil braisé au parmesan

Pour 4 personnes ▪ 4 bulbes de fenouil ▪ 1 oignon ▪ 5 brins de persil ▪ 20 g de margarine ▪ 30 g de parmesan râpé ▪ Sel, poivre

Lavez le fenouil et éliminez la feuille extérieure un peu dure. Émincez-le finement dans la hauteur. Pelez et hachez l'oignon. Rincez le persil, puis hachez-le.

Faites fondre la margarine dans une cocotte. Ajoutez l'oignon et le fenouil. Faites dorer 5 min en remuant délicatement. Salez, poivrez, ajoutez un demi-verre d'eau et couvrez. Laissez mijoter pendant 15 min à feu doux.

Découvrez la cocotte, faites réduire le jus si besoin à feu vif. Saupoudrez de parmesan et de persil, et servez aussitôt avec un poisson ou une viande blanche.

MON ASTUCE ÉCONOMIE
Choisissez des fenouils bien charnus : ils seront fondants et peu fibreux. C'est à l'automne qu'ils sont meilleur marché, profitez-en !

LE PLUS SANTÉ
Le fenouil est un légume peu consommé dans le Nord de la France, mais très présent dans la tradition méditerranéenne. Peu calorique, il est riche en minéraux et en fibres, et contient des oméga-3.

ALTERNATIVE
Vous pouvez napper le fenouil d'une touche de mascarpone ou de crème, ou les préparer avec des tomates et des oignons revenus dans un peu d'huile.

Saison : toutes
Préparation : 15 min
Cuisson : 15 min

MENU ÉQUILIBRÉ
> Salade verte
Rôti de porc froid
Champignons aux anchois et aux olives
Yaourt aux fruits

Champignons aux anchois et aux olives

Pour 4 personnes ▪ 700 g de champignons ▪ 1 gousse d'ail ▪ 5 brins de persil ▪ 3 anchois ▪ 10 olives noires ▪ 2 c. à s. d'huile d'olive ▪ Sel, poivre

Éliminez l'extrémité sableuse du pied des champignons, rincez-les, puis émincez-les. Pelez la gousse d'ail et hachez-la. Rincez et séchez le persil, puis hachez-le. Coupez les anchois et les olives en petits dés.

Faites chauffer l'huile dans une sauteuse. Ajoutez les champignons. Faites-les revenir à feu vif pendant 10 à 15 min en remuant.

Quand il n'y a pratiquement plus de jus dans la poêle, ajoutez l'ail, le persil, les anchois et les olives. Salez très légèrement et poivrez. Laissez chauffer 2 min et servez avec une viande blanche ou du poisson grillé.

MON ASTUCE ÉCONOMIE
Vous trouverez d'excellents champignons à bon prix chez les producteurs, qui se déplacent souvent sur les marchés. Les champignons sont frais, parfumés et peuvent alors être servis comme un légume à part entière.

LE PLUS SANTÉ
Une recette santé qui change des traditionnels champignons à la crème ou au beurre, car le plat est riche d'antioxydants et de lipides bénéfiques pour votre santé cardio-vasculaire.

ALTERNATIVE
Vous pouvez ajouter un oignon nouveau finement émincé, de la ciboulette, du cerfeuil, de la menthe… Quelques câpres peuvent également relever ce plat.

Saison : été
Préparation : 20 min
Cuisson : sans cuisson

MENU ÉQUILIBRÉ
> Mini-pizza
Tomates concassées à l'oignon et au piment
Maquereau au four
Fromage blanc à la vanille

Tomates concassées à l'oignon et au piment

Pour 4 personnes ▪ 6 tomates ▪ 1 oignon violet ▪ 1 gousse d'ail ▪ 10 brins de ciboulette ▪ 1 petit piment frais ▪ 2 c. à s. d'huile d'olive ▪ Sel, poivre

Lavez les tomates, coupez-les en dés et éliminez le jus et les graines. Mettez les tomates dans un saladier, salez et poivrez.

Pelez l'oignon et émincez-le en rondelles fines. Coupez le piment en petits morceaux. Peler l'ail, rincez la ciboulette et hachez-les pas trop finement.

Dans le saladier contenant les tomates, ajoutez l'oignon, le piment, l'ail et la ciboulette. Versez l'huile. Mélangez et gardez au frais jusqu'au moment du repas. Servez avec des brochettes ou une viande froide.

MON ASTUCE ÉCONOMIE
Cette recette est délicieuse avec des tomates bien mûres et parfumées. Vous ne pourrez donc la faire qu'en plein été, au moment où les tomates sont très bon marché.

LE PLUS SANTÉ
Un accompagnement frais et cru, donc riche en vitamines et en substances protectrices. Les oignons violets, riches en anthocyanes, sont particulièrement intéressants pour la santé.

ALTERNATIVE
Remplacez les oignons par des cives, si vous en trouvez à un prix raisonnable, ou par des oignons blancs. Pour un plat moins corsé, éliminez le piment et ajoutez une pincée de paprika.

Saison : toutes
Préparation : 15 min
Cuisson : 10 min

MENU ÉQUILIBRÉ
> Brocolis et chou-fleur croquants
à l'asiatique
Dinde sautée au citron
Yaourt
Gâteau à la banane

Brocolis et chou-fleur croquants à l'asiatique

Pour 4 personnes ▪ 400 g de brocolis surgelés ▪ 400 g de chou-fleur surgelé ▪ 1 gousse d'ail ▪ 1 pincée de piment ▪ 1 pincée de gingembre ▪ 2 c. à s. de sauce d'huître ▪ 1 c. à s. d'huile de tournesol ▪ Poivre

Étalez les fleurettes de brocolis et de chou-fleur sur un plat. Ajoutez 2 cuillerées à soupe d'eau et faites-les cuire 5 min au micro-ondes.

Pelez l'ail et hachez-le. Faites chauffer l'huile dans un wok. Ajoutez les brocolis, le chou-fleur et l'ail. Faites sauter 3 min à feu doux sans coloration.

Ajoutez le gingembre, le piment et la sauce d'huître. Poivrez, mais ne salez pas. Mélangez délicatement et dégustez. Servez avec du poulet grillé ou du poisson vapeur.

MON ASTUCE ÉCONOMIE
Comparez toujours les prix des légumes frais et surgelés. Certaines promotions sont très intéressantes, dans un rayon comme dans l'autre. Les surgelés présentent l'avantage de pouvoir être utilisés en portions, ce qui est pratique lorsque l'on est peu nombreux.

LE PLUS SANTÉ
Choux-fleurs et brocolis sont peu caloriques et riches en substances soufrées. Bien pourvus en minéraux, ils présentent un bon apport en vitamine C, même après cuisson.

ALTERNATIVE
La recette est encore meilleure avec du piment et du gingembre frais, que vous couperez en petits morceaux. Vous pouvez aussi ajouter de la coriandre ou de la citronnelle.

200 menus à moins de 2 euros 185

Saison : automne, hiver, printemps
Préparation : 20 min
Cuisson : 25 min

MENU ÉQUILIBRÉ
> Carottes et betterave à la vinaigrette
Poulet rôti
Purée de chou-fleur au chorizo
Semoule au lait

Purée de chou-fleur au chorizo

Pour 4 personnes ▪ 8 tranches très fines de chorizo piquant ▪ 1 chou-fleur pas trop gros ▪ 10 brins de persil ▪ 1/2 citron ▪ 20 g de beurre ▪ Sel, poivre

Préchauffez le cuit-vapeur. Détaillez le chou-fleur en fleurettes. Rincez-les, puis disposez-les dans le panier vapeur et arrosez-les de jus de citron.

Faites cuire le chou-fleur 20 min à la vapeur, afin qu'il soit parfaitement tendre. Égouttez-le, puis mixez-le avec du sel, du poivre et le beurre. Gardez au chaud dans un plat creux.

Rincez et séchez le persil, puis hachez-le. Faites revenir les tranches de chorizo coupées en deux dans une poêle chaude sans matière grasse. Ajoutez le chorizo croustillant et le persil sur la purée, et servez aussitôt. Dégustez avec une viande blanche.

MON ASTUCE ÉCONOMIE
Achetez un gros chou-fleur (souvent au même prix que les moyens) et faites-le cuire. Vous consommerez la part non utilisée le lendemain, assaisonnée de vinaigrette ou de béchamel.

LE PLUS SANTÉ
La cuisson vapeur préserve une grande partie des vitamines et des minéraux du chou-fleur. Elle est à privilégier pour ce légume fragile. N'ayez pas la main trop lourde sur le beurre et faites des tranches de chorizo bien fines pour ne pas charger le plat de lipides inutiles.

ALTERNATIVE
Des tranches de bacon ou quelques lardons pas trop gras pourront remplacer le chorizo et relever la saveur du chou-fleur.

Saison : automne, hiver
Préparation : 25 min
Cuisson : 20 min

MENU ÉQUILIBRÉ
> Salade de maïs
Chou vert à la noix de coco et à la tomate
Dés de poulet sautés
Flan à la vanille

Chou vert à la noix de coco et à la tomate

Pour 4 personnes ▪ 1 cœur de chou vert ▪ 2 tomates ▪ 3 brins de coriandre ▪ 15 cl de lait de coco ▪ 1 c. à c. de curry rouge ▪ 1 tablette de bouillon de légumes

Rincez le chou et émincez-le finement. Lavez les tomates et coupez-les en dés.

Versez le lait de coco dans une cocotte. Ajoutez la même quantité d'eau, le curry et la tablette de bouillon. Mélangez et ajoutez le chou et les dés de tomates.

Couvrez, placez sur le feu et laissez mijoter 20 min à feu doux. Rincez, séchez et hachez la coriandre.

Servez le chou parsemé de coriandre accompagné d'un poisson ou d'une volaille grillée.

MON ASTUCE ÉCONOMIE
Gardez les feuilles extérieures du chou pour faire un bon potage rustique avec des carottes, des pommes de terre et une poignée de haricots secs.

LE PLUS SANTÉ
Le lait de coco contient autant de matière grasse que la crème fraîche : ne forcez pas la dose. Cette cocotte de légumes très parfumée séduira les personnes qui n'apprécient pas le chou, car sa texture et sa saveur sont ici tout à fait originales.

ALTERNATIVE
Le chou chinois convient pour cette recette, que vous pouvez enrichir de courgettes, poivrons, pommes de terre...

Saison : hiver
Préparation : 20 min
Cuisson : 35 min

MENU ÉQUILIBRÉ
> Palette de porc
Choux de Bruxelles mijotés au bacon
Yaourt sucré
Orange

Choux de Bruxelles mijotés au bacon

Pour 4 personnes ▪ 6 tranches de bacon ▪ 800 g de choux de Bruxelles ▪ 1 oignon ▪ 1 brin de thym ▪ 1 feuille de laurier ▪ 1 c. à s. d'huile de tournesol ▪ Sel, poivre

Lavez les choux de Bruxelles et éliminez les feuilles abîmées. Pelez et émincez l'oignon. Coupez le bacon en lamelles.

Faites chauffer l'huile dans une cocotte. Ajoutez l'oignon et le bacon. Faites dorer pendant 5 min à feu moyen en remuant. Ajoutez les choux, le thym et le laurier. Salez et poivrez.

Ajoutez suffisamment d'eau pour recouvrir les choux et couvrez la cocotte. Laissez mijoter 30 min et dégustez chaud avec du porc rôti ou une volaille.

MON ASTUCE ÉCONOMIE
Les choux de Bruxelles sont peu onéreux et vite préparés. Ils sont délicieux frais. Cela vaut la peine de prendre un peu de temps pour les cuisiner. Côté pratique : vous pouvez les préparer la veille et les faire réchauffer au moment du dîner.

LE PLUS SANTÉ
Les choux de Bruxelles sont très concentrés en substances protectrices. C'est d'ailleurs pour cette raison que leur goût est particulièrement prononcé. Pour l'atténuer, vous pouvez les blanchir 5 min à l'eau bouillante avant de les faire mijoter.

ALTERNATIVE
Les choux de Bruxelles sont très bons associés aux pommes de terre, au potimarron ou aux châtaignes, qui adoucissent son goût. Ajouter un peu de crème en fin de cuisson aura le même effet.

Saison : toutes
Préparation : 15 min
Cuisson : 15 min

MENU ÉQUILIBRÉ
> Spaghetti aux lardons et à la crème
Brochette de dinde
1 petit-suisse
Pomme

Spaghetti aux lardons et à la crème

Pour 4 personnes ▪ 250 g de spaghetti ▪ 30 g de lardons ▪ 3 c. à s. de crème fraîche épaisse ▪ 1 c. à s. de gruyère râpé ▪ 1 pincée de muscade râpée ▪ Sel, poivre

Portez à ébullition 3 l d'eau salée dans un grand faitout.

Coupez les lardons en fins bâtonnets. Faites-les dorer dans une sauteuse à feu doux sans matière grasse pendant 5 min en remuant. Ajoutez la crème, un peu de sel, du poivre et la muscade. Mélangez et retirez du feu.

Faites cuire les spaghetti 8 min à forte ébullition. En fin de cuisson, prélevez 3 cuillerées à soupe d'eau de cuisson et ajoutez-les dans la sauteuse contenant la crème aux lardons.

Égouttez rapidement les pâtes encore *al dente* et versez-les dans la crème chaude. Mélangez et servez avec le gruyère râpé. Accompagnez d'une escalope de porc ou de pilons de poulet.

MON ASTUCE ÉCONOMIE
Encore plus économique, doublez la quantité de lardons, et ce plat devient un plat unique, base d'un dîner sans viande.

LE PLUS SANTÉ
Lardons et crème contiennent surtout des acides saturés : n'abusez donc pas de cette sauce et alternez avec des pâtes à la sauce tomate, plus légères et moins grasses.

ALTERNATIVE
Les lardons peuvent être remplacés par des dés de jambon blanc, mais aussi par quelques chutes de jambon cru ou même de saumon fumé (inutile de les faire revenir dans ce cas).

Saison : Printemps, été, automne
Préparation : 10 min
Cuisson : 5 min

MENU ÉQUILIBRÉ
> Omelette à la tomate
Spaghettini au pesto express
Camembert
Nectarine

Spaghettini au pesto express

Pour 4 personnes ▪ 250 g de spaghettini (spaghetti fins) ▪ 5 tiges de basilic ▪ 1 gousse d'ail ▪ 2 c. à s. de parmesan ▪ 1 c. à s. de pignons ▪ 2 c. à s. d'huile d'olive ▪ Sel, poivre

Portez à ébullition 3 l d'eau additionnée de sel dans un grand faitout.

Rincez le basilic, puis épongez-le soigneusement. Pelez la gousse d'ail. Hachez finement le basilic et l'ail, puis versez-les dans un mortier. Ajoutez l'huile, le parmesan, du sel, du poivre et les pignons. Écrasez le tout avec un pilon pour obtenir une sauce épaisse.

Faites cuire les pâtes 3 à 5 min à forte ébullition (ou le temps de cuisson indiqué sur le paquet). Égouttez les pâtes, puis versez-les dans un saladier. Nappez de sauce, mélangez et servez aussitôt. Accompagnez d'une viande blanche ou d'un poisson grillé.

MON ASTUCE ÉCONOMIE
Le pesto déjà prêt est vendu très cher dans le commerce, alors qu'il est très simple et peu onéreux de le faire soi-même. Vous pouvez le préparer en grande quantité (au mixer) et le garder au frais plusieurs jours.

LE PLUS SANTÉ
Une sauce riche en substances végétales protectrices : molécules soufrées de l'ail, antioxydants du basilic, vitamine E de l'huile d'olive…

ALTERNATIVE
Les pignons sont facultatifs. Si vous n'en avez pas, ajoutez un peu plus d'huile ou remplacez-les par des cerneaux de noix ; cela se fait souvent en Italie.

Saison : toutes
Préparation : 15 min
Cuisson : 20 min

MENU ÉQUILIBRÉ
> Salade verte
Penne aux champignons
Boulettes de viande
Fromage blanc à la vanille

Penne aux champignons

Pour 4 personnes ▪ 250 g de penne ▪ 150 g de champignons de Paris ▪ 1 gousse d'ail ▪ 5 brins de persil ▪ 3 c. à s. de crème fraîche épaisse ▪ 1 c. à s. d'huile de tournesol ▪ Sel, poivre

Portez à ébullition 3 l d'eau salée dans un grand faitout. Éliminez l'extrémité sableuse du pied des champignons, rincez-les, puis émincez-les. Pelez et hachez l'ail. Rincez et séchez le persil, puis hachez-le.

Faites chauffer l'huile dans une grande sauteuse. Ajoutez les champignons et faites-les dorer 5 min en remuant à feu moyen. Ajoutez l'ail, le persil et la crème. Salez et poivrez. Faites chauffer 2 min et retirez du feu.

Faites cuire les pâtes pendant 10 min environ à forte ébullition (ou le temps indiqué sur le paquet). Égouttez-les et versez-les dans la sauteuse avec les champignons.

Faites chauffer 3 min à feu moyen en remuant délicatement et servez bien chaud. Accompagnez d'un petit steak haché ou d'une côte de porc grillée.

MON ASTUCE ÉCONOMIE
Selon les prix, optez pour des champignons frais, en boîte ou surgelés. Tous conviennent pour cette recette.

LE PLUS SANTÉ
Une préparation en sauce, mais qui n'est pas trop grasse, car la quantité de crème est modérée. Servez de préférence avec une viande grillée ou cuite sans matière grasse.

ALTERNATIVE
La ciboulette et l'échalote se marient très bien aux champignons. Au printemps, ajoutez 1 ou 2 petits oignons blancs pour donner encore plus de goût.

Saison : automne, hiver
Préparation : 15 min
Cuisson : 20 min

MENU ÉQUILIBRÉ
> Betterave persillée
Orecchiette aux brocolis
Filet de lieu vapeur
Crème vanille

Orecchiette aux brocolis

Pour 4 personnes ▪ 200 g d'orecchiette (pâtes plates et rondes) ▪ 1/2 brocoli ▪ 1 gousse d'ail ▪ 2 c. à s. de parmesan ▪ 2 c. à s. d'huile d'olive ▪ Sel, poivre

Portez à ébullition 3 l d'eau salée dans un grand faitout. Rincez le brocoli sous l'eau fraîche et coupez-le en petits bouquets.

Jetez les pâtes dans l'eau bouillante et faites-les cuire pendant 5 min à feu vif. Ajoutez les fleurettes de brocoli et poursuivez la cuisson pendant 10 min à feu moyen. Égouttez et gardez au chaud.

Pelez la gousse d'ail et hachez-la. Faites chauffer l'huile dans une sauteuse. Ajoutez les pâtes, le brocoli et l'ail, salez légèrement et poivrez. Faites sauter 5 min à feu moyen en remuant délicatement.

Saupoudrez de parmesan et servez. Accompagnez d'un poisson ou d'une viande blanche.

MON ASTUCE ÉCONOMIE
Utilisez un reste de brocolis ou de chou romanesco cuits à la vapeur pour réaliser cette recette. Vous l'ajouterez avec les pâtes déjà cuites dans la sauteuse.

LE PLUS SANTÉ
Une bonne association de féculents et de légumes, ce qui permet d'alléger l'apport calorique du plat. Si vous n'appréciez pas l'ail, éliminez-le et ajoutez davantage de fromage pour plus de calcium.

ALTERNATIVE
Toutes les pâtes courtes conviennent : penne, torti, papillons... selon ce que vous avez dans vos placards.

Saison : printemps, été
Préparation : 20 min
Cuisson : 30 min
Repos : 5 min

MENU ÉQUILIBRÉ
> Concombre à la vinaigrette
Risotto aux fanes de radis
Escalope de porc sautée
Yaourt

Risotto aux fanes de radis

Pour 4 personnes ▪ 200 g de riz rond ▪ Les fanes d'une botte de radis ▪ 1 oignon ▪ 2 c. à s. de crème fraîche ▪ 1 brin de thym ▪ 1 tablette de bouillon de légumes ▪ 1 c. à s. d'huile de tournesol ▪ Sel, poivre

Lavez les fanes de radis sous l'eau froide en éliminant le sable qu'elles contiennent. Égouttez-les, puis coupez-les en gros morceaux. Pelez l'oignon et émincez-le.

Faites chauffer l'huile dans une cocotte à fond épais. Ajoutez l'oignon émincé et faites dorer 5 min à feu doux en remuant. Ajoutez le riz et poursuivez la cuisson pendant 3 min.

Mouillez avec 30 cl d'eau chaude, ajoutez les fanes de radis, la tablette de bouillon, le thym et du poivre. Faites cuire à feu doux pendant 20 min. Surveillez la cuisson et ajoutez un peu d'eau chaude si besoin.

Ôtez le thym. Ajoutez la crème, rectifiez l'assaisonnement, mélangez et couvrez. Laissez reposer 5 min et servez. Accompagnez avec des œufs ou une viande blanche.

MON ASTUCE ÉCONOMIE
C'est un tort de jeter les fanes de radis : elles font de délicieux potages et se marient très bien aux pâtes, au riz et aux pommes de terre. Choisissez une botte de radis très frais avec des fanes bien vertes.

LE PLUS SANTÉ
Les fanes de radis sont de bonnes sources de carotènes et de substances soufrées, des molécules qui protègent notre santé.

ALTERNATIVE
Une poignée d'épinards, de roquette, de vert de blettes ou de tétragone pourra remplacer les fanes de radis.

Saison : toutes
Préparation : 15 min
Cuisson : 25 min
Repos : 5 min

MENU ÉQUILIBRÉ
> Salade verte
Risotto à la milanaise
Saucisse grillée
Yaourt aux fruits

Risotto à la milanaise

Pour 4 personnes ▪ 250 g de riz ▪ 1 oignon ▪ 1 noix de margarine ▪ 2 c. à s. de parmesan ▪ 1 pincée de safran ▪ 1/2 verre de vin blanc sec ▪ Sel, poivre

Pelez et émincez l'oignon très finement. Faites chauffer la margarine dans une cocotte à fond épais. Laissez fondre l'oignon 5 min à feu très doux en remuant.

Ajoutez le riz et le safran. Faites dorer 3 min en remuant toujours. Mouillez avec le vin blanc et laissez évaporer tout le liquide. Salez et poivrez.

Ajoutez 30 cl d'eau chaude. Couvrez et laissez mijoter 15 min à feu doux. Vérifiez la cuisson et rajoutez un peu d'eau chaude si besoin.

Lorsque le riz est tendre, éteignez le feu et laissez reposer 5 min. Saupoudrez de parmesan et servez bien chaud. Accompagnez d'une viande blanche ou d'un poisson.

MON ASTUCE ÉCONOMIE
Le risotto est un plat vraiment peu onéreux, qui se transforme facilement en plat principal pour un dîner improvisé : quelques dés de jambon et des lamelles de champignons suffisent à le compléter.

LE PLUS SANTÉ
Bien que cuisiné, le risotto à la milanaise est un plat léger et digeste. L'important est de ne pas ajouter trop de matière grasse en début de cuisson et de ne pas le noyer dans le fromage.

ALTERNATIVE
Moins cher que le safran : utilisez du curcuma ou du colorant pour paëlla pour colorer le riz d'un beau jaune vif.

Saison : été, automne
Préparation : 15 min
Cuisson : 20 min

MENU ÉQUILIBRÉ
> Carottes râpées au thon
Boulghour aux tomates
Fromage blanc
Compote de prunes

Boulghour aux tomates

Pour 4 personnes ▪ 200 g de boulghour ▪ 4 tomates ▪ 5 cm de céleri-branche ▪ 1 gousse d'ail ▪ 5 brins de persil ▪ 2 c. à s. d'huile d'olive ▪ Sel, poivre

Faites cuire le boulghour dans deux fois son volume d'eau salée pendant 10 min à feu doux. Couvrez et laissez gonfler.

Lavez les tomates, puis coupez-les en petits dés. Éliminez une partie du jus et les graines. Pelez l'ail et hachez-le. Lavez le céleri et émincez-le finement. Lavez, séchez et hachez le persil.

Faites chauffer l'huile dans une sauteuse. Ajoutez le céleri et l'ail, laissez dorer 2 min, puis versez les tomates. Faites sauter à feu vif pendant 5 min, salez, poivrez et mélangez.

Disposez le boulghour dans un plat creux et nappez-le de sauce. Parsemez de persil et servez.

MON ASTUCE ÉCONOMIE
Achetez le boulghour dans une épicerie orientale plutôt qu'au rayon diététique de votre supermarché ; il sera sans doute moins cher. Cette recette est moins bonne avec des tomates en conserve. C'est donc un plat à réaliser plutôt en pleine saison des tomates !

LE PLUS SANTÉ
Un accompagnement riche en glucides complexes, magnésium et fibres, car le boulghour est préparé à partir de blé complet. Le pil-pil est un produit similaire, qui présente les mêmes qualités nutritionnelles.

ALTERNATIVE
Des poivrons sautés, des dés d'aubergines ou de courgettes peuvent parfaitement remplacer ou s'associer à la tomate.

Saison : printemps, été, automne
Préparation : 20 min
Cuisson : sans cuisson
Repos : 10 min

MENU ÉQUILIBRÉ
> Tomates à la mozzarella
Semoule aux courgettes et à la menthe
Sardines grillées
Glace à la vanille

Semoule aux courgettes et à la menthe

Pour 4 personnes ▪ 200 g de semoule moyenne précuite ▪ 1 petite courgette ▪ 1 gousse d'ail ▪ 3 brins de menthe ▪ 1/2 citron ▪ 2 c. à s. d'huile d'olive ▪ Sel, poivre

Faites gonfler la semoule dans son volume d'eau chaude salée. Égrenez-la ensuite à la fourchette et laissez en attente pendant 10 min.

Lavez la courgette et coupez-la en petits dés. Versez-la dans un saladier. Ajoutez du sel, du poivre, le jus du demi-citron et l'huile d'olive, puis mélangez.

Rincez la menthe et effeuillez-la. Ciselez-la délicatement sans la hacher trop finement. Pelez et hachez l'ail.

Versez la semoule dans le saladier contenant les dés de courgette. Ajoutez l'ail et la menthe. Mélangez et dégustez tiède ou placez au frais, couvert de film étirable.

MON ASTUCE ÉCONOMIE
Pas de cuisson pour cette recette, qui ne nécessite qu'un peu d'eau chaude. La courgette et la semoule sont deux produits très bon marché, tout comme les autres ingrédients de la recette.

LE PLUS SANTÉ
Une recette très simple, qui contient du citron, de la menthe et de la courgette crue : les vitamines restent donc intactes. N'hésitez pas à ajouter un filet de citron juste avant de déguster.

ALTERNATIVE
Les mélanges de céréales et de soja que l'on trouve facilement dans les supermarchés conviennent très bien pour cette recette : ils lui donneront davantage de caractère.

Saison : printemps, été, automne
Préparation : 15 min
Cuisson : 20 min

MENU ÉQUILIBRÉ
> Pastèque
Polenta aux tomates fraîches
Brochette de poisson
Glace au chocolat

Polenta aux tomates fraîches

Pour 4 personnes ▪ 250 g de polenta ▪ 4 tomates bien mûres ▪ 1 gousse d'ail ▪ 2 brins de basilic ▪ 2 c. à s. de parmesan ▪ 1 pincée de piment ▪ 1 c. à s. d'huile d'olive ▪ Sel

Lavez les tomates, puis coupez-les en dés en récupérant le jus qui s'en écoule. Pelez l'ail. Rincez délicatement le basilic, essuyez-le et hachez-le.

Faites chauffer l'huile dans une large poêle antiadhésive. Ajoutez la gousse d'ail et le piment. Laissez chauffer à feu doux pendant 3 min sans laisser brûler l'ail. Ajoutez les tomates et la moitié du basilic. Faites cuire 5 min en remuant à feu vif.

Versez la polenta dans 75 cl d'eau bouillante salée, laissez bouillir 5 min à feu doux en remuant sans arrêt. Versez-la dans un plat creux.

Versez les tomates sur la polenta en ayant pris soin d'ôter la gousse d'ail, saupoudrez de parmesan et décorez de basilic. Servez aussitôt.

MON ASTUCE ÉCONOMIE
Remplacez le parmesan par un autre fromage sec : tomme de chèvre ou de brebis, ou tout autre fromage que vous trouverez en région sur les marchés ou chez les producteurs.

LE PLUS SANTÉ
La polenta, ou semoule de maïs, est un féculent peu onéreux et excellent pour la santé. Sa couleur jaune est due à la présence de pigments antioxydants, qui ne sont présents ni dans le blé ni dans le riz.

ALTERNATIVE
La polenta est délicieuse nature, simplement assaisonnée d'un filet d'huile parfumée au basilic ou à la sauge. Vous pouvez la préparer d'avance et la découper en dés avant de la réchauffer.

200 menus à moins de 2 euros

Saison : toutes
Préparation : 40 min
Cuisson : 30 min

MENU ÉQUILIBRÉ
> Concombre au yaourt
Gnocchis de pommes de terre à la sauge
Rôti de dindonneau
Prunes

Gnocchis de pommes de terre à la sauge

Pour 4 personnes ▪ 800 g de pommes de terre à purée ▪ 5 feuilles de sauge ▪ 1 gousse d'ail ▪ 1 jaune d'œuf ▪ 30 g de beurre ▪ 3 c. à s. de farine ▪ Sel, poivre

Faites cuire les pommes de terre dans l'eau salée avec leur peau pendant 20 min. Égouttez-les et épluchez-les lorsqu'elles sont tièdes.

Écrasez-les au presse-purée (ou à la fourchette) dans un saladier. Ajoutez du sel, la farine et le jaune d'œuf. Travaillez le mélange pour qu'il soit bien homogène. Laissez refroidir complètement.

Portez à ébullition 3 l d'eau salée dans un grand faitout. Pelez l'ail et hachez-le. Faites fondre le beurre dans un bol au micro-ondes. Ajoutez l'ail et les feuilles de sauge, du sel et du poivre. Laissez en attente.

Formez de petites boules de la taille d'une noisette avec la purée compacte. Jetez les gnocchis dans l'eau frémissante et laissez cuire environ 3 min jusqu'à ce qu'ils remontent à la surface. Égouttez-les au fur et à mesure en les prélevant avec une écumoire. Mettez les gnocchis dans un plat chaud, arrosez de beurre à la sauge et servez. Accompagnez d'un poisson ou d'une viande rouge grillée.

MON ASTUCE ÉCONOMIE

Les gnocchis du commerce sont souvent chers, alors que les ingrédients qui les composent sont particulièrement peu onéreux. Ils demandent un peu de temps pour être préparés : demandez de l'aide à toute la famille, ce sera plus convivial !

LE PLUS SANTÉ

Un plat sain, source de glucides complexes et assez pauvre en matière grasse. La pomme de terre présente un bon apport minéral, notamment en potassium.

ALTERNATIVE

Servez les gnocchis nature, nappés d'un jus de viande (poulet, rôti...) ou d'une sauce tomate.

Saison : toutes
Préparation : 25 min
Cuisson : 45 min
Repos : 10 min

MENU ÉQUILIBRÉ
> Pommes de terre boulangère
Escalope de porc
Tomme des Pyrénées
Kiwi

Pommes de terre boulangère

Pour 4 personnes ▪ 1 kg de pommes de terre de taille moyenne ▪ 2 oignons ▪ 1 brin de thym ▪ 1 tablette de bouillon de volaille ▪ Sel, poivre

Préchauffez le four à 180 °C (th. 6). Pelez les pommes de terre, lavez-les, puis coupez-les en tranches de 3 mm d'épaisseur. Pelez et émincez finement les oignons.

Disposez les pommes de terre dans un plat en terre en les faisant se chevaucher et en intercalant des oignons émincés.

Faites chauffer 50 cl d'eau dans une casserole. Ajoutez la tablette de bouillon et remuez. Versez sur les pommes de terre et les oignons. Parsemez de thym effeuillé. Salez très légèrement et poivrez.

Couvrez d'une feuille de papier d'aluminium et enfournez pour 45 min. Ôtez la feuille d'aluminium et laissez reposer 10 min, four éteint. Servez bien chaud avec un rôti de porc ou une viande rouge grillée.

MON ASTUCE ÉCONOMIE
Oignons et pommes de terre : un plat vraiment pas cher ! Et vous économiserez de l'énergie en faisant cuire en même temps dans le four un poulet ou un rôti de porc.

LE PLUS SANTÉ
Une recette sans matière grasse, riche en polyphénols (contenus dans la pomme de terre et l'oignon). Cette recette traditionnelle un peu oubliée est à remettre au menu, en remplacement des frites et pommes noisettes industrielles !

ALTERNATIVE
Deux louches de bouillon de légumes (prélevées d'une soupe maison) ou de bouillon de pot-au-feu maison donneront un goût beaucoup plus fin à vos pommes boulangère.

Saison : toutes
Préparation : 20 min
Cuisson : 30 min
Repos : 5 min

MENU ÉQUILIBRÉ
> Radis
Pommes de terre rôties au romarin
Filets de maquereaux au citron
Crème au café

Pommes de terre rôties au romarin

Pour 4 personnes ▪ 1 kg de pommes de terre à chair fondante ▪ 2 brins de romarin ▪ 2 gousses d'ail ▪ 2 petits morceaux de tomates séchées ▪ 1 c. à s. d'huile d'olive ▪ 1 c. à s. d'huile de tournesol ▪ Sel, poivre

Préchauffez le four à 210 °C (th. 7). Lavez les pommes de terre et coupez-les en quatre dans le sens de la hauteur sans les éplucher. Disposez-les dans un petit plat allant au four, la peau contre le fond du plat.

Pelez et coupez les gousses d'ail en assez gros morceaux. Effeuillez le romarin. Coupez les tomates séchées en petits dés.

Arrosez les pommes de terre d'huile de tournesol et d'huile d'olive. Salez, poivrez, puis répartissez l'ail, le romarin et les tomates séchées par-dessus.

Faites cuire au four pendant 30 min, puis couvrez d'une feuille d'aluminium et laissez reposer 5 min. Dégustez chaud avec une grillade.

MON ASTUCE ÉCONOMIE
L'association d'huile d'olive et d'huile de tournesol permet de donner du goût, tout en réduisant les coûts. C'est un réflexe à prendre quand la recette le permet. Dans les salades, associez olive et colza, source d'oméga-3.

LE PLUS SANTÉ
Des pommes de terre savoureuses, mais peu chargées en lipides : vous pouvez servir ce plat régulièrement sans crainte. La quantité d'huile peut d'ailleurs être réduite à une seule cuillerée si vous le souhaitez.

ALTERNATIVE
Ajoutez quelques tomates cerises, des dés d'aubergines ou quelques champignons émincés, en fin de cuisson, pour donner de la couleur à votre plat.

Saison : toutes
Préparation : 20 min
Cuisson : 20 min

MENU ÉQUILIBRÉ
> Carottes râpées au cumin
Pommes vapeur, sauce crémeuse aux herbes
Poulet froid
Yaourt à la vanille

Pommes vapeur, sauce crémeuse aux herbes

Pour 4 personnes ▪ 1 kg de pommes de terre à chair fondante ▪ 10 brins de persil ▪ 10 brins de ciboulette ▪ 100 g de fromage blanc à 20 % de MG ▪ 3 c. à s. de crème fraîche ▪ 1 c. à c. de moutarde forte ▪ Sel, poivre

Lavez les pommes de terre, puis coupez-les en gros dés. Faites-les cuire 20 min à la vapeur. Gardez-les au chaud.

Lavez le persil et la ciboulette, séchez-les, puis hachez-les.

Versez le fromage blanc et la crème dans un bol. Ajoutez la moutarde, du sel, du poivre et les herbes, puis mélangez.

Servez les pommes de terre chaudes, nappées de sauce bien froide. Accompagnez d'une viande blanche.

MON ASTUCE ÉCONOMIE
Sur le même principe, augmentez la quantité de fromage blanc et optez pour de la faisselle. Vous obtiendrez un plat complet à accompagner d'une salade croquante.

LE PLUS SANTÉ
Si vous souhaitez cuire les pommes de terre à l'eau, mettez-les dans l'eau avec leur peau et épluchez-les ensuite. Elles garderont ainsi davantage de vitamines et de minéraux.

ALTERNATIVE
Ajoutez des oignons nouveaux, de l'échalote, de la menthe… Toutes les herbes aromatiques se marient parfaitement aux pommes de terre.

200 menus à moins de 2 euros

Saison : toutes
Préparation : 20 min
Cuisson : 20 min

MENU ÉQUILIBRÉ
> Chou rouge à la vinaigrette
Frites légères au four
Boulettes de volaille
Crème à la vanille

Frites légères au four

Pour 4 personnes ▪ 1 kg de pommes de terre à chair fondante ▪ 1 brin de thym ▪ 2 pincées de paprika ▪ 1 pincée de muscade râpée ▪ 2 c. à s. d'huile de pépins de raisin ▪ Sel, poivre

Préchauffez le four à 210 °C (th. 7). Pelez les pommes de terre, lavez-les, puis coupez-les en frites pas trop fines. Essuyez-les dans du papier absorbant.

Mettez les frites dans un grand saladier. Ajoutez l'huile de pépins de raisin, le paprika, le thym effeuillé, la muscade, du sel et du poivre.

Brassez les pommes de terre avec les mains délicatement pour les enrober parfaitement d'huile et d'aromates.

Étalez les frites sur une plaque à pâtisserie antiadhésive en évitant qu'elles ne se chevauchent. Faites cuire à four chaud pendant 10 min, retournez vos frites à l'aide d'une spatule et poursuivez la cuisson encore 10 min. Disposez les frites dans un plat garni de papier absorbant et dégustez bien chaud.

MON ASTUCE ÉCONOMIE
L'huile de pépins de raisin est idéale pour cette recette, car elle est très fluide et enrobe parfaitement les pommes de terre. Mais vous pouvez utiliser de l'huile de tournesol, souvent moins chère.

LE PLUS SANTÉ
Très peu d'huile, mais un résultat bluffant : ces frites maison, délicieuses et croustillantes, peuvent être consommées régulièrement sans crainte pour la ligne !

ALTERNATIVE
Mélangez pommes de terre, carottes, navets jaunes, panais, patates douces… découpés en forme de frites du même calibre pour un plat coloré et riche en fibres.

Saison : toutes
Préparation : 15 min
Cuisson : 20 min

MENU ÉQUILIBRÉ
> Purée de lentilles corail au curry
Foies de volailles sautés
Yaourt
Salade de fruits

Purée de lentilles corail au curry

Pour 4 personnes ▪ 250 g de lentilles corail ▪ 1 petit oignon ▪ 5 brins de persil ▪ 1 c. à c. de curry indien ▪ 2 c. à s. de lait de coco ▪ Sel, poivre

Pelez l'oignon et émincez-le. Lavez et séchez le persil, puis hachez-le.

Versez 50 cl d'eau dans une cocotte à fond épais. Ajoutez les lentilles, l'oignon, le persil, le curry et du poivre. Portez à ébullition, couvrez et laissez mijoter pendant 20 min à feu doux. Ajoutez un peu d'eau en cours de cuisson si besoin.

Passez les lentilles au moulin à légumes ou écrasez-les à l'aide d'une spatule directement dans la cocotte. Salez, ajoutez le lait de coco, mélangez et servez bien chaud.

MON ASTUCE ÉCONOMIE
Les lentilles corail sont moins chères dans les boutiques orientales que dans les rayons diététiques. Parfois, on les trouve également sur les marchés, vendues en vrac, comme les autres légumes secs, à un prix très abordable.

LE PLUS SANTÉ
Les lentilles corail sont dépourvues de leur enveloppe cellulosique. Elles sont donc beaucoup plus digestes que les autres légumes secs et ne provoquent aucun trouble digestif.

ALTERNATIVE
Relevez les lentilles corail de piment, de massala, de coriandre, d'ail… car elles sont plus fades que les lentilles vertes et demandent un assaisonnement plus marqué.

Saison : toutes
Préparation : 15 min
Cuisson : 20 min

MENU ÉQUILIBRÉ
> Salade tiède de lentilles vertes
Travers de porc grillé
Petit-suisse
Compote de pommes à la cannelle

Salade tiède de lentilles vertes

Pour 4 personnes ▪ 250 g de lentilles vertes ▪ 1 échalote ▪ 10 brins de ciboulette ▪ 1 brin de thym ▪ 1 c. à s. de vinaigre de cidre ▪ 1 c. à s. d'huile d'olive ▪ Sel, poivre

Faites cuire les lentilles dans un grand volume d'eau avec du poivre et le brin de thym pendant 20 min. Salez 5 min avant la fin de la cuisson. Égouttez les lentilles et gardez-les au chaud.

Pelez et émincez finement l'échalote. Rincez la ciboulette, coupez-la en petits morceaux.

Émulsionnez l'huile d'olive avec le vinaigre de cidre. Salez, poivrez, ajoutez l'échalote et la ciboulette, puis mélangez.

Versez les lentilles chaudes dans un plat creux. Nappez de sauce et mélangez. Servez tiède avec des grillades.

MON ASTUCE ÉCONOMIE
Réalisez cette recette avec un reste de lentilles déjà cuites (petit salé) ou faites-en cuire davantage et utilisez le reste pour faire un potage.

LE PLUS SANTÉ
Les lentilles vertes sont particulièrement bien pourvues en glucides complexes, fibres et protéines. Leur teneur en fer est également remarquable et contribue à la couverture de nos besoins.

ALTERNATIVE
Ajoutez des dés de fromage de brebis et quelques lamelles de jambon pour en faire un plat complet, que vous accompagnerez d'un fruit et d'un laitage.

Saison : toutes
Préparation : 15 min
Cuisson : 15 min

MENU ÉQUILIBRÉ
> Poivrons marinés
Pois chiches au cumin
Émincé de poulet en papillote
Mousse à l'orange

Pois chiches au cumin

Pour 4 personnes ▪ 1 grosse boîte de pois chiches ▪ 1 oignon ▪ 1 petit morceau de céleri-branche ▪ 1/2 citron ▪ 1 pincée de cumin ▪ 1 pincée de cannelle ▪ 1 c. à s. d'huile d'olive ▪ Sel, poivre

Égouttez et rincez les pois chiches sous l'eau froide.

Pelez et émincez l'oignon. Lavez le céleri-branche, puis coupez-le en petits dés.

Faites chauffer l'huile dans une sauteuse. Ajoutez l'oignon et le céleri. Laissez dorer 5 min à feu doux en remuant. Ajoutez les pois chiches, le cumin, la cannelle et un trait de jus de citron.

Mouillez avec un demi-verre d'eau, salez, poivrez et laissez mijoter 10 min. Dégustez chaud ou froid. Accompagnez d'une viande grillée.

MON ASTUCE ÉCONOMIE
La cuisson des pois chiches est particulièrement longue et donc coûteuse en énergie. Vous avez tout intérêt à les acheter en boîte ou en bocal, car ils sont vraiment très peu chers.

LE PLUS SANTÉ
Les pois chiches sont riches en glucides complexes et présentent un index glycémique particulièrement bas. Leur énergie, assimilée très progressivement par l'organisme, évite les fringales et le grignotage.

ALTERNATIVE
Changez d'épices : curry, curcuma, paprika, graines de fenouil… Toutes se marient avec les pois chiches. *Idem* pour les herbes que vous pouvez ajouter (persil, cerfeuil, menthe…).

Saison : toutes
Préparation : 20 min
Cuisson : 25 min

MENU ÉQUILIBRÉ
> Salade de tomates
Purée de pois cassés à la coriandre
Côte de porc grillée
Fromage blanc vanillé

Purée de pois cassés à la coriandre

Pour 4 personnes ▪ 250 g de pois cassés ▪ 5 oignons nouveaux ▪ 1 petite carotte ▪ 5 brins de coriandre ▪ 1 gousse d'ail ▪ 15 g de beurre mou ▪ Sel, poivre

Pelez la carotte et coupez-la en rondelles. Éliminez les parties abîmées des oignons nouveaux et passez-les sous l'eau. Hachez-les finement, y compris la partie verte.

Versez 1,5 l d'eau dans une cocotte. Ajoutez les pois cassés rincés sous l'eau froide, les morceaux de carotte et les oignons émincés. Poivrez et faites cuire 25 min à feu doux. Salez en fin de cuisson. Égouttez le tout dans une passoire.

Réduisez le tout en purée au moulin à légumes. Versez la purée dans un saladier et tenez au chaud.

Placez le beurre bien mou dans un bol. Pelez et hachez la gousse d'ail. Rincez, séchez et hachez la coriandre. Ajoutez l'ail et la coriandre dans le bol contenant le beurre. Salez, poivrez et mélangez à l'aide d'une fourchette. Ajoutez le beurre aromatisé dans la purée bien chaude et mélangez.

MON ASTUCE ÉCONOMIE
Faites cuire le double de pois cassés et gardez le reste pour faire un potage, que vous servirez avec des croûtons à l'ail et une touche de crème.

LE PLUS SANTÉ
Les pois cassés sont une bonne source de minéraux et de vitamines du groupe B. Ils sont faciles à cuisiner en purée et en potage : n'hésitez pas à les faire figurer au menu régulièrement pendant tout l'hiver.

ALTERNATIVE
Un beurre persillé conviendra parfaitement pour assaisonner votre purée, que vous pouvez également adoucir de crème ou d'un peu de lait.

Saison : printemps, été, automne
Préparation : 15 min
Cuisson : 1 h 15 min
Trempage : 12 h

MENU ÉQUILIBRÉ
> Carottes râpées
Mogettes à la tomate
Sauté d'agneau
Sorbet au citron

Mogettes à la tomate

Pour 4 personnes ▪ 250 g de mogettes ▪ 2 tomates ▪ 1 oignon ▪ 2 brins de basilic ▪ 1 clou de girofle ▪ 1 brin de thym ▪ 1 c. à s. d'huile d'olive ▪ Sel, poivre

La veille, faites tremper les mogettes dans un saladier rempli d'eau froide, si possible peu calcaire.

Le lendemain, égouttez les mogettes. Plongez-les dans une cocotte contenant 3 l d'eau froide, l'oignon pelé et piqué du clou de girofle, et le brin de thym. Poivrez, mais ne salez pas. Laissez cuire 1 h à feu doux, puis égouttez et ôtez le thym et le clou de girofle.

Lavez les tomates et coupez-les en dés. Faites chauffer l'huile dans une cocotte. Ajoutez les dés de tomates et faites revenir 5 min à feu vif en remuant. Ajoutez les mogettes et l'oignon coupé en morceaux.

Salez, poivrez et mélangez. Laissez mijoter 10 min à feu doux. Rincez, séchez et ciselez le basilic. Parsemez-en les mogettes, remuez et servez.

MON ASTUCE ÉCONOMIE
En été, achetez des haricots frais : ils sont bon marché et leur cuisson est plus courte (30 min environ). Vous pouvez les congeler (avant cuisson) en les étalant sur un plateau, puis en les conditionnant en sachet.

LE PLUS SANTÉ
Les haricots en grains sont parmi les aliments les plus riches en fibres. Ils stimulent le transit de façon très efficace, mais peuvent être mal tolérés par les sujets sensibles. Dans ce cas, associez-les à des carottes, plus digestes.

ALTERNATIVE
Tous les haricots peuvent se cuisiner de cette façon : flageolets, coco de Paimpol, lingot, chevrier...

Saison : toutes
Préparation : 15 min
Cuisson : 15 min

MENU ÉQUILIBRÉ
> Haricots rouges à la mexicaine
Riz nature
Fromage de chèvre
Raisin

Haricots rouges à la mexicaine

Pour 4 personnes ▪ 1 boîte de haricots rouges au naturel de 400 g ▪ 1 boîte de maïs de 100 g ▪ 1/2 poivron ▪ 1 gousse d'ail ▪ 2 c. à c. de concentré de tomates ▪ 1 pincée de paprika ▪ 1 pincée de piment ▪ 1 c. à s. d'huile de tournesol ▪ Sel, poivre

Égouttez et rincez les haricots rouges et le maïs. Pelez et hachez l'ail. Rincez le demi-poivron et coupez-le en petits dés.

Faites chauffer l'huile dans une cocotte. Ajoutez l'ail, le poivron, le paprika et le piment. Remuez pendant 5 min à feu moyen.

Ajoutez ensuite les haricots et le maïs, un demi-verre d'eau et le concentré de tomates. Salez, poivrez et mélangez.

Laissez mijoter 10 min à feu moyen et servez bien chaud avec une viande grillée.

MON ASTUCE ÉCONOMIE
Servez vos haricots avec du riz nature, cela constituera un plat végétarien équilibré et pauvre en matière grasse. Les protéines des haricots, du maïs et du riz se complètent et vous dispensent de manger de la viande.

LE PLUS SANTÉ
Un plat riche en antioxydants protecteurs (haricots, maïs, poivron, tomate…), ainsi qu'en fibres et en glucides complexes.

ALTERNATIVE
Pour les enfants, éliminez le piment et remplacez-le par une pincée d'épices douces (type ras el hanout).

Féculents

Saison : automne, hiver, printemps
Préparation : 15 min
Cuisson : 20 min

MENU ÉQUILIBRÉ
> Steak haché
Purée de carottes
Yaourt nature
Pommes rôties au pain d'épices

Pommes rôties au pain d'épices

Pour 4 personnes ▪ 4 pommes ▪ 1 orange ▪ 20 g de beurre ▪ 3 tranches de pain d'épices ▪ 1 sachet de sucre vanillé

Préchauffez le four à 180 °C (th. 6). Lavez les pommes, mais ne les épluchez pas. Ôtez le centre avec un couteau de cuisine ou un vide-pomme. Disposez les pommes dans un petit plat à gratin.

Faites fondre le beurre. Émiettez le pain d'épices dans un bol. Ajoutez le beurre fondu et mélangez.

Remplissez les pommes de ce mélange en tassant bien du bout des doigts.

Pressez l'orange, arrosez les pommes avec le jus obtenu. Saupoudrez de sucre vanillé et faites cuire au four pendant 20 min. Arrosez les pommes de jus en cours de cuisson et ajoutez un peu d'eau si besoin. Dégustez tiède ou froid.

MON ASTUCE ÉCONOMIE
Encore meilleur : le sucre vanillé maison ! Mettez une gousse de vanille fendue en deux dans 1 kg de sucre en poudre et laissez macérer dans un bocal bien hermétique. Vous aurez du sucre à la vanille naturel pour un prix dérisoire.

LE PLUS SANTÉ
Un dessert léger qui change des fruits nature et des compotes. La pomme est un fruit bon marché et facilement disponible, doté de multiples vertus : anticholestérol, elle régule le transit en douceur et favorise l'élimination.

ALTERNATIVE
À la place du pain d'épices, utilisez de la brioche rassise ou quelques biscuits émiettés (spéculoos, sablés à la noix de coco...).

Saison : automne, hiver
Préparation : 10 min
Cuisson : sans cuisson

MENU ÉQUILIBRÉ
> Carottes râpées au thon
Risotto aux champignons
Fromage de chèvre
Pommes râpées au citron vert

Pommes râpées au citron vert

Pour 4 personnes ▪ 4 pommes fermes et juteuses ▪ 1 citron vert ▪ 15 g de sucre en poudre ▪ 4 sablés à la noix de coco

Émiettez les biscuits. Pressez le citron vert.

Pelez les pommes, puis râpez-les au robot. Arrosez-les aussitôt de jus de citron et de sucre, puis mélangez bien.

Répartissez les pommes râpées dans 4 verres. Saupoudrez de biscuits et dégustez aussitôt.

MON ASTUCE ÉCONOMIE
Une recette express sans cuisson et avec peu d'ingrédients. Une façon ludique et délicieuse de faire manger facilement des pommes aux enfants, qui auront l'impression de déguster un « vrai » dessert.

LE PLUS SANTÉ
Pomme crue et citron : vous faites le plein de vitamine C. Mais il y a une condition : préparez ce dessert juste au moment de le servir, car la pomme râpée s'oxyde très rapidement.

ALTERNATIVE
Dans le même esprit, préparez des compotes crues à base de poires, de pêches, de mangues ou de bananes, en mixant les fruits arrosés de citron.

Saison : automne, hiver, printemps
Préparation : 20 min
Cuisson : 15 min

MENU ÉQUILIBRÉ
> Pâtes aux petits pois et jambon
Salade verte
Gratin pomme-poire aux noisettes

Gratin pomme-poire aux noisettes

Pour 4 personnes ▪ 2 pommes ▪ 2 poires ▪ 1 œuf ▪ 3 c. à s. de crème fraîche épaisse ▪ 1 c. à c. de fécule de maïs ▪ 20 g de sucre en poudre ▪ 30 g de noisettes ▪ 1 pincée de cannelle

Préchauffez le four à 180 °C (th. 6). Pelez les pommes et les poires, puis coupez-les en dés en éliminant le cœur.

Répartissez les fruits en les mélangeant dans 4 petits plats à gratin.

Battez dans un bol l'œuf, la crème, le sucre, la fécule et la cannelle. Versez le mélange sur les fruits. Hachez les noisettes et répartissez-les sur les gratins.

Faites cuire 10 à 15 min au four. Dégustez tiède ou froid.

MON ASTUCE ÉCONOMIE
Un joli dessert qui coûte à peine plus cher qu'un fruit… Très agréable en hiver, quand on commence à se lasser des pommes et des poires nature et des traditionnelles pommes au four.

LE PLUS SANTÉ
Ce dessert ne contient qu'une petite quantité de lipides (6 g environ par personne), et le sucre peut être éliminé si les fruits sont peu acides et bien mûrs.

ALTERNATIVE
Vous pouvez réaliser de délicieux gratins avec de la mangue, des prunes, des pêches et des fruits rouges (fraises, framboises).

Saison : été, automne, hiver
Préparation : 15 min
Cuisson : 25 min

MENU ÉQUILIBRÉ
> Œuf dur, salade verte
Pâtes aux courgettes
Camembert
Poires en papillote au sirop d'orange

Poires en papillote au sirop d'orange

Pour 4 personnes ▪ 4 poires ▪ 2 oranges ▪ 1/2 citron ▪ 1 sachet de sucre vanillé ▪ 1 pincée de cannelle ▪ 1 pincée de poivre ▪ 1 étoile de badiane

Préchauffez le four à 150 °C (th. 5). Pressez les oranges et versez le jus dans une petite casserole. Ajoutez le sucre vanillé, la cannelle, le poivre et la badiane. Portez à ébullition et laissez réduire à feu moyen en surveillant. Retirez du feu quand le mélange est sirupeux (environ 10 min de cuisson).

Pelez les poires et coupez-les en deux dans le sens de la hauteur. Éliminez le centre, puis arrosez-les d'un peu de jus de citron.

Découpez 4 carrés de papier sulfurisé. Disposez une poire sur chaque feuille. Nappez d'un peu de sirop d'orange, puis refermez les papillotes.

Posez les papillotes dans un plat et faites-les cuire 15 min au four. Dégustez tiède.

MON ASTUCE ÉCONOMIE
Les poires sont présentes sur le marché presque tout au long de l'année, mais achetez toujours les variétés de saison produites dans nos régions : passe-crassane et beurré Hardy en hiver, Guyot en été.

LE PLUS SANTÉ
Un dessert léger, car peu sucré et dépourvu de matière grasse. La poire est un fruit moyennement calorique (1 poire = 80 kcal environ), qui contient des substances stimulant le transit.

ALTERNATIVE
Remplacez le jus d'orange par de l'eau et du miel, et variez les épices (gingembre, piment...).

Saison : toutes
Préparation : 15 min
Cuisson : 15 min

MENU ÉQUILIBRÉ
> Salade de concombre
Wok de légumes au poulet
Bricks de banane au chocolat

Bricks de banane au chocolat

Pour 4 personnes ▪ 4 petites bananes ▪ 1/2 citron ▪ 4 feuilles de brick ▪ 15 g de beurre ▪ 2 c. à s. de crème fraîche épaisse ▪ 15 g de sucre en poudre ▪ 40 g de chocolat

Préchauffez le four à 150 °C (th. 5). Pelez les bananes et coupez-les en rondelles pas trop fines. Arrosez-les de jus de citron.

Étalez les feuilles de brick sur le plan de travail. Répartissez les rondelles de bananes sur les 4 feuilles. Ajoutez 1 pincée de sucre et repliez les feuilles pour les fermer en forme de rectangle.

Faites fondre le beurre 30 s au micro-ondes et badigeonnez les bricks à l'aide d'un pinceau.

Posez les bricks sur la plaque à pâtisserie et faites cuire 10 min au four. Au moment de servir, faites fondre le chocolat avec la crème 30 s au micro-ondes. Servez les bricks tièdes nappés de sauce chocolat.

MON ASTUCE ÉCONOMIE
Vous pouvez utiliser des bananes assez mûres pour ce dessert, cela n'est pas gênant. Le sucre devient alors inutile.

LE PLUS SANTÉ
Un dessert riche en glucides, qui permet de compléter un dîner léger. La sauce au chocolat n'est pas obligatoire : les bricks bien croustillants peuvent se suffire à eux-mêmes.

ALTERNATIVE
Faites des bricks avec tous les fruits de saison : poires, pommes, abricots, prunes, mangues, framboises... Évitez simplement les fruits trop juteux, qui risquent de détremper la feuille de brick.

200 menus à moins de 2 euros   213

Saison : toutes
Préparation : 25 min
Cuisson : sans cuisson
Repos : 12 h

MENU ÉQUILIBRÉ
> Soupe de potiron
Tomme des Pyrénées
Salade frisée
Charlotte à l'ananas

Charlotte à l'ananas

Pour 6 personnes ▪ 500 g de fromage blanc ▪ 150 g de biscuits à la cuillère ▪ 1 boîte d'ananas au sirop léger de 400 g ▪ 1 sachet de sucre vanillé ▪ 15 g de sucre

Égouttez l'ananas et versez le jus dans une assiette creuse. Coupez les tranches en petits morceaux.

Battez le fromage blanc avec le sucre en poudre et le sucre vanillé.

Humectez rapidement les biscuits dans le jus d'ananas (sans les laisser tremper). Disposez-les dans un moule à charlotte (ou dans un plat rectangulaire), afin de couvrir le fond et les côtés.

Ajoutez une couche de fromage blanc sur les biscuits, puis des morceaux d'ananas. Couvrez de biscuits, puis renouvelez l'opération jusqu'à épuisement des ingrédients. Terminez par une couche de biscuits. Couvrez de film étirable, puis placez au frais pendant 12 h. Dégustez très frais après avoir démoulé.

MON ASTUCE ÉCONOMIE
L'ananas en boîte est souvent moins cher que l'ananas frais, et il convient très bien pour cette recette, car les morceaux sont tendres et parfumés. Optez pour une boîte au sirop léger ou au jus d'ananas, moins sucré et plus fruité.

LE PLUS SANTÉ
Un gâteau léger qui ne contient pratiquement pas de matière grasse ; les biscuits et le fromage blanc n'en apportent qu'en faible quantité.

ALTERNATIVE
Pour un dessert plus festif, remplacez le fromage blanc par de la crème montée en Chantilly (mais l'apport en lipides est alors beaucoup plus élevé). En saison, préparez ce gâteau avec des fraises.

Saison : printemps, automne
Préparation : 35 min
Cuisson : 35 min
Repos : 1 h

MENU ÉQUILIBRÉ
> Carottes râpées à l'échalote
Sauté de porc
Endives braisées
Tarte à la rhubarbe

Tarte à la rhubarbe

Pour 6 personnes ▪ 1 kg de rhubarbe ▪ 1 œuf ▪ 3 c. à s. de crème fraîche épaisse ▪ 120 g de beurre ou de margarine ▪ 250 g de farine ▪ 80 g de sucre en poudre ▪ Sel

Versez la farine dans un saladier. Ajoutez 1 pincée de sel et le beurre coupé en petits dés. Mélangez du bout des doigts pour obtenir une consistance sableuse. Versez un demi-verre d'eau et travaillez rapidement la pâte en formant une boule. Couvrez de film étirable et placez au frais au moins 1 h.

Pelez les tiges de rhubarbe, rincez-les sous l'eau et séchez-les. Coupez-les en petits tronçons.

Préchauffez le four à 180 °C (th. 6). Étalez la pâte sur le plan de travail, puis garnissez-en un moule à tarte de 24 cm de diamètre environ. Piquez le fond avec une fourchette.

Disposez les tronçons de rhubarbe sur la pâte. Battez l'œuf dans un bol avec le sucre et la crème. Versez sur la pâte et faites cuire 35 min au four. Dégustez tiède ou à température ambiante.

MON ASTUCE ÉCONOMIE
La rhubarbe est souvent moins chère que les fruits, surtout au printemps, où pratiquement seuls la fraise et les fruits rouges sont disponibles. Si vous avez un petit jardin, faites-en pousser ; c'est très facile et d'un rendement intéressant.

LE PLUS SANTÉ
La rhubarbe est particulièrement riche en minéraux, notamment en calcium. Son apport en calories, très bas car pauvre en glucides, doit être relativisé. On ajoute en effet toujours du sucre pour la consommer.

ALTERNATIVE
On peut préparer la tarte sans ajout de crème aux œufs, mais en la décorant de meringue (blanc d'œuf sucré monté en neige), cuite 2 min à four doux.

Saison : été, automne
Préparation : 15 min
Cuisson : sans cuisson

MENU ÉQUILIBRÉ
> Salade de roquette, tomates, mozzarella
Spaghetti aux moules
Triffle aux mûres

Triffle aux mûres

Pour 4 personnes ▪ 250 g de mûres ▪ 1/2 citron ▪ 400 g de fromage blanc ▪ 1 sachet de sucre vanillé ▪ 30 g de sucre en poudre ▪ 4 biscuits type palets bretons

Triez et essuyez les mûres dans du papier absorbant. Versez-les dans un saladier et écrasez-les grossièrement à la fourchette. Ajoutez quelques gouttes de jus de citron et 10 g de sucre. Mélangez et laissez en attente.

Battez le fromage blanc avec le sucre vanillé et le reste de sucre en poudre. Cassez les biscuits en grosses miettes entre vos doigts.

Répartissez le fromage blanc dans 4 verrines. Nappez de mûres et recouvrez de biscuits émiettés. Dégustez aussitôt.

MON ASTUCE ÉCONOMIE
Un joli dessert qui ne revient pas cher, surtout si vous le faites avec des mûres sauvages. Mais quel que soit le fruit utilisé, vous obtiendrez une belle présentation et un délicieux dessert à prix modéré.

LE PLUS SANTÉ
Le triffle, qui contient toujours 3 éléments, permet d'intégrer une portion de laitage (yaourt, fromage blanc...) et une portion de fruits frais dans le menu, tout en proposant un vrai dessert gourmand.

ALTERNATIVE
Tous les fruits conviennent : fruits rouges (fraise, framboise...), poire, banane, kiwi, ananas, mangue... Vous pouvez remplacer le fromage blanc par du mascarpone ou même de la chantilly de temps en temps.

Saison : été
Préparation : 30 min
Cuisson : 30 min

MENU ÉQUILIBRÉ
> Soupe de concombre glacée
Salade de haricots rouges au thon
Clafoutis aux brugnons et au massala

Clafoutis aux brugnons et au massala

Pour 6 personnes ▪ 3 brugnons jaunes ▪ 3 œufs ▪ 20 cl de lait ▪ 20 g de beurre ▪ 100 g de farine ▪ 50 g de sucre en poudre ▪ 1 pincée de massala ▪ 1 sachet de levure

Versez la farine dans un saladier. Ajoutez le sucre, la levure et le massala. Mélangez, puis ajoutez le lait et les œufs. Mélangez au fouet pour obtenir une pâte lisse.

Préchauffez le four à 150 °C (th. 5). Pelez les brugnons, puis coupez-les en fines tranches et éliminez le noyau.

Disposez les tranches de brugnons dans un plat à gratin. Versez la pâte par-dessus.

Ajoutez le beurre coupé en petits morceaux et faites cuire 30 min au four. Dégustez tiède sans démouler.

MON ASTUCE ÉCONOMIE
Les clafoutis se déclinent tout au long de l'année avec des fruits de saison. Le traditionnel clafoutis aux cerises n'est pas très bon marché, sauf si vous avez des cerises dans votre jardin. Remplacez-les par des pêches ou des prunes, puis par des pommes et des poires à l'automne.

LE PLUS SANTÉ
Un gâteau assez riche en protéines (œufs, lait), mais pauvre en matière grasse. Fait maison, il sera bien dosé en sucre et riche en fruits, donc mieux équilibré qu'un entremets industriel.

ALTERNATIVE
Le massala (mélange d'épices indien) donne une saveur originale au clafoutis. Son ajout est facultatif, et vous pouvez le remplacer par du curcuma, qui colore en jaune, de l'extrait d'amande amère ou de fleur d'oranger, pour rester plus classique.

Saison : automne, hiver
Préparation : 25 min
Cuisson : 55 min

MENU ÉQUILIBRÉ
> Soupe de légumes
Salade d'endives aux pommes
et aux noix
Flan au potiron

Flan au potiron

Pour 6 personnes ▪ 400 g de chair de potiron ▪ 3 œufs ▪ 20 cl de lait ▪ 30 g de beurre ▪ 150 g de farine ▪ 80 g de sucre en poudre ▪ 25 g de poudre d'amandes ▪ 1 sachet de levure chimique ▪ 1 sachet de sucre vanillé ▪ 2 pincées de cannelle ▪ Sel

Coupez le potiron en dés et faites-le cuire 20 min à la vapeur. Égouttez-le parfaitement dans une passoire en pressant légèrement dessus. Laissez tiédir, puis mixez-le ou écrasez-le à la fourchette.

Préchauffez le four à 150 °C (th. 5). Mélangez dans un saladier la farine, la levure, le sucre en poudre, le sucre vanillé, la cannelle et 1 pincée de sel.

Ajoutez les œufs entiers, le lait et la purée de potiron. Mélangez à l'aide d'une spatule. Incorporez la poudre d'amandes.

Versez le mélange dans un plat à gratin. Répartissez le beurre coupé en petits morceaux à la surface et faites cuire 35 min au four. Dégustez tiède.

MON ASTUCE ÉCONOMIE
Un dessert vraiment pas cher en hiver, quand le potiron est abondant et donc très abordable. Riche en protéines, ce dessert vous dispense d'un plat de viande dans le cadre d'un dîner léger.

LE PLUS SANTÉ
Un dessert qui contient une portion de légumes, source de carotène et de fibres.

ALTERNATIVE
Vous pouvez ajouter des dés de pommes et des raisins secs dans le flan. La poudre d'amandes, facultative, peut être remplacée par des noisettes broyées, des noix ou même de la noix de coco.

Saison : toutes
Préparation : 15 min
Cuisson : 25 min

MENU ÉQUILIBRÉ
> Salade de tomates et fenouil
Lentilles au curry
Riz aux raisins secs
Crème aux œufs

Crème aux œufs

Pour 6 personnes ▪ 4 œufs ▪ 80 cl de lait ▪ 50 g de sucre en poudre ▪ 1 sachet de sucre vanillé

Préchauffez le four à 150 °C (th. 5). Remplissez la lèchefrite aux deux tiers d'eau chaude et disposez-la dans le four.

Mélangez le lait avec le sucre en poudre et le sucre vanillé, puis portez-le à ébullition.

Battez les œufs dans un saladier. Versez progressivement le lait bouillant sur les œufs sans cesser de fouetter.

Répartissez le mélange dans 6 ramequins. Disposez-les dans la lèchefrite et laissez cuire 20 min. Laissez tiédir hors du four les crèmes prises, puis placez-les au frais couvertes de film étirable.

MON ASTUCE ÉCONOMIE
La crème aux œufs est un dessert économique si on le réalise soi-même, alors que dans le commerce, les entremets vendus au rayon frais sont particulièrement chers. En les faisant vous-même, vous utilisez des ingrédients simples et vous limitez le sucre.

LE PLUS SANTÉ
Riche en lait et en œufs, cet entremets permet d'apporter des protéines en quantité suffisante pour un dîner. Il n'y a donc pas besoin de prévoir de la viande dans le menu.

ALTERNATIVE
Vous pouvez parfumer ces crèmes avec du café soluble ou du cacao. Ajoutez du caramel au fond des ramequins et démoulez les crèmes : vous obtenez une crème renversée.

200 menus à moins de 2 euros

Saison : toutes
Préparation : 15 min
Cuisson : 10 min
Repos : 1 h

MENU ÉQUILIBRÉ
> Radis
Sauté de dinde
Jardinière de printemps
Crème au chocolat

Crème au chocolat

Pour 4 personnes ▪ 60 cl de lait ▪ 60 g de chocolat pour pâtisserie ▪ 20 g de sucre en poudre ▪ 35 g de fécule de maïs

Versez 10 cl de lait dans un bol et ajoutez-y la fécule. Mélangez et laissez en attente.

Versez le reste du lait dans une casserole, ajoutez le chocolat cassé en petits morceaux et le sucre. Portez à ébullition en remuant avec un fouet. Retirez du feu dès l'ébullition et continuez à remuer jusqu'à ce que le chocolat soit complètement fondu.

Remettez sur feu doux. Ajoutez la fécule mélangée au lait froid dès que le mélange frémit. Laissez bouillir 1 min toujours en fouettant.

Versez la crème dans 4 ramequins. Laissez tiédir, couvrez de film étirable et placez au réfrigérateur pendant 1 h. Dégustez frais.

MON ASTUCE ÉCONOMIE
Une crème moins chère que la crème pâtissière traditionnelle, car elle ne contient pas d'œuf. Elle est cependant délicieuse et très facile à réussir.

LE PLUS SANTÉ
Une portion de crème représente l'équivalent d'un produit laitier (15 cl de lait). Il est donc inutile de prévoir du fromage dans le menu.

ALTERNATIVE
Utilisez cette crème pour fourrer un gâteau de Savoie ou pour garnir des crêpes. Chaude, elle reste fluide mais, une fois refroidie, elle épaissit comme un flan.

Saison : toutes
Préparation : 15 min
Cuisson : 30 min

MENU ÉQUILIBRÉ
> Tomates en salade
Poulet rôti au four
Chou-fleur vapeur
Riz au lait à la noix de coco

Riz au lait à la noix de coco

Pour 6 personnes ▪ 120 g de riz rond ▪ 1 l de lait ▪ 60 g de sucre en poudre ▪ 4 c. à s. de noix de coco râpée ▪ 1 c. à s. de cacao amer

Portez à ébullition 1 l d'eau. Ajoutez le riz et laissez cuire 5 min à feu vif. Égouttez le riz.

Versez le lait dans une casserole. Ajoutez la noix de coco râpée et le riz. Couvrez et laissez cuire à feu très doux pendant 25 min. Remuez de temps en temps et vérifiez qu'il reste assez de liquide, sinon ajoutez un peu d'eau.

Cinq minutes avant la fin de la cuisson, ajoutez le sucre et mélangez. Laissez tiédir le riz cuit.

Répartissez le riz dans 6 ramequins. Saupoudrez de cacao au moment de servir et dégustez tiède ou froid.

MON ASTUCE ÉCONOMIE
Un dessert pas cher et facile à réussir. Si votre four est en marche pour un autre plat, glissez le riz au lait dans un plat à gratin et faites-le cuire au four : il sera moelleux et encore plus économique !

LE PLUS SANTÉ
Le riz au lait est riche en glucides complexes, mais contient très peu de matière grasse (uniquement celle du lait). C'est un dessert sain, bien pourvu en protéines et en calcium.

ALTERNATIVE
Vous pouvez remplacer une partie du lait par du lait de coco (20 cl environ). Une fois refroidi, ajoutez-y quelques dés de fruits (poires, mangue, bananes...) ou des pépites de chocolat.

200 menus à moins de 2 euros

Saison : été, automne
Préparation : 20 min
Cuisson : 20 min
Repos : 1 h

MENU ÉQUILIBRÉ
> Soupe de lentilles
Œufs brouillés aux champignons
Salade verte
Petits pots de semoule, coulis de mûres

Petits pots de semoule, coulis de mûres

Pour 4 personnes ▪ 400 g de mûres sauvages ▪ 60 cl de lait ▪ 50 g de semoule fine ▪ 50 g de sucre en poudre ▪ 1 sachet de sucre vanillé ▪ Sel

Essuyez les mûres avec du papier absorbant. Mettez-les dans une casserole avec 25 g de sucre en poudre. Portez à ébullition et laissez cuire 10 min à feu doux. Mixez et versez dans un bol ou passez au chinois si vous souhaitez éliminer les graines. Laissez refroidir.

Versez le lait dans une casserole. Ajoutez le reste de sucre et le sucre vanillé, puis portez à ébullition. Jetez la semoule en pluie et mélangez jusqu'à la reprise de l'ébullition. Laissez cuire 5 min à feu doux.

Versez la semoule au lait dans 4 ramequins et laissez refroidir complètement. Couvrez de film étirable et placez au frais pendant 1 h.

Au moment de servir, démoulez les entremets et nappez-les de coulis de mûres. Dégustez aussitôt.

MON ASTUCE ÉCONOMIE
Allez cueillir des mûres à la fin de l'été et conservez-les pour l'hiver ! Vous pourrez faire des confitures et des gelées, mais aussi des coulis faciles à congeler. Congelez les fruits les plus charnus entiers, vous les utiliserez en tartes et en clafoutis.

LE PLUS SANTÉ
Les mûres sont riches en vitamine C — si vous les mangez crues —, en fibres et en polyphénols protecteurs. Peu caloriques, elles conviennent à ceux qui surveillent leur ligne.

ALTERNATIVE
Des mûres cultivées, moins parfumées, peuvent convenir, tout comme les framboises. Pour changer, remplacez la semoule par du tapioca, dont la consistance, plus gélatineuse, est originale.

Saison : automne, hiver, printemps
Préparation : 40 min
Cuisson : 40 min
Repos : 1 h

MENU ÉQUILIBRÉ
> Omelette aux champignons
Salade iceberg
Fromage blanc
Petits chaussons aux pommes

Petits chaussons aux pommes

Pour 8 personnes ▪ 3 pommes ▪ 1/2 citron ▪ 250 g de farine ▪ 120 g de beurre ou de margarine ▪ 3 c. à s. de lait ▪ 1 pincée de cannelle ▪ 1 sachet de sucre vanillé ▪ Sel

Versez la farine dans un saladier. Ajoutez 1 pincée de sel et le beurre coupé en petits dés. Mélangez du bout des doigts pour obtenir une consistance sableuse. Versez un demi-verre d'eau et travaillez rapidement la pâte en formant une boule. Couvrez de film étirable et placez au frais au moins 1 h.

Pelez les pommes, puis coupez-les en petits dés. Arrosez-les au fur et à mesure de jus de citron pour éviter qu'elles ne brunissent. Faites-les cuire dans une casserole avec le sucre vanillé et la cannelle à feu doux pendant 15 min. Remuez de temps en temps pour vérifier que la compote n'attache pas. Laissez tiédir.

Préchauffez le four à 180 °C (th. 6). Étalez la pâte et découpez 8 disques à l'aide d'un emporte-pièce ou d'un grand bol. Déposez 2 cuillerées de compote de pommes au centre de chaque disque de pâte, puis pliez-les en deux et soudez les bords en les humectant d'eau.

Disposez les chaussons sur une plaque à pâtisserie. Badigeonnez-les de lait et faites-les cuire 25 min au four. Dégustez tiède ou froid.

MON ASTUCE ÉCONOMIE

Ces petits chaussons faits maison vous reviendront beaucoup moins cher que des viennoiseries ou des gâteaux du commerce. Côté organisation : préparez la pâte et la compote la veille, et garnissez vos chaussons juste avant de les cuire.

LE PLUS SANTÉ

Idéals pour compléter un repas léger, mais aussi au goûter ou au petit déjeuner, ces chaussons sablés sont peu sucrés. Faire la pâte vous-même vous permet d'éviter les graisses hydrogénées et les conservateurs des pâtes industrielles.

ALTERNATIVE

Fourrez vos chaussons avec les fruits que vous avez sous la main : prunes, poires, abricots, pêches... que vous pourrez associer aux fruits secs (pruneaux, raisins, amandes).

Saison : automne, hiver, printemps
Préparation : 25 min
Cuisson : 30 min

MENU ÉQUILIBRÉ
> Salade de riz et concombre
Brochette de dinde
Ratatouille
Feuilleté aux pommes et aux pruneaux

Feuilleté aux pommes et aux pruneaux

Pour 6 personnes ▪ 6 feuilles de brick ▪ 5 pommes ▪ 50 g de pruneaux moelleux ▪ 60 g de beurre ▪ 60 g de sucre en poudre ▪ 2 pincées de cannelle

Pelez les pommes et coupez-les en dés. Mettez-les dans une casserole avec 30 g de sucre, la cannelle et 2 cuillerées à soupe d'eau. Couvrez et laissez cuire 15 min en remuant de temps en temps. Laissez tiédir. Coupez les pruneaux en dés.

Préchauffez le four à 150 °C (th. 5). Faites fondre le beurre 1 min au micro-ondes.

Décollez les feuilles de brick du papier sulfurisé. Disposez une feuille dans un moule à tarte. Badigeonnez-la légèrement de beurre et saupoudrez-la de 1 pincée de sucre. Renouvelez l'opération avec 2 feuilles de brick.

Versez la compote sur les feuilles et ajoutez les dés de pruneaux. Couvrez de 3 feuilles de brick en nappant à chaque fois d'un peu de beurre et de sucre. Froissez la dernière feuille pour donner du volume au feuilletage. Enfournez pour 15 min et dégustez tiède.

MON ASTUCE ÉCONOMIE
Un joli dessert vraiment pas cher et facile à réussir. Utilisez des pommes sucrées qui fondent bien à la cuisson, de n'importe quel calibre. Et, même si elles sont un peu farineuses, cela n'a pas d'importance, puisqu'elles sont réduites en compote.

LE PLUS SANTÉ
Ce dessert croustillant est riche en fruits, peu sucré et moins gras qu'une tarte traditionnelle. Les pruneaux apportent des glucides lentement assimilés (comme la pomme), ainsi que des fibres.

ALTERNATIVE
Tous les fruits de saison conviennent, à condition de les précuire et d'éliminer le surplus de jus pour que le feuillage reste croustillant : abricots, prunes, poires, pêches, mangue...

Saison : toutes
Préparation : 20 min
Cuisson : 15 min
Repos : 5 min

MENU ÉQUILIBRÉ
> Soupe de légumes
Salade d'endives aux noix
Pain perdu à la confiture

Pain perdu à la confiture

Pour 4 personnes ▪ 8 tranches de pain rassis ▪ 25 cl de lait ▪ 2 œufs ▪ 15 g de beurre ou de margarine ▪ 1 sachet de sucre vanillé ▪ Confiture d'abricot ou cassonade

Mélangez le lait avec le sucre vanillé et faites-le tiédir. Disposez les tranches de pain dans un plat large et peu profond. Arrosez-les de lait et laissez reposer 5 min, le temps que le pain ait absorbé le lait. Battez les œufs dans une assiette creuse.

Faites fondre une noix de beurre ou de margarine dans une poêle antiadhésive. Dès que le beurre mousse, trempez les tranches de pain dans l'œuf battu, puis disposez-les dans la poêle sans les serrer. Procédez en deux fois. Laissez dorer les tranches 2 min de chaque côté à feu doux.

Disposez les tranches au fur et à mesure dans un plat garni de papier absorbant. Dégustez tiède avec de la confiture ou de la cassonade.

MON ASTUCE ÉCONOMIE
Récupérez le pain rassis pour en faire un bon dessert, nourrissant et économique. Avec du pain de mie ou du pain brioché, c'est également très bon.

LE PLUS SANTÉ
Ne mettez pas trop de beurre dans la poêle et, surtout, ne le laissez pas se colorer ou fumer, il devient alors très indigeste. Et pensez à mettre suffisamment de papier absorbant — et à le changer — pour éliminer une partie du gras cuit.

ALTERNATIVE
Une compote maison ou une purée de fruits crus accompagnent très bien le pain perdu, avec un apport en sucre moins élevé.

200 menus à moins de 2 euros

Saison : toutes
Préparation : 25 min
Cuisson : 35 min

MENU ÉQUILIBRÉ
> Taboulé
Brochette de poisson
Tomates à la provençale
Crêpes au citron

Crêpes au citron

Pour 4 personnes ▪ 100 g de farine ▪ 25 cl de lait ▪ 1 gros œuf ▪ 30 g de beurre ▪ 1/2 citron non traité ▪ 30 g de sucre en poudre ▪ 1 sachet de sucre vanillé ▪ 1 c. à s. d'huile ▪ Sel

Sortez le beurre du réfrigérateur. Mélangez la farine, le sucre vanillé et 1 pincée de sel dans un saladier. Ajoutez le lait et l'œuf, puis travaillez la pâte jusqu'à ce qu'elle soit parfaitement lisse. Laissez en attente.

Frottez le citron sous l'eau chaude. Prélevez un morceau de zeste et hachez-le. Pressez le jus d'une moitié du citron.

Travaillez le beurre mou avec le sucre, le zeste et le jus de citron dans un petit bol. Placez au frais.

Faites cuire 8 crêpes dans une poêle antiadhésive légèrement huilée 2 min sur chaque face. Garnissez chaque crêpe d'un peu de beurre citronné et dégustez chaud.

MON ASTUCE ÉCONOMIE
Les crêpes sont un dessert économique, qui permet de compléter un repas léger. Pensez à en préparer un peu plus, vous les servirez au petit déjeuner ou au goûter le lendemain.

LE PLUS SANTÉ
Le lait et l'œuf apportent des protéines, qui vont compléter celles du plat principal. Vous pouvez aussi, de temps en temps, faire un repas « tout crêpes », à condition de limiter la matière grasse de cuisson.

ALTERNATIVE
Le beurre peut être remplacé par 2 cuillerées de crème épaisse légèrement fouettée ou de mascarpone. Et, pour changer, utilisez une demi-orange ou une clémentine à la place du citron.

Saison : été
Préparation : 25 min
Cuisson : 45 min

MENU ÉQUILIBRÉ
> Salade de tomates et laitue
Jambon de pays
Pancakes aux myrtilles

Pancakes aux myrtilles

Pour 4 personnes ▪ 200 g de myrtilles ▪ 1 pomme ▪ 1 œuf ▪ 15 cl de lait ▪ 150 g de farine ▪ 60 g de sucre en poudre ▪ 1 sachet de sucre vanillé ▪ 1 sachet de levure ▪ 1 c. à s. d'huile de tournesol ▪ Sel

Versez la farine, 30 g de sucre, le sucre vanillé, la levure et 1 pincée de sel dans un saladier. Mélangez, puis ajoutez le lait et l'œuf. Mélangez avec une spatule pour obtenir une pâte assez épaisse.

Pelez la pomme et coupez-la en petits dés. Triez les myrtilles, passez-les rapidement sous l'eau froide, puis essuyez-les. Faites cuire dans une casserole les myrtilles et les dés de pomme avec le reste de sucre pendant 10 min en remuant.

Faites cuire 12 pancakes dans une petite poêle à blinis légèrement huilée 2 min sur chaque face. Gardez les pancakes au chaud au fur et à mesure.

Servez les pancakes chauds nappés de compote aux myrtilles.

MON ASTUCE ÉCONOMIE
Allez cueillir des myrtilles sauvages si vous êtes dans une région montagneuse… elles sont gratuites ! Sinon, utilisez pour cette recette des framboises du jardin ou tout simplement des pommes ou des poires.

LE PLUS SANTÉ
Les myrtilles sont particulièrement bien pourvues en antioxydants variés (vitamine C, carotènes, polyphénols…) et en fibres, mais peu sucrées. Différentes études ont montré leur rôle intéressant dans la prévention du cancer.

ALTERNATIVE
Tous les fruits de saison conviennent pour cette recette (abricots, prunes, nectarines, pommes, poires…). Pensez également à servir des pancakes faits d'avance lors d'un brunch.

Saison : toutes
Préparation : 30 min
Cuisson : 35 min

MENU ÉQUILIBRÉ
> Duo de choux rouge et blanc
Papillotes de panga
Riz aux courgettes
Cheese-cake aux spéculoos

Cheese-cake aux spéculoos

Pour 6 personnes ▪ 400 g de fromage blanc ▪ 3 œufs ▪ 80 g de fécule de maïs ▪ 50 g de sucre en poudre ▪ 1 sachet de sucre vanillé ▪ 4 spéculoos ▪ Sel

Préchauffez le four à 150 °C (th. 5). Émiettez les spéculoos. Séparez les jaunes d'œufs des blancs.

Fouettez les jaunes d'œufs avec le sucre en poudre afin d'obtenir un mélange mousseux. Ajoutez la fécule, le sucre vanillé, mélangez, puis incorporez le fromage blanc et les miettes de spéculoos.

Montez les blancs d'œufs, additionnés de 1 pincée de sel, en neige très ferme. Incorporez-les délicatement au mélange précédent.

Versez dans un moule et faites cuire 35 min à four doux. Dégustez tiède ou froid sans démouler.

MON ASTUCE ÉCONOMIE
Comme tous les entremets, le cheese-cake est un dessert très bon marché. Tous les fromages frais conviennent pour sa préparation : fromage blanc battu, faisselle, fromage fermier en vrac... à choisir selon leur prix.

LE PLUS SANTÉ
Le cheese-cake est une bonne source de calcium et de protéines. Il faut aussi souligner son apport intéressant en vitamine B2 (présente dans le fromage blanc), une vitamine indispensable au bon fonctionnement cellulaire.

ALTERNATIVE
Vous pouvez remplacer les spéculoos par 2 tranches de pain d'épices émiettées, mais aussi par des fruits (pommes, poires, bananes...), que vous pouvez faire caraméliser au préalable.

Saison : toutes
Préparation : 20 min
Cuisson : 40 min
Repos : 10 min

MENU ÉQUILIBRÉ
> Potage de légumes
Jambon
Salade verte
Pudding caramélisé

Pudding caramélisé

Pour 8 personnes ▪ 350 g de pain rassis ▪ 1 l de lait ▪ 3 œufs ▪ 30 g de raisins secs ▪ 80 g de sucre en poudre ▪ 1 sachet de sucre vanillé

Coupez le pain en petits dés. Mettez-les dans un saladier. Portez à ébullition le lait additionné de 40 g de sucre et du sucre vanillé.

Versez le lait sur les dés de pain rassis et laissez reposer 10 min, le temps que tout le lait soit absorbé.

Préchauffez le four à 150 °C (th. 5). Mélangez le pain avec les œufs battus en omelette et les raisins secs.

Versez le reste de sucre dans une petite casserole. Ajoutez 3 cuillerées à soupe d'eau. Portez à ébullition et retirez du feu lorsque le mélange est bien caramélisé. Versez le caramel dans un moule à manqué. Étalez-le sur les parois en tournant le moule. Versez le mélange précédant dans le moule et enfournez pour 35 min. Dégustez tiède ou froid après démoulage.

MON ASTUCE ÉCONOMIE
Une excellente façon d'utiliser le pain rassis, dont on ne sait jamais quoi faire. Vous pouvez réaliser ce dessert avec toutes sortes de pains, mais le mieux, c'est tout simplement la baguette.

LE PLUS SANTÉ
Un gâteau sans matière grasse, mais qui apporte du calcium et des protéines. Vous pouvez le servir au dessert pour compléter un dîner léger. Il est particulièrement adapté au goûter et au petit déjeuner.

ALTERNATIVE
Ajoutez des dés de pommes, de pêches ou de poires, et parfumez votre gâteau à la fleur d'oranger ou avec un peu de cacao (à ajouter dans le lait chaud).

Saison : toutes
Préparation : 35 min
Cuisson : 15 min
Repos : 30 min

MENU ÉQUILIBRÉ
> Papillotes de lieu
Légumes d'été mijotés
Crème à la vanille
Biscuits sablés aux céréales

Biscuits sablés aux céréales

Pour 25 sablés ▪ 85 g de beurre ou de margarine ▪ 3 c. à s. de lait ▪ 1 œuf ▪ 150 g de farine ▪ 50 g de flocons d'avoine ▪ 80 g de sucre roux en poudre ▪ 1 pincée de levure chimique ▪ Sel

Coupez le beurre en petits dés et mettez-le dans un saladier à température ambiante. Préchauffez le four à 150 °C (th. 5).

Ajoutez l'œuf et le sucre dans le saladier, et travaillez le mélange au fouet électrique pour obtenir un mélange lisse et mousseux.

Ajoutez la farine, la levure, 1 pincée de sel et les flocons d'avoine. Mélangez la pâte du bout des doigts et formez une boule. Couvrez de film étirable et laissez en attente au frais pendant 30 min.

Étalez la pâte et découpez-la à l'emporte-pièce pour obtenir de petits biscuits. Disposez-les au fur et à mesure sur la plaque du four. Badigeonnez-les de lait et enfournez-les pour 12 min. Laissez-les refroidir et conservez-les dans une boîte hermétique (pendant 3 jours environ).

MON ASTUCE ÉCONOMIE
Les biscuits du commerce sont bon marché mais, en les faisant vous-même, vous êtes sûr de leur qualité : ils ne contiendront que des ingrédients nobles et naturels, mais aucun additif.

LE PLUS SANTÉ
Selon vos goûts et vos besoins, faites des biscuits pur beurre (source de vitamines A et D, indispensables à la croissance) ou avec une margarine riche en oméga-3 (protection vasculaire).

ALTERNATIVE
Nappez vos biscuits refroidis d'un bon chocolat noir ou saupoudrez-les d'amandes effilées ou de noisettes en poudre.

Saison : toutes
Préparation : 20 min
Cuisson : 30 min

MENU ÉQUILIBRÉ
> Céleri et carottes à la vinaigrette
Maquereau au four
Purée de brocolis
Petits babas, sirop d'orange

Petits babas, sirop d'orange

Pour 8 personnes ▪ 2 oranges à jus ▪ 3 œufs ▪ 70 g de beurre ▪ 150 g de farine ▪ 180 g de sucre en poudre ▪ 1 sachet de levure chimique ▪ Sel

Fouettez les œufs avec 120 g de sucre dans un saladier jusqu'à ce que le mélange soit mousseux. Incorporez le beurre mou, puis la farine tamisée, la levure et 1 pincée de sel. Mélangez à la spatule afin d'obtenir une pâte bien lisse.

Préchauffez le four à 150 °C (th. 5). Versez la pâte dans 8 petits moules à baba antiadhésifs (ou en silicone). Faites cuire les gâteaux 20 min au four. Laissez-les tiédir, puis démoulez-les.

Pressez les oranges. Versez le jus dans une casserole avec 10 cl d'eau et le reste de sucre. Portez à ébullition et laissez réduire pendant 10 min à feu moyen en surveillant. Laissez refroidir, puis nappez les babas de sirop et servez.

MON ASTUCE ÉCONOMIE
Le baba est un gâteau vendu assez cher en boulangerie, alors que son prix de revient lorsqu'on le fait soi-même est assez bas. Selon les occasions, vous pouvez l'agrémenter de fruits ou de crème pâtissière.

LE PLUS SANTÉ
Préférez un sirop léger à base de jus de fruits plutôt que d'imbiber vos gâteaux d'alcool.

ALTERNATIVE
Servez vos babas avec des dés d'ananas, des quartiers d'oranges coupés à vif ou une chantilly aérienne.

Saison : printemps, été
Préparation : 15 min
Cuisson : sans cuisson

MENU ÉQUILIBRÉ
> Billes de melon et pastèque
Pizza au thon
Salade verte
Milk-shake aux fraises

Milk-shake aux fraises

Pour 4 personnes ▪ 200 g de fraises ▪ 50 cl de lait ▪ 4 boules de glace vanille ▪ Quelques feuilles de menthe

Rincez les fraises sous l'eau fraîche, puis équeutez-les. Épongez-les dans du papier absorbant et coupez-les en morceaux.

Versez dans un mixer, ou dans un blender, le lait et les fraises. Mixez quelques secondes pour obtenir un mélange lisse.

Ajoutez la glace, mixez de nouveau et servez aussitôt dans des verres froids. Décorez de feuilles de menthe.

MON ASTUCE ÉCONOMIE
Oubliez les milk-shakes trop sucrés du commerce et faites-les vous-même. Vous découvrirez un dessert onctueux, fruité et léger… à un prix plus qu'abordable !

LE PLUS SANTÉ
Du lait, des fruits et une touche de glace : le milk-shake maison ne contient que des ingrédients nobles, peu de sucre et de matière grasse. Pensez à en proposer au goûter aux enfants et aux ados ; c'est une bonne source de calcium.

ALTERNATIVE
Framboises, mangue, pêches, melon, kiwis et bananes conviennent très bien pour cette recette. Choisissez des fruits bien mûrs, juteux et sucrés.

Saison : printemps, été
Préparation : 20 min
Cuisson : sans cuisson

MENU ÉQUILIBRÉ
> Salade de carottes et céleri
Pâtes au thon et à la tomate
Glace express vanille-fraise

Glace express vanille-fraise

Pour 6 personnes ▪ 150 g de fraises ▪ 3 yaourts nature ▪ 20 cl de lait ▪ 2 sachets de sucre vanillé ▪ 2 c. à s. de sucre roux

Rincez les fraises, puis essuyez-les. Équeutez-les et coupez-les en morceaux, puis écrasez-les grossièrement dans un bol à l'aide d'une fourchette.

Versez le lait et les yaourts dans un saladier. Lissez le mélange à l'aide d'un fouet à main. Ajoutez le sucre vanillé et le sucre en poudre. Mélangez jusqu'à ce que le sucre soit dissous. Ajoutez les fraises et mélangez.

Versez dans la sorbetière et faites-la tourner environ 15 min (ou jusqu'à ce que le mélange soit pris). Versez dans un bac ou dans des coupes et servez ou placez au congélateur.

MON ASTUCE ÉCONOMIE
On trouve dans le commerce des glaces très bon marché, mais la qualité n'est pas toujours au rendez-vous. En la faisant vous-même, vous utilisez des ingrédients nobles (lait, fruits, yaourts...) pour un coût tout à fait modeste.

LE PLUS SANTÉ
Une glace riche en calcium et peu sucrée, que vous pourrez servir régulièrement au dessert ou au goûter. Enrichie de fruits de saison (fraises, framboises, abricots, pêches...), elle apporte en plus des fibres et une petite touche de vitamine C.

ALTERNATIVE
Parfumez votre glace au café, au chocolat, au caramel... et pensez aux coulis (fraises, abricots, mangue...) pour en faire un dessert plus élaboré.

Liste alphabétique des recettes

A

Agneau au lait de coco 56
Agneau sauté aux fruits secs 55

B

Biscuits sablés aux céréales 230
Blanquette de dinde 71
Blettes à la tomate 179
Bœuf braisé aux carottes et aux raisins 59
Bœuf sauté aux oignons et au gingembre 57
Bouchées de lieu panées aux épices 85
Boudin sauté aux pommes 80
Boulettes d'agneau à la menthe 54
Boulghour aux tomates 195
Bricks de banane au chocolat 213
Brochettes de dinde à l'ananas et au paprika 70
Brocolis et chou-fleur croquants à l'asiatique 185
Bruschetta (pain aux tomates) 43

C

Cake au thon et à la tomate 153
Cake aux courgettes et au chèvre 152
Cannelloni à la ricotta 130
Carottes au cumin et à la cannelle 166
Carpaccio de melon à la fleur d'oranger 42
Céleri-rave gratiné 174
Champignons aux anchois et aux olives 183
Charlotte à l'ananas 214
Chaussons fourrés à la viande 159
Cheese-cake aux spéculoos 228
Chou chinois sauté au wok 178
Chou rouge mijoté au porc et au cumin 121
Chou vert à la noix de coco et à la tomate 187
Choucroute au jarret de porc 122
Chou-fleur mimosa à la truite fumée 39

Choux au fromage 151
Choux de Bruxelles mijotés au bacon 188
Clafoutis aux brugnons et au massala 217
Clafoutis de tomates au tofu fumé 137
Cocotte de poulet aux poireaux 118
Cocotte de saumon au lait de coco 116
Colombo de panga 90
Colombo de porc 124
Courge spaghetti à la raclette 177
Courgettes au beurre de basilic 172
Courgettes menthe-citron 173
Crème au chocolat 220
Crème aux œufs 219
Crème de poireaux, croûtons au bleu 48
Crêpes au citron 226
Croques au camembert et aux cornichons 157
Croques au thon 158
Croquettes d'avoine aux cacahuètes 143
Croquettes de coquillettes au fromage 127
Croquettes de pommes de terre à la mozzarella 133
Croquettes de poulet à la menthe 64
Croquettes de riz à l'italienne 131
Croustillants aux épinards et au basilic 44
Croustillants de lieu au basilic 87
Crumble d'aubergines 134

E
Émincé de porc au paprika 73
Encornets mijotés à la bière 96
Endives braisées à l'orange 170
Endives caramélisées aux pommes 171
Éperlans frits, sauce pimentée 88

F
Falafels 142
Farfalle au thon 104

Fenouil braisé au parmesan 182
Feuilleté aux pommes et aux pruneaux 224
Feuilletés aux épinards et au curry 161
Filets de maquereaux marinés au vin blanc 82
Flan au jambon et à la courgette 103
Flan au potiron 218
Flan de carottes aux asperges 136
Foies de volailles au vinaigre balsamique 78
Fondue chinoise 117
Frites légères au four 202

G

Galettes de potiron 176
Galettes de sarrasin au chèvre frais 162
Gaufres salées 164
Glace express vanille-fraise 233
Gnocchis de pommes de terre à la sauce 198
Gnocchis de semoule gratinés 126
Gratin d'agneau aux légumes d'été 119
Gratin de penne à la mimolette 128
Gratin de poisson aux champignons 84
Gratin de pommes de terre à la florentine 111
Gratin de potiron 135
Gratin pomme-poire aux noisettes 211

H

Hachis Parmentier aux petits légumes 112
Hamburger maison 60
Haricots rouges à la mexicaine 208
Haricots verts à la gremolata 169
Haricots verts aux échalotes confites 168

J

Joue de porc au citron et au pain d'épices 76

L

Laitue et petits pois braisés à la menthe.................................. 165
Langue de bœuf à la tomate.. 77
Lasagnes au poulet et aux champignons 108
Lasagnes aux champignons et aux aubergines 129
Légumes d'été aux saucisses et à la fleur de thym 125
Lentilles au massala... 138

M

Maquereaux aux herbes.. 81
Milk-shake aux fraises 232
Mogettes à la tomate... 207
Moules épicées 94
Moules marinière à l'aneth... 95
Mousse d'aubergines à la coriandre...................................... 46
Mousse de sardines à l'estragon... 47

N

Nuggets de poulet, ketchup maison...................................... 63

O

Œufs au lait à l'estragon 99
Œufs pochés au coulis de poivron rouge............................. 101
Omelette aux champignons sauvages 100
Orecchiette aux brocolis... 192

P

Pain perdu à la confiture... 225
Pancakes aux myrtilles 227
Papillotes de lieu au fenouil... 86
Penne aux champignons... 191
Petite salade de pissenlit, tuiles au parmesan....................... 36
Petits babas, sirop d'orange... 231
Petits chaussons aux pommes.. 223
Petits pots de semoule, coulis de mûres.............................. 222
Pilons de poulet aux épices... 65

Pissaladière.. 150
Pizza à l'aubergine et à la mozzarella................................. 147
Pizza à la roquette et aux tomates 149
Pizza aux tomates et aux anchois.. 148
Poires en papillote au sirop d'orange................................. 212
Pois chiches au cumin...205
Pois chiches et blé à l'orientale... 140
Poivrons sautés aux pommes de terre..................................181
Polenta aux tomates fraîches 197
Pommes de terre boulangère 199
Pommes de terre farcies à la volaille 113
Pommes de terre rôties au romarin 200
Pommes râpées au citron vert 210
Pommes rôties au pain d'épices 209
Pommes vapeur, sauce crémeuse aux herbes.....................201
Porc mijoté à l'orange 72
Potée aux légumes d'hiver 120
Poulet au citron et à la sauge...61
Poulet aux cacahuètes 67
Poulet aux tomates et aux olives 62
Pudding caramélisé...229
Purée de chou-fleur au chorizo 186
Purée de lentilles corail au curry...203
Purée de navets au pain d'épices 167
Purée de pois cassés à la coriandre 206
Purée de potimarron aux amandes 175

Q
Quiche au thon et aux tomates..144

R
Raie au confit d'échalotes... 89
Risotto à la milanaise... 194
Risotto aux fanes de radis 193
Risotto aux fèves et petits pois 132
Risotto aux foies de volailles 115

Riz au lait à la noix de coco 221
Riz sauté à la cantonaise 114
Rouelle de porc façon osso-buco 75
Rouleaux de dinde à la sauge 68
Rutabagas et pommes de terre au cerfeuil 180

S

Salade croquante de radis noir et carottes 38
Salade de fenouil et pommes vertes au cumin 34
Salade de haricots au thon et aux oignons nouveaux 37
Salade de lentilles au chèvre 139
Salade de pomélo aux crevettes et oignons rouges 35
Salade tiède de lentilles vertes 204
Samoussas aux courgettes et au curry 45
Sardines grillées au citron 83
Saucisses mijotées à la tomate 79
Saumon rôti aux baies roses 91
Sauté de bœuf, sauce au poivre 58
Sauté de dinde au curry vert 69
Semoule aux courgettes et à la menthe 196
Soufflé au reblochon 102
Soupe au pistou 50
Soupe de carottes à la coriandre 49
Soupe de concombre à la menthe 53
Soupe de fanes de radis 52
Soupe de lentilles et châtaignes 51
Spaghetti aux boulettes de bœuf 106
Spaghetti aux lardons et à la crème 189
Spaghetti aux moules 105
Spaghettini au pesto express 190

T

Tagine de poulet au citron confit et à la cardamome 66
Tagine express d'aubergine et de haricots blancs 141
Tagliatelle de courgettes à la menthe 40
Tartare de concombre au chèvre frais 41

Tartare de truite de mer 92
Tarte à la rhubarbe 215
Tarte aux champignons 145
Tarte aux poireaux et au maroilles 146
Tartiflette aux légumes 109
Tartines aux œufs brouillés et au bacon 154
Tartines aux tomates et aux sardines 155
Tartines des Vosges 156
Tian de pommes de terre aux sardines 110
Timbale de pâtes à la brousse 107
Tofu au basilic chinois 97
Tomates concassées à l'oignon et au piment 184
Tortilla aux pommes de terre et au chorizo 98
Travers de porc au caramel 74
Triffle aux mûres 216
Truite farcie au thym 93

V
Vol-au-vent à la volaille 163

W
Wok de porc aux légumes 123
Wraps au poulet et au chèvre frais 160

Index des recettes par ingrédients

A

Abricot
Agneau sauté aux fruits secs, 55
Pain perdu à la confiture, 225

Agneau
Agneau au lait de coco, 56
Agneau sauté aux fruits secs, 55
Boulettes d'agneau à la menthe, 54
Gratin d'agneau aux légumes d'été, 119

Amande
Purée de potimarron aux amandes, 175

Ananas
Brochettes de dinde à l'ananas
   et au paprika, 70
Charlotte à l'ananas, 214

Anchois
Champignons aux anchois
   et aux olives, 183
Pissaladière, 150
Pizza aux tomates et aux anchois, 148

Asperge
Flan de carottes aux asperges, 136

Aubergine
Crumble d'aubergines, 134
Lasagne aux champignons
   et aux aubergines, 129
Mousse d'aubergines à la coriandre, 46
Pizza à l'aubergine
   et à la mozzarella, 147
Tagine express d'aubergine
   et de haricots blancs, 141

Avocat
Wraps au poulet et au chèvre frais, 160

Avoine
Biscuits sablés aux céréales, 230
Croquettes d'avoine
   aux cacahuètes, 143

B

Bacon
Tartines aux œufs brouillés
   et au bacon, 154

Baies roses
Saumon rôti aux baies roses, 91

Banane
Bricks de banane au chocolat, 213

Blette
Blettes à la tomate, 179

Blé
Pois chiches et blé à l'orientale, 140

Bœuf
Bœuf braisé aux carottes
   et aux raisins, 59
Bœuf sauté aux oignons
   et au gingembre, 57
Chaussons fourrés à la viande, 159
Fondue chinoise, 117
Hachis Parmentier
   aux petits légumes, 112
Hamburger maison, 60
Langue de bœuf à la tomate, 77
Sauté de bœuf, sauce au poivre, 58
Spaghetti aux boulettes de bœuf, 106

Boudin noir
Boudin sauté aux pommes, 80

Boulghour
Boulghour aux tomates, 195

Brocoli
Brocoli et chou-fleur croquants
   à l'asiatique, 185
Orecchiette au brocoli, 192

Brugnon
Clafoutis aux brugnons
   et au massala, 217

C

Cacahuète
Croquettes d'avoine
   aux cacahuètes, 143
Poulet aux cacahuètes, 67

Carotte
Bœuf braisé aux carottes
   et aux raisins, 59
Carottes au cumin et à la cannelle, 166
Flan de carottes aux asperges, 136
Potée aux légumes d'hiver, 120
Salade croquante de radis noir
   et carotte, 38
Soupe de carottes à la coriandre, 49

Céleri
Céleri-rave gratiné, 174

Champignon
Champignons aux anchois
   et aux olives, 183
Gratin de poisson aux champignons, 84
Lasagne au poulet et
   aux champignons, 108
Lasagne aux champignons
   et aux aubergines, 129
Omelette aux champignons
   sauvages, 100
Penne aux champignons, 191
Tarte aux champignons, 145

Châtaigne
Soupe de lentilles et châtaignes, 51

Chocolat
Bricks de banane au chocolat, 213
Crème au chocolat, 220

Chorizo
Tortilla aux pommes de terre
   et au chorizo, 98
Purée de chou-fleur au chorizo, 186

Chou
Chou chinois sauté au wok, 178
Chou rouge mijoté au porc
   et au cumin, 121
Chou vert à la noix de coco
   et à la tomate, 187
Choucroute au jarret de porc, 122
Choux de Bruxelles mijotés
   au bacon, 188
Fondue chinoise, 117
Potée aux légumes d'hiver, 120

Chou-fleur
Brocoli et chou-fleur croquants
   à l'asiatique, 185
Chou-fleur mimosa
   à la truite fumée, 39
Purée de chou-fleur au chorizo, 186

Citron
Courgettes menthe-citron, 173
Crêpes au citron, 226
Haricots verts à la gremolata, 169
Joues de porc au citron et au pain
    d'épices, 76
Pommes râpées au citron vert, 210
Poulet au citron et à la sauge, 61
Sardines grillées au citron, 83
Tagine de poulet au citron confit
    et à la cardamome, 66

Colombo
Colombo de panga, 90
Colombo de porc, 124

Concombre
Soupe de concombre à la menthe, 53
Tartare de concombre
    au chèvre frais, 41

Coque
Spaghetti aux moules, 105

Courge
Courges spaghetti à la raclette, 177

Courgette
Cake aux courgettes et au chèvre, 152
Courgettes au beurre de basilic, 172
Courgettes menthe-citron, 173
Flan au jambon et à la courgette, 103
Gaufres salées, 164
Gratin d'agneau aux légumes d'été, 119
Samoussas aux courgettes
    et au curry, 45
Semoule aux courgettes
    et à la menthe, 196
Soupe au pistou, 50

Soupe de fanes de radis, 52
Tagliatelle de courgettes
    à la menthe, 40
Wok de porc aux légumes, 123

Crevette
Riz sauté à la cantonaise, 114
Salade de pomélo aux crevettes
    et oignons rouges, 35

D
Dinde
Blanquette de dinde, 71
Brochettes de dinde à l'ananas
    et au paprika, 70
Fondue chinoise, 117
Pommes de terre farcies à la volaille, 113
Rouleaux de dinde à la sauce, 68
Sauté de dinde au curry vert, 69
Vol-au-vent à la volaille, 163

E
Échalote
Haricots verts
    aux échalotes confites, 168
Raie au confit d'échalote, 89

Encornet
Encornets mijotés à la bière, 96

Endive
Endives braisées à l'orange, 170
Endives caramélisées aux pommes, 171

Éperlan
Éperlans frits, sauce pimentée, 88

Épinard
Cannelloni à la ricotta, 130
Croustillants aux épinards
   et au basilic, 44
Feuilleté aux épinards et au curry, 161
Gratin de pomme de terre
   à la florentine, 111

F
Fane de radis
Risotto aux fanes de radis, 193
Soupe de fane de radis, 52

Fenouil
Fenouil braisé au parmesan, 182
Papillotes de lieu au fenouil, 86
Salade de fenouil et pommes vertes
   au cumin, 34

Fève
Risotto aux fèves et petits pois, 132

Foie de volaille
Foies de volailles au vinaigre
   balsamique, 78
Risotto aux foies de volailles, 115

Fraise
Milkshake aux fraises, 232
Glace express vanille-fraise, 233

Fromage
Cake aux courgettes et au chèvre, 152
Cannelloni à la ricotta, 130
Choux au fromage, 151
Courges spaghetti à la raclette, 177
Crème de poireaux,
   croûtons au bleu, 48
Croques au camembert
   et aux cornichons, 157
Croquettes de coquillettes
   au fromage, 127
Croquettes de pommes de terre
   à la mozzarella, 133
Croustillants aux épinards
   et au basilic, 44
Fenouil braisé au parmesan, 182
Galettes de sarrasin au chèvre frais, 162
Gratin de penne à la mimolette, 128
Petite salade de pissenlit, tuiles
   au parmesan, 36
Pizza à l'aubergine
   et à la mozzarella, 147
Risotto aux fèves et petits pois, 132
Salade de lentilles au chèvre, 139
Soufflé de reblochon, 102
Tartare de concombre
   au chèvre frais, 41
Tarte poireaux et maroilles, 146
Tartiflette aux légumes, 109
Tartines des Vosges, 156
Timbale de pâtes à la brousse, 107
Wraps au poulet et au chèvre, 160

Fromage blanc
Agneau sauté aux fruits secs, 55
Cheesecake aux spéculoos, 228
Mousse de sardines à l'estragon, 47
Pommes vapeur, sauce crémeuse aux
   herbes, 201
Tartare de concombre
   au chèvre frais, 41

G
Germes de soja
Wok de porc aux légumes, 123

200 menus à moins de 2 euros

H

Haricot
Haricots rouges à la mexicaine, 208
Haricots verts à la gremolata, 169
Haricots verts
   aux échalotes confites, 168
Mogettes à la tomate, 207
Salade de haricots au thon et
   aux oignons nouveaux, 37 (blancs)
Soupe au pistou, 50 (verts mange-tout)
Tagine express d'aubergine et
   de haricots blancs, 141

J

Jambon
Croques au camembert
   et aux cornichons, 157
Flan au jambon et à la courgette, 103
Riz sauté à la cantonaise, 114
Tartines des Vosges, 156

Julienne de légumes
Hachis Parmentier
   aux petits légumes, 112
Riz sauté à la cantonaise, 114

L

Lait de coco
Agneau au lait de coco, 56
Chou vert à la noix de coco
   et à la tomate, 187
Cocotte de saumon au lait de coco, 116
Soupe de carottes à la coriandre, 49

Lentille
Lentilles au massala, 138
Purée de lentille corail au curry, 203

Salade de lentilles au chèvre, 139
Salade tiède de lentilles vertes, 204
Soupe de lentilles et châtaignes, 51

Lieu
Bouchées de lieu panées aux épices, 85
Croustillants de lieu au basilic, 87
Papillotes de lieu au fenouil, 86

M

Maïs
Croquettes de poulet à la menthe, 64
Haricots rouges à la mexicaine, 208

Maquereau
Filets de maquereaux marinés au vin
   blanc, 82
Maquereaux aux herbes, 81

Melon
Carpaccio de melon à la fleur
   d'oranger, 42

Miel
Carpaccio de melon à la fleur
   d'oranger, 42

Moule
Moules épicées, 94
Moules marinière à l'aneth, 95
Spaghetti aux moules, 105

Mûre
Petits pots de semoule, coulis
   de mûres, 222
Triffle aux mûres, 216

Myrtille
Pancakes aux myrtilles, 227

N

Navet
Potée aux légumes d'hiver, 120
Purée de navets au pain d'épices, 167
Tartiflette aux légumes, 109

Noisette
Gratin pomme-poire aux noisettes, 211
Salade de fenouil et pomme verte
　au cumin, 34

Noix de coco
Riz au lait à la noix de coco, 221

O

Œuf
Chou-fleur mimosa
　à la truite fumée, 39
Crème aux œufs, 219
Croquettes de coquillettes
　au fromage, 127
Gaufres salées, 164
Gratin de pomme de terre
　à la florentine, 111
Œufs au lait à l'estragon, 99
Œufs pochés au coulis de poivron
　rouge, 101
Omelette aux champignons
　sauvages, 100
Riz sauté à la cantonaise, 114
Tartines aux œufs brouillés
　et au bacon, 154
Tortilla aux pommes de terre
　et au chorizo, 98

Oignon
Bœuf sauté aux oignons
　et au gingembre, 57
Potée aux légumes d'hiver, 120
Salade de haricots au thon et oignons
　nouveaux, 37
Salade de pomélo aux crevettes
　et oignons rouges, 35
Tomates concassées à l'oignon
　et au piment, 184 (violets)
Wok de porc aux légumes, 123

Olive
Champignons aux anchois
　et aux olives, 183
Pissaladière, 150
Pizza aux tomates et aux anchois, 148
Poulet aux tomates et aux olives, 62
Tagliatelle de courgettes
　à la menthe, 40

Orange
Endives braisées à l'orange, 170
Petits babas, sirop d'orange, 231
Poires en papillote
　au sirop d'orange, 212
Porc mijoté à l'orange, 72

P

Pain
Boulettes d'agneau à la menthe, 54
Bruschetta (pain aux tomates), 43
Crème de poireaux,
　croûtons au bleu, 48
Croques au camembert
　et aux cornichons, 157
Croques au thon, 158
Croquettes de poulet à la menthe, 64
Hachis Parmentier
　aux petits légumes, 112
Hamburger maison, 60

Nuggets de poulet, ketchup maison, 63
Pain perdu à la confiture, 225
Pudding caramélisé, 229
Soupe de fanes de radis, 52
Tartines aux œufs brouillés
   et au bacon, 154
Tartines aux tomates et sardines, 155
Tartines des Vosges, 156
Tian de pommes de terre
   aux sardines, 110

Pain d'épices
Joues de porc au citron et au pain
   d'épices, 76
Pommes rôties au pain d'épices, 209
Purée de navets au pain d'épices, 167

Panga
Colombo de panga, 90
Gratin de poisson aux champignons, 84

Pâtes
Cannelloni à la ricotta, 130
Croquettes de coquillettes
   au fromage, 127
Farfalle au thon, 104
Gratin de penne à la mimolette, 128
Lasagne au poulet et aux
   champignons, 108
Lasagne aux champignons
   et aux aubergines, 129
Orecchiette au brocoli, 192
Penne aux champignons, 191
Soupe au pistou, 50
Spaghetti au pesto express, 190
Spaghetti aux boulettes de bœuf, 106
Spaghetti aux lardons et à la crème, 189
Spaghetti aux moules, 105

Timbale de pâtes à la brousse, 107
Wok de porc aux légumes, 123

Petit pois
Gratin de penne à la mimolette, 128
Laitue et petits pois braisés
   à la menthe, 165
Risotto aux fèves et petits pois, 132
Riz sauté à la cantonaise, 114

Pissenlit
Petite salade de pissenlit, tuiles
   au parmesan, 36

Poire
Gratin pomme-poire aux noisettes, 211
Poires en papillotte
   au sirop d'orange, 212

Poireau
Cocotte de poulet aux poireaux, 118
Crème de poireaux,
   croûtons au bleu, 48
Potée aux légumes d'hiver, 120
Tarte aux poireaux et au maroilles, 146

Pois cassé
Purée de pois cassés à la coriandre, 206

Pois chiche
Falafels, 142
Pois chiches au cumin, 205
Pois chiches et blé à l'oriental, 140

Poivron
Œufs pochés au coulis de poivron
   rouge, 101
Poivrons sautés
   aux pommes de terre, 181

Sauté de dinde au curry vert, 69
Soupe au pistou, 50
Wok de porc aux légumes, 123

Polenta
Polenta aux tomates fraîches, 197

Pomélo
Salade de pomélo aux crevettes
 et oignons rouges, 35

Pomme
Agneau sauté aux fruits secs, 55
Boudin sauté aux pommes, 80
Endives caramélisées aux pommes, 171
Feuilleté aux pommes
 et aux pruneaux, 224
Gratin pomme-poire aux noisettes, 211
Petits chaussons aux pommes, 223
Pommes râpées au citron vert, 210
Pommes rôties au pain d'épices, 209
Salade croquante radis noir
 et carottes, 38
Salade de fenouil et pommes vertes
 au cumin, 34

Pomme de terre
Crème de poireaux, croûtons
 au bleu, 48
Croquettes de pommes de terre
 à la mozzarella, 133
Frites légères au four, 202
Galettes de potiron, 176
Gnocchi de pommes de terre
 à la sauge, 198
Gratin de pommes de terre
 à la florentine, 111
Gratin de potiron, 135

Hachis Parmentier
 aux petits légumes, 112
Poivrons sautés
 aux pommes de terre, 181
Pommes de terre boulangère, 199
Pommes de terre farcies à la volaille, 113
Pommes de terre rôties au romarin, 200
Pommes vapeur sauce crémeuse aux
 herbes, 201
Potée aux légumes d'hiver, 120
Purée de navets au pain d'épices, 167
Rutabagas et pommes de terre
 au cerfeuil, 180
Soupe au pistou, 50
Soupe de carottes à la coriandre, 49
Tartiflette aux légumes, 109
Tartines des Vosges, 156
Tian de pommes de terre
 aux sardines, 110
Tortilla aux pommes de terre et
 au chorizo, 98

Porc
Chou rouge mijoté au porc
 et au cumin, 121
Choucroute au jarret de porc, 122
Émincé de porc au paprika, 73
Joues de porc au citron et au pain
 d'épices, 76
Porc mijoté à l'orange, 72
Potée aux légumes d'hiver, 120
Rouelle de porc façon osso-buco, 75
Spaghetti aux lardons et à la crème, 189
Travers de porc au caramel, 74
Wok de porc aux légumes, 123

Potimarron
Purée de potimarron aux amandes, 175

200 menus à moins de 2 euros 251

Potiron
Flan au potiron, 218
Galettes de potiron, 176
Gratin de potiron, 135

Poulet
Cocotte de poulet aux poireaux, 118
Croquettes de poulet à la menthe, 64
Lasagne au poulet et aux champignons, 108
Nuggets de poulet, ketchup maison, 63
Pilons de poulet aux épices, 65
Poulet au citron et à la sauge, 61
Poulet aux cacahuètes, 67
Poulet aux tomates et aux olives, 62
Tagine de poulet au citron confit et à la cardamome, 66
Wraps au poulet et au chèvre, 160

Pruneau
Feuilleté aux pommes et aux pruneaux, 224

R
Radis noir
Salade croquante radis noir et carottes, 38

Raie
Raie au confit d'échalotes, 89

Raisin
Agneau sauté aux fruits secs, 55
Bœuf braisé aux carottes et aux raisins, 59

Rhubarbe
Tarte à la rhubarbe, 215

Riz
Croquettes de riz à l'italienne, 131
Risotto à la milanaise, 194
Risotto aux fanes de radis, 193
Risotto aux fèves et petits pois, 132
Risotto aux foies de volailles, 115
Riz au lait à la noix de coco, 221
Riz sauté à la cantonaise, 114

Rutabaga
Rutabagas et pommes de terre au cerfeuil, 180

S
Salade
Hamburger maison, 60
Laitue et petits pois braisés à la menthe, 165
Pizza à la roquette et aux tomates, 149
Salade croquante radis noir et carotte, 38

Sardine
Mousse de sardines à l'estragon, 47
Sardines grillées au citron, 83
Tartines aux tomates et sardines, 155
Tian de pommes de terre aux sardines, 110

Saucisse
Saucisses mijotées à la tomate, 79

Saumon
Cocotte de saumon au lait de coco, 116
Saumon rôti aux baies roses, 91

Semoule
Gnocchi de semoule gratinés, 26

Petits pots de semoule, coulis de
   mûres, 222
Semoule aux courgettes
   et à la menthe, 196

T
Thon
Cake au thon et à la tomate, 153
Croques au thon, 158
Farfalle au thon, 104
Quiche au thon et aux tomates, 144
Salade de haricots au thon
   et aux oignons nouveaux, 37

Tofu
Clafoutis de tomates au tofu fumé, 137
Tofu au basilic chinois, 97

Tomate
Blettes à la tomate, 179
Boulghour aux tomates, 195
Bruschetta (pain aux tomates), 43
Cake au thon et à la tomate, 153
Chou vert à la noix de coco
   et à la tomate, 187
Clafoutis de tomates au tofu fumé, 137

Gratin d'agneau aux légumes d'été, 119
Langue de bœuf à la tomate, 77
Mogettes à la tomate, 207
Nuggets de poulet, ketchup maison, 63
Pizza à la roquette et aux tomates, 149
Pizza à l'aubergine
   et à la mozzarella, 147
Pizza aux tomates et aux anchois, 148
Polenta aux tomates fraîches, 197
Poulet aux tomates et aux olives, 62
Quiche au thon et aux tomates, 144
Saucisses mijotées à la tomate, 79
Tartines aux tomates et sardines, 155
Tomates concassées à l'oignon
   et au piment, 184

Truite
Chou-fleur mimosa
   à la truite fumée, 39
Tartare de truite de mer, 92
Truite farcie au thym, 93

V
Vermicelle de soja
Fondue chinoise, 117

TABLE DES MATIÈRES

Préface 5

Introduction 7
    Manger sain, c'est facile ! 8
    Faites les bons choix 18
    La cuisine à l'honneur 29

Les recettes 33
    Entrées 34
    Plats viandes, poissons et œufs 54
    Plats complets 104
    Plats végétariens complets 126
    Quiches, pizzas, tartes salées, croques 144
    Légumes 165
    Féculents 189
    Desserts 209

Liste alphabétique des recettes 235

Index des recettes par ingrédients 243

Tous droits réservés, y compris
les droits de reproduction totale
ou partielle, sous quelque forme
et pour quelque usage que ce soit.

Direction littéraire : Corinne Cesano
Édition : Delphine Depras
Mise en pages : Nord Compo

Édition du Club France Loisirs, Paris
avec l'autorisation des Éditions Solar

Éditions France Loisirs,
123, boulevard de Grenelle, Paris
www.franceloisirs.com

ISBN : 978-2-298-03843-9
N° éditeur : 60569
Dépôt légal : novembre 2010
Imprimé en Espagne par Rodesa, novembre 2010

Crédits photographiques correspondant aux recettes :

Pierre-Louis Viel : pp. 34, 57, 94, avec Catherine Nicolas : pp. 49, 53, 156

Caroline Faccioli avec Emmanuel Renault : p. 40, avec Sabine Paris : pp. 226, 227, 231

Bernard Radvaner : pp. 43, 69, avec Anne-Sophie Lhomme : pp. 47, 184

Nathanaël Turpin-Griset avec Sandra Mahut : pp. 44, 220

Jean Bono avec Manuella Chantepie : p. 46, avec Valéry Drouet : pp. 54, 81, avec Emmanuel Renault : pp. 60, 93, 95, 120, 232, avec John Bentham : p. 61, avec Aurélie Cuvelier : pp. 68, 144, 164, avec Marie Joub : pp. 111, 119, 135, avec Géraldine Sauvage : pp. 112, 219, avec Sophie Dwernicki : pp. 147, 148, avec Delphine Brunet : pp. 160, 213, avec Lissa Streeter : p. 194

Marine Labrune avec Marie-José Jarry : pp. 50, 221

Éric Fénot avec Delphine Brunet : pp. 63, 136, 146

Valéry Guedes avec Natacha Arnoult : pp. 66, 71, 150, 189, 192, 207, 208, 211, 218

Jacques Boulay avec Catherine Walter : p. 74

Alexandra Ducat avec Sandra Mahut : p. 75

Julie Mechali avec Isabelle Guerre : pp. 98, 199, 200, 202

Nicolas Louis avec Anne-Sophie Lhomme : p. 100

Nicolas Leser avec Ulrike Skadow : pp. 102, 139, 206, 215

Roger Stowell avec Mary Cadogan : pp. 108, 129

Hirondelle avec John Bentham : pp. 114, 123

Jean-Marc Wullshleger avec Anne Aupetit : p. 122

Rina Nurra avec Lissa Streeter : pp. 142, 205

Francis Waldam avec Blandine Boyer : p. 233

Bérengère Abraham avec Marie-José Jarry : p. 230

Salade de fenouil et pomme verte au cumin (recette page 34)

Tagliatelle de courgettes à la menthe (recette page 40)

Bruschetta (recette page 43)

Croustillants aux épinards et au basilic (recette page 44)

Mousse d'aubergines à la coriandre (recette page 46)

Mousse de sardines à l'estragon (recette page 47)

Soupe de carottes à la coriandre (recette page 49)

Soupe au pistou (recette page 50)

Soupe de concombre à la menthe (recette page 53)

Boulettes d'agneau à la menthe (recette page 54)

Bœuf sauté aux oignons et au gingembre (recette page 57)

Hamburger maison (recette page 60)

Poulet au citron et à la sauge (recette page 61)

Nuggets de poulet, ketchup maison (recette page 63)

Tagine de poulet au citron confit et à la cardamome (recette page 66)

Rouleaux de dinde à la sauge (recette page 68)

Sauté de dinde au curry vert (recette page 69)

Blanquette de dinde (recette page 71)

Travers de porc au caramel (recette page 74)

Rouelle de porc façon osso-buco (recette page 75)

Maquereaux aux herbes (recette page 81)

Truite farcie au thym (recette page 93)

Moules épicées (recette page 94)

Moules marinière à l'aneth (recette page 95)

Tortilla aux pommes de terre et au chorizo (recette page 98)

Omelette aux champignons sauvages (recette page 100)

Soufflé au reblochon (recette page 102)

Lasagne au poulet et aux champignons (recette page 108)

Gratin de pommes de terre à la florentine (recette page 111)

Hachis Parmentier aux petits légumes (recette page 112)

Riz sauté à la cantonaise (recette page 114)

Gratin d'agneau aux légumes d'été (recette page 119)

Potée aux légumes d'hiver (recette page 120)

Choucroute au jarret de porc (recette page 122)

Wok de porc aux légumes (recette page 123)

Lasagnes aux champignons et aux aubergines (recette page 129)

Gratin de potiron (recette page 135)

Flan de carottes aux asperges (recette page 136)

Salade de lentilles au chèvre (recette page 139)

Falafels (recette page 142)

Quiche au thon et aux tomates (recette page 144)

Tarte aux poireaux et au maroilles (recette page 146)

Pizza à l'aubergine et à la mozzarella (recette page 147)

Pizza aux tomates et aux anchois (recette page 148)

Pissaladière (recette page 150)

Tartines des Vosges (recette page 156)

Wraps au poulet et au chèvre frais (recette page 160)

Gaufres salées (recette page 164)

Tomates concassées à l'oignon et au piment (recette page 184)

Spaghetti aux lardons et à la crème (recette page 189)

Orecchiette aux brocolis (recette page 192)

Risotto à la milanaise (recette page 194)

Pommes de terre boulangère (recette page 199)

Pommes de terre rôties au romarin (recette page 200)

Frites légères au four (recette page 202)

Pois chiches au cumin (recette page 205)

Purée de pois cassés à la coriandre (recette page 206)

Mogettes à la tomate (recette page 207)

Haricots rouges à la mexicaine (recette page 208)

Gratin pomme-poire aux noisettes (recette page 211)

Bricks de banane au chocolat (recette page 213)

Tarte à la rhubarbe (recette page 215)

Flan au potiron (recette page 218)

Crème aux œufs (recette page 219)

Crème au chocolat (recette page 220)

Riz au lait à la noix de coco (recette page 221)

Crêpes au citron (recette page 226)

Pancakes aux myrtilles (recette page 227)

Biscuits sablés aux céréales (recette page 230)

Petits babas, sirop d'orange (recette page 231)

Milk-shake aux fraises (recette page 232)

Glace express vanille-fraise (recette page 233)